高等职业教育物流类专业新形态一体化教材

仓储与配送管理实务

（第二版）

郑 丽 主编

王卫洁 陈晓利 副主编

清华大学出版社

北京

内 容 简 介

仓储与配送是物流系统的两大主要功能，仓储与配送又是物流管理专业的核心课程之一。本书以工作过程与任务引导的技能培养为重点进行编写，分仓储和配送上下两篇，仓储为基础篇，配送为提高篇。全书共14个项目，以循序渐进的能力递进培养为主线确定编写顺序。仓储篇为仓储服务与仓库认知、仓储商务作业、入库作业、在库作业、出库作业、仓储成本与绩效管理、仓库规划共7个项目；配送篇为配送与配送中心认知、订单处理作业、分拣与补货作业、配送加工作业、送货与退货作业、配送成本与绩效管理、配送中心规划共7个项目。本书配有微课、视频，读者可使用智能移动终端设备扫码学习。

本书可作为高职高专院校物流类、工商管理类等专业的教学用书，也可供从事物流工作的有关人员参考使用。

本书封面贴有清华大学出版社防伪标签，无标签者不得销售。
版权所有，侵权必究。举报：010-62782989，beiqinquan@tup.tsinghua.edu.cn。

图书在版编目(CIP)数据

仓储与配送管理实务/郑丽主编. —2版. —北京：清华大学出版社，2021.10(2023.8重印)
高等职业教育物流类专业新形态一体化教材
ISBN 978-7-302-54431-9

Ⅰ.①仓… Ⅱ.①郑… Ⅲ.①仓库管理－高等职业教育－教材②物流管理－物资配送－高等职业教育－教材 Ⅳ.①F253②F252.14

中国版本图书馆CIP数据核字(2019)第263951号

责任编辑：左卫霞
封面设计：常雪影
责任校对：赵琳爽
责任印制：丛怀宇

出版发行：清华大学出版社
网　　址：http://www.tup.com.cn, http://www.wqbook.com
地　　址：北京清华大学学研大厦A座　　邮　编：100084
社 总 机：010-83470000　　　　　　　　邮　购：010-62786544
投稿与读者服务：010-62776969, c-service@tup.tsinghua.edu.cn
质量反馈：010-62772015, zhiliang@tup.tsinghua.edu.cn
课件下载：http://www.tup.com.cn, 010-83470410

印 装 者：三河市少明印务有限公司
经　　销：全国新华书店
开　　本：185mm×260mm　　印　张：16　　字　数：387千字
版　　次：2014年7月第1版　2021年10月第2版　　印　次：2023年8月第3次印刷
定　　价：49.00元

产品编号：086548-01

前言

物流业是支撑国民经济发展的基础性、战略性、先导性产业,其发展程度已成为衡量综合国力的重要标志之一。物流高质量发展是经济高质量发展的重要组成部分,也是推动经济高质量发展不可或缺的重要力量。近年来,在相关政策和措施的鼓励下,物流业在推进供给侧结构性改革、培育产业新动能、提升供给质量、满足日益增长的社会物流需求方面总体呈现运行平稳、稳中有进的基本态势。2019年我国社会物流总额为298.0万亿元,同比增长5.9%。2020年在新冠肺炎疫情下物流运行持续稳定恢复,社会物流总额为300.1万亿元,同比增长3.5%,与GDP的比率为14.7%,与上年基本持平。

仓储、配送作为物流业的两大主要功能,近年的发展越来越体现了社会化、专业化、智慧化的特征。特别是随着居民生活消费水平的升级,商贸流通等产业集约化、规模化的提升和智慧物流创新的发展,对优质、高效的仓储与配送服务产生了越来越强烈的需求。在"互联网+"时代,社会对仓储与配送业务人才的需求也提出了更高、更新的要求,迫切需要职业化、应用型人才。本书立足社会对仓储与配送人才的新要求,以技能应用培养为核心的编写目的是有现实意义的。

仓储与配送是物流管理专业的核心课程之一,具有很强的操作性。本书以职业能力培养为核心,紧密结合当今仓储与配送领域的实践,根据其活动的基本过程编写而成。本书结合工商企业、物流企业仓储与配送的实际运作情况,分仓储、配送上下两篇,共14个项目,不仅体现仓储、配送的完整性、独立性,还注重以仓储篇为基础、配送篇为提高,强调二者之间的紧密联系。本书理论适中、资源丰富、通俗易懂,主要有以下特点。

1. 以"职业能力递进"构建框架

仓储篇、配送篇各7个项目,依次按照基础技能、操作技能、管理技能、拓展技能四个层次循序渐进地展开,符合学生学习过程中的认知特点。

2. 以"工作过程、任务引导"设置内容

以"工作过程、任务引导"设置内容,将操作管理应用技能与岗位对应,仓储的商务、入库、在库、出库作业和成本与绩效管理,配送的订单处理、分拣与补货、加工、送货与退货作业和成本与绩效管理,体现了仓储与配送独立的、完整的工作过程。项目之下的每个任务都有任务导入,每个作业都以流程图展示操作步骤,引导学生领会并学会"怎样做"与"怎样做更好"。

3. "新"引领专业前沿

内容新：结合当前仓储与配送的发展现状，融入新标准，以标准"规范"内容，并结合职业技能大赛和物流管理"1+X"考证的相关内容，以"以赛促学"和"双证"优化知识结构。

案例新：辅以大量近两年的企业仓储与配送实际案例，以"案例"丰富教材，激发学生学习兴趣，提升学生理解能力，拓宽学生知识面。

资源新：制作大量动画、微课、视频、个人检测试题等素材，满足学生碎片化时间和形象生动的学习需求。

本书由郑丽担任主编并统编定稿，王卫洁、陈晓利担任副主编。本书由多位作者合作完成，具体编写分工如下：黄春花编写项目一；郑丽编写项目二、项目六～项目九、项目十三、项目十四；王卫洁编写项目三～项目五；陈晓利编写项目十～项目十二。

本书在写作过程中得到佛山维尚家具制造有限公司李彤、佛山海尔电冰柜有限公司张伟的大力支持，同时也借鉴、引用了大量文献，在此对这些专家、研究者表示深深的敬意和真诚的感谢。

由于作者水平有限，书中难免存在疏漏和不足之处，恳请同行和读者予以批评指正，以便修改完善。

编 者

2021年4月

目 录

上篇 仓 储

项目一　仓储服务与仓库认知 ·· 2
　任务一　仓储与仓储业认知 ·· 2
　任务二　仓库及设备认知 ·· 4
　任务三　仓储经营方法与金融仓储认知 ·································· 15
　任务四　智慧物流认知 ·· 18
　任务五　仓储企业岗位认知 ·· 25
　项目检测 ·· 28

项目二　仓储商务作业 ·· 30
　任务一　仓储合同的签订 ·· 30
　任务二　仓单业务 ·· 34
　项目检测 ·· 41

项目三　入库作业 ·· 44
　任务一　入库准备 ·· 45
　任务二　入库实施 ·· 57
　项目检测 ·· 67

项目四　在库作业 ·· 70
　任务一　在库养护 ·· 71
　任务二　盘点作业 ·· 78
　任务三　库存控制 ·· 83
　任务四　仓库6S管理 ··· 92
　项目检测 ·· 96

项目五　出库作业 …… 99

　　任务一　出库作业要求 …… 100
　　任务二　货物出库作业 …… 102
　　项目检测 …… 105

项目六　仓储成本与绩效管理 …… 106

　　任务一　仓储成本管理 …… 106
　　任务二　仓储绩效管理 …… 110
　　项目检测 …… 114

项目七　仓库规划 …… 115

　　任务一　仓库选址 …… 115
　　任务二　仓库总体规划 …… 118
　　项目检测 …… 125

下篇　配　　送

项目八　配送与配送中心认知 …… 128

　　任务一　配送认知 …… 128
　　任务二　配送中心认知 …… 138
　　任务三　配送信息系统认知 …… 142
　　项目检测 …… 147

项目九　订单处理作业 …… 149

　　任务一　订单处理作业流程 …… 149
　　任务二　订单处理作业管理 …… 159
　　项目检测 …… 163

项目十　分拣与补货作业 …… 165

　　任务一　分拣作业 …… 165
　　任务二　补货作业 …… 183
　　项目检测 …… 187

项目十一　配送加工作业 …… 189

　　任务一　配送加工作业认知 …… 189
　　任务二　熟悉典型的配送加工作业 …… 194

项目检测 199

项目十二　送货与退货作业 201
　　任务一　送货作业 201
　　任务二　退货作业 213
　　项目检测 218

项目十三　配送成本与绩效管理 220
　　任务一　配送成本核算与控制 220
　　任务二　配送绩效管理 228
　　项目检测 231

项目十四　配送中心规划 233
　　任务一　配送中心总体规划 233
　　任务二　配送中心平面布置 237
　　项目检测 246

参考文献 248

上篇 仓 储

项目一

仓储服务与仓库认知

知识目标
1. 能阐述仓储、仓储管理的含义,掌握仓储管理的内容。
2. 能阐述不同类别仓库的用途。
3. 能说明仓储设施设备的用途、仓储管理人员的工作职责。
4. 能阐述仓储经营的方法及金融仓储的概念。
5. 能阐述智慧物流的含义及发展。

技能目标
1. 根据不同的仓储要求选择合适的仓库设备。
2. 根据实际情况选择仓储经营方法。
3. 根据仓储企业岗位要求进行职业生涯规划。

任务一　仓储与仓储业认知

任务导入

陈文从某职业学院现代物流管理专业毕业后,通过招聘会被粤新物流公司(以下简称"粤新物流")聘为仓储部实习生,进行为期三个月的实习。在此期间,陈文要进行与岗位相关的培训和学习,如果实习合格则被聘为正式员工。培训部的张老师对实习生进行第一次培训,要求他们完成下列任务。
(1) 认识仓储及仓储功能。
(2) 作为一名仓储从业人员,了解并关注仓储行业发展现状及发展趋势。

仓储随着生产力的发展、剩余产品的出现而产生,伴随着商品流通与规模的扩大而发展。虽然我国仓储产生于古代的"邸店"与"塌房",有着悠久的历史,但我国现代仓储业自20世纪80年代才得以真正发展。

一、仓储的含义与作用

1. 仓储的含义

仓储（warehousing）是指利用仓库及相关设施设备进行物品的入库、存贮、出库的活动（《物流术语》（GB/T 18354—2006））。"仓"即仓库，是用于存放物资的场地和建筑物；"储"即存储，表示收存物资以备使用。传统仓储与现代仓储（物流仓储）之间的区别：传统仓储是为了储存，现代仓储是为了不存或减少储存。

仓储的性质归结为以下四点：①仓储是物质产品生产过程的持续，物质的仓储也创造产品的价值。②仓储既包含静态的物品储存，也包含动态的物品存取、保管、控制的过程。当物品不能被即时消耗，需要专门的场所存放时，就产生了静态的仓储；将物品存入仓库以及对其进行保管、控制，提供使用等管理，便形成了动态仓储。③仓储活动发生在仓库等特定的场所。④仓储对象既可以是生产资料，也可以是生活资料，但必须是实物动产。

2. 仓储活动的作用

仓储是现代物流管理中的核心环节之一，是重要的物流节点。仓储活动的作用如下。

(1) 仓储是社会生产顺利进行的必要过程。
(2) 仓储可调整生产和消费的时间差，维持市场稳定。
(3) 仓储可保证商品的保值和增值。
(4) 仓储可衔接流通过程。
(5) 仓储是市场信息的传感器。
(6) 仓储是开展物流管理的重要环节。
(7) 仓储可为贸易提供信用保证。

二、仓储管理

仓储管理（warehouse management）是指对仓储设施布局和设计以及仓储作业所进行的计划、组织、协调与控制（《物流术语》（GB/T 18354—2006））。仓储管理的内容包括以下五个方面。

1. 仓库的选址与建设

仓库的选址与建设包括仓库选址的原则与考虑因素、仓库的建筑面积与结构、库内平面布置与作业区域划分等，这些内容属于仓储战略管理，直接关系仓库企业未来的发展与战略优势。

2. 仓库机械设备的选择与配置

仓库机械设备的选择与配置是指根据仓库作业特点和所储存物品的种类及其物理特性、化学特性、生理生化特性选择机械设备的种类及应配备的数量。恰当地选择仓库设施和设备将大大降低仓库作业中的人工作业劳动量，提高物品流通的通畅性，保障流通过程中物品的质量。

3. 仓库业务管理

仓库业务管理是指组织物品的出入库、在库保管、保养等各项业务活动。

4. 仓库的库存控制管理

仓库的库存控制管理是指利用新技术、新方法实现在保证供应的前提下库存成本的有效降低,实现物流总成本最低。

5. 人力资源管理

人力资源管理是指仓储人员的招聘与岗位培训,包括建立健全各岗位职责、各岗位人员配置与优化、人机系统的高效组合等。

三、仓储业发展现状和发展方向

1. 仓储业发展现状

仓储业随着经济的发展、生产力的提高而不断发展。我国仓储业的现状如下。

(1) 仓储业务量增大,业务收入增长速度较快。随着物流的迅速发展和社会需求的变化,我国仓储业务量不断增大,货物吞吐量、平均库存量、货物周转次数等指标都有明显的提高。

(2) 我国对仓储业的固定资产投资额持续增长。在全国经济增长的大背景下,仓储基地与物流园区建设速度加快,铁路物流中心建设速度加快,物流地产持续发展,农产品、食品、医药等各类专业性仓储设施与配送中心建设快速增长。

(3) 仓储技术获得较快发展。自动化技术和信息技术的应用已经成为仓储技术的重要支柱,自动化仓库、自动识别和自动分拣等系统,以及条码技术、RFID等技术已经被越来越多的企业关注和应用。供应商管理库存、零库存等技术也开始在一些大型企业中使用。

(4) 仓储企业之间的竞争加剧。国内的仓储设施无法满足物流活动的需要,原有的仓储企业缺乏改造基础设施需要的资金,外国的物流公司纷纷投资建库,仓储企业之间市场竞争越来越激烈。

2. 我国仓储业发展方向

(1) 仓储业社会化、功能化。

(2) 仓储信息化和信息网络化。

(3) 仓储机械化和自动化。

(4) 仓储标准化。

(5) 仓储管理科学化。

任务二　仓库及设备认知

任务导入

2021年9月1日,陈文所在的粤新物流与新华电子贸易公司签订了仓储合同。粤新物流承诺为新华电子贸易公司提供专业库房用于储存电子产品,目前库房刚刚修建完毕,建筑面积为 2 000 m²,需要购置必需的仓储设施设备。主要任务如下。

(1) 仓库常用设备有哪些?这些设备的用途是什么?

(2) 粤新物流应该为新仓库选择和准备哪些基础设施设备,才能开展正常的仓储业务?

一、仓库

(一) 仓库的概念

仓库是保管、存储物品的建筑物和场所的总称。

现代仓库不仅为了储存,更多的还要考虑经营上的收益,这是同旧式仓库的区别所在。因此,现代仓库从运输周转、储存方式和建筑设施上都重视通道的合理布置,考虑货物的分布方式和堆积的最大高度,并配置经济有效的机械化、自动化存取设施,以提高储存能力和工作效率。

仓库的概念

(二) 仓库的分类

仓库的分类方法很多,现介绍其主要类型。

1. 按保管物品种类的多少分类

(1) 综合库。综合库是指用于存放多种不同属性物品的仓库,如图1-1所示。

(2) 专业库。专业库是指用于存放一种或某一大类物品的仓库,如酒库(图1-2)、粮库(图1-3)、原糖库(图1-4)等。

图1-1 综合库

图1-2 酒库

图1-3 粮库

图1-4 原糖库

2. 按营运形式不同分类

(1) 自营仓库。自营仓库是指由企业或各类组织自营自管,为自身提供储存服务的仓库(《物流术语》(GB/T 18354—2006))。仓库的建设、保管物品的管理以及出入库等业务均由公司自己负责。所保管物品的种类、数量相对确定,仓库结构和装卸设备与之配套。

(2) 公共仓库。公共仓库是指面向社会提供物品储存服务,并收取费用的仓库(《物流术语》(GB/T 18354—2006))。它是一种社会化的仓库,面向社会,以经营为手段,以营利为目的。与自营仓库相比,公共仓库的使用效率更高。

3. 按仓库保管条件分类

(1) 普通仓库。普通仓库是用于存放无特殊保管要求的物品的仓库。

(2) 保温、冷藏、恒湿恒温库。保温、冷藏、恒湿恒温库是用于存放要求保温、冷藏或恒湿恒温的物品的仓库,有制冷设备,并有良好的保温隔热性能以保持所需温度,如图1-5所示。

(3) 危险品仓库。危险品仓库是用于保管危险物品并能对危险品起一定防护作用的仓库,如图1-6所示。

图1-5 保温、冷藏、恒湿恒温库

图1-6 危险品仓库

(4) 气调仓库。气调仓库是用于存放要求控制库内氧气和二氧化碳浓度的物品的仓库,如图1-7所示。

4. 按仓库建筑封闭程度分类

(1) 封闭式仓库。封闭式仓库俗称库房,其封闭性强,便于仓储物进行维护保养,适于存放保管要求比较高的物品,如图1-8所示。

图1-7 气调仓库

图1-8 封闭式仓库

(2) 半封闭式仓库。半封闭式仓库俗称货棚,其保管条件不如库房,但出入库作业比较方便,且建造成本较低,适宜存放对温湿度要求不高且出入库频繁的物品,如图1-9所示。

(3) 露天式仓库。露天式仓库俗称货场,其最大的优点是装卸作业极其方便,适宜存放较大型的物品,如图1-10所示。

图1-9　半封闭式仓库　　　　　　　　图1-10　露天式仓库

5. 按建筑结构分类

（1）平房仓库。平房仓库结构比较简单，建筑费用便宜，人工操作比较方便，如图1-11所示。

（2）楼房仓库。楼房仓库是指两层以上的仓库，可减少土地的占用面积。该仓库内物品上下移动作业复杂，进出库作业可采用机械化或半机械化，楼房隔层间可以靠垂直运输机械联系，也可以坡道相连，如图1-12所示。

图1-11　平房仓库　　　　　　　　图1-12　楼房仓库

（3）罐式仓库。罐式仓库构造特殊，呈球形或柱形，主要用来存储石油、天然气和液体化工品等，如图1-13所示。

（4）简易仓库。简易仓库构造简单，造价低廉，一般是在仓库不足而又不能及时建库的情况下采用的临时待用仓库，包括一些固定或活动的简易货棚等，如图1-14所示。

图1-13　罐式仓库　　　　　　　　图1-14　简易仓库

(5) 高层货架仓库。高层货架仓库建筑本身是平房结构,但棚顶很高,内部设施层数多,通常具有 10 层以上货架。在作业方面,高层货架仓库主要适用电子计算机控制,堆垛机、吊机等装卸机械自动运转,能实现机械化和自动化操作,也称自动化仓库或无人仓库,如图 1-15 所示。

图 1-15　高层货架仓库

6. 按仓库功能分类

(1) 集货中心。将零星物品集中成批量物品称为集货。集货中心可设在生产点数量很多,每个生产点产量有限的地区;只要这一地区某些物品的总产量达到一定水平,就可以设置这种有集货作用的物流据点。

(2) 分货中心。将大批量运到的物品分装成较小批量的物品称为分货。分货中心是主要从事分货工作的物流据点。企业可以采用大规模包装、集装或散装的方式将物品运到分货中心,然后根据企业生产或销售的需要进行分装。利用分货中心可以降低运输费用。

自动化立体库
仿真演示

(3) 转运中心。转运中心的主要工作是承担物品在不同运输方式之间的转运。转运中心可以进行两种或多种运输方式的转运,如卡车转运中心、火车转运中心、综合转运中心。

(4) 加工中心。加工中心的主要工作是进行流通加工。设置在供应地的加工中心主要进行以物流为主要目的的加工。设置在消费地的加工中心主要进行以实现销售、强化服务为主要目的的加工。

(5) 储调中心。储调中心以储备为主要工作内容,其功能与传统仓库基本一致。根据现代仓库的定位及功能发展,又可称为物流中心、配送中心等。

二、仓库设备

(一) 货架

货架(goods shelf)是指用立柱、隔板或横梁等组成的立体储存物品的设施(《物流术语》(GB/T 18354—2006))。利用货架存储货物,能充分利用仓库的立体空间,提高仓储空间利用率,扩大仓库储存能力;货物存储在货架上可完整保证货物本身的性能,减少货物损失;货架上的货物存取方便,便于清点计量和按先进先出的原则出入库。货架的种类较多,常见的分类方法如下。

1. 按货架的高度分类

(1) 低层货架:每层高度在 5m 以下。
(2) 中层货架:每层高度在 5～15m。
(3) 高层货架:每层高度在 15m 以上。

2. 按货架的承载能力分类

(1) 轻型货架:每层货架的承载能力在 250kg 以下。
(2) 中型货架:每层货架的承载能力在 250～800kg。
(3) 重型货架:每层货架的承载能力在 800kg 以上。

3. 按货架的结构特点和用途分类

按结构特点和用途可将货架分为层架、托盘货架、悬臂式货架、阁楼式货架、流利货架、贯通式货架、移动式货架等。

（1）层架是一种传统货架，主要由立柱、横梁、层板组成，层间用于存放货品（图1-16）。层架结构简单，适用性强，便于存取作业，可作为人工作业仓库的主要存储设备。

（2）托盘货架，专门用于存放堆码在托盘上的货物。托盘货架（图1-17）多采用杆件组合，不仅安装拆卸容易，而且层高可调节，存取方便，费用较经济，可适用多种物料的存储。

图1-16 层架

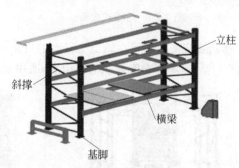

图1-17 托盘货架

（3）悬臂式货架，由中间立柱向单侧或双侧伸出悬臂而成。一般适用于存储长形物料、环形物料、板材和不规则物料。悬臂式货架（图1-18和图1-19）适合空间小、高度低的库房。

图1-18 单面悬臂式货架

图1-19 双面悬臂式货架

（4）阁楼式货架，利用钢架和楼板将空间隔为2～3层，下层货架结构支撑上层楼板，配楼梯、扶手和物品提升装置等。阁楼式货架（图1-20）能提高空间利用率，通常上层适于存放电子器材、机械零配件等轻量物品。因不适合重型搬运设备运行，上层物品搬运需配合升降机等垂直输送设备。

（5）流利货架，将货物置于滚轮上，通道有约5°的倾斜角，货物在重力作用下自动向前滑移，可实现先进先出。一般低端为出货端，高端为入货端。流利货架可实现一次补货，多次拣货，存储效率高，如图1-21所示。

（6）贯通式货架，将所有货架合并在一起，使同一层、同一列的货物相互贯通，托盘搁置于货架的水平突出构件上，叉车可直接进入货架每列存货通道作业。贯通式货架（图1-22）能大大提高空间利用率，适用于储存少品种大批量同类型货物，货物可从同一侧存入取出，也可从一侧存入另一侧取出。

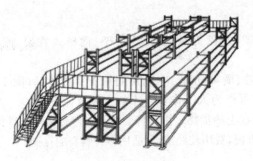
图 1-20　阁楼式货架

图 1-21　流利货架

（7）移动式货架是指可在轨道上移动的货架（《物流术语》（GB/T 18354—2006））。移动式货架（图 1-23）能提高仓库面积的利用率，适用于库存品种多、出入库频率较低的仓库。

图 1-22　贯通式货架

图 1-23　移动式货架

（二）装卸搬运车辆

1. 叉车

叉车是指具有各种叉具，能够对物品进行升降和移动以及装卸作业的搬运车辆（《物流术语》（GB/T 18354—2006））。叉车是应用最广泛的一种仓储装卸搬运设备。叉车在配备各类取货装置，如货叉、铲斗、臂架、吊杆、货夹等叉车属具的条件下，可一机多用，适用各种形状和大小货物的装卸作业。采用叉车进行装卸搬运，能提高堆垛高度，充分利用仓库空间，同时，叉车的成本低、投资少，能获得较好的经济效益。

按动力装置不同，叉车可分为内燃叉车和电瓶叉车；按结构和功能不同，叉车可分为平衡重式叉车（图 1-24）、前移式叉车（图 1-25）、插腿式叉车（图 1-26）、侧面叉车（图 1-27）等。

图 1-24　平衡重式叉车

图 1-25　前移式叉车

图 1-26　插腿式叉车　　　　　图 1-27　侧面叉车

2. 手推车

手推车是指以人力为主，在地面上水平运送物料的搬运车。它轻巧灵活，是短距离搬运较小物品的搬运工具，无提升能力，承载能力在 500kg 以下，如图 1-28 所示。

3. 手动液压托盘搬运车

手动液压托盘搬运车是指有两个货叉状的插腿，可插入托盘底部，插腿前端有两个小直径行走轮的搬运车，广泛应用于仓库、码头、商店等场合，如图 1-29 所示。

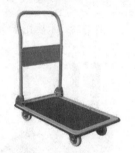

图 1-28　手推车　　　　　图 1-29　手动液压托盘搬运车

4. 液压堆高车

液压堆高车是指通过手摇或脚踩的方式达到升降效果的简易式叉车，适用于工厂、车间、仓库、车站、码头等处的货物搬运和堆垛，如图 1-30 所示。

5. 自动导引搬运车

自动导引搬运车也称自动导引车（automatic guided vehicle，AGV），是具有自动引导装置，能够沿设定路径行驶，车体上具有编程和停车选择装置、安全保护装置以及各种物品移载功能的搬运车辆，如图 1-31 所示。

图 1-30　液压堆高车　　　　　图 1-31　自动导引搬运车

(三) 托盘

托盘(pallet)是指在运输、搬运和存储过程中，将物品规整为物品单元时，作为承载面并包括承载面上辅助结构件的装置(《物流术语》(GB/T 18354—2006))。我国托盘规格主要有 800mm×1 000mm、800mm×1 200mm、1 000mm×1 200mm 三种。

采用托盘进行搬运与出入库，可利用机械操作，既减少货物堆码次数，又减小劳动强度，提高装卸效率；以托盘为单位保管的商品，件数变少，重量变大，且每个托盘所装数量相等，便于点数和理货交接，可减少货损货差，能更有效地保护商品。

商品的性质各异，规格多样，相应的托盘种类也是多种多样的。

1. 按托盘材料分类

按托盘的材料可分为塑料托盘(图 1-32)、木质托盘(图 1-33)、金属托盘(图 1-34)、纸质托盘等(图 1-35)。

图 1-32　塑料托盘

图 1-33　木质托盘

图 1-34　金属托盘

图 1-35　纸质托盘

2. 按托盘结构分类

按托盘的结构可分为平托盘、柱式托盘(图 1-36)、箱式托盘(图 1-37)、轮式托盘(图 1-38)和特种专用托盘，如油桶专用托盘(图 1-39)。

图 1-36　柱式托盘

图 1-37　箱式托盘

图 1-38　轮式托盘　　　　　　　　图 1-39　油桶专用托盘

（四）输送设备

输送设备是以连续的方式沿着一定的线路从装货点到卸货点均匀输送散料或成件包装货物的机械设备，主要用于入库作业和出库作业。常见的输送设备有带式输送机（图 1-40）、链式输送机（图 1-41）、辊道式输送机（图 1-42）。

图 1-40　带式输送机　　　　图 1-41　链式输送机　　　　图 1-42　辊道式输送机

（五）起重机

起重机（图 1-43）是用来垂直升降货物或兼作货物水平位移的机械设备。起重机可满足货物的装卸、转载等作业要求。起重机主要用于搬运成件物品，配备抓斗后可搬运煤炭、矿石、粮食之类的散状物料，配备盛桶后可吊运钢水等液态物料。

图 1-43　起重机

常见搬运设备

三、选择仓库设备

(一) 仓库设备选择的原则

(1) 适用性原则。
(2) 先进性原则。
(3) 最小成本原则。
(4) 可靠性和安全性原则。

(二) 货架的选择

选择货架要充分考虑仓库的性质、货物的储放需求、货物储放的经济性与安全性等因素。各类货架适用货物对比见表1-1。

表1-1 各类货架适用货物对比

货架类型	适用的货物
层架	轻型层架适用于储存小批量、零星收发的小件货物;中型和重型层架配合叉车等工具储存大件、重型货物
抽屉式货架	又称模具货架,主要用于存放各种模具物品
托盘式货架	对货物的规格、形状限制较小,适用于储存单元化托盘货物,配以巷道式堆垛机及其他储运机械进行作业
阁楼式货架	可有效利用空间,适用于存放轻量货物
悬臂式货架	适用于长条状或长卷状货物
移动式货架	能充分利用通道空间,适用于库存品种多、出入库频率较低的货物
贯通式货架	适用于品种少、批量大的货物,多用于批发、冷库及食品、烟草行业

(三) 装卸搬运设备的选择

1. 选择的原则

(1) 根据作业性质和作业场所进行选择。以搬运为主可采用输送带等设备;以装卸为主,可选择吊车;装卸搬运均存在的场所,可选择叉车等设备。

(2) 根据作业量进行选择。作业量大时,选择作业能力较高的大型专用设备;作业量小时,选择构造简单、成本低廉又能保持相当作业能力的中小型通用设备。

(3) 根据货物种类、性质进行选择。货物的物理性质、化学性质和形状包装各种各样,在选择装卸搬运设备时,尽可能符合货物特性的要求,以保证作业安全和货物完好。

(4) 根据搬运距离进行选择。长距离搬运一般选用牵引车和挂车等装卸搬运设备,较短距离搬运可选用叉车、跨运车等装卸搬运设备,短距离搬运可选用手推车等装卸搬运设备。为了提高设备的利用率,应当结合设备的种类和特点,使行车、货运、装卸、搬运等工作密切配合。

2. 叉车的选择

选择叉车时,必须详细了解各类叉车的性能,考虑叉车的负载能力、最大举升高度、行走及举升速度、机动性等因素,以便作设备投资决策。叉车类别选择考虑因素对比如表1-2所示。

表 1-2　叉车类别选择考虑因素对比

叉车类型	考 虑 因 素
平衡重式叉车	需较大的作业空间,主要用于露天货场作业
前移式叉车	转弯半径小,一般用于室内作业
插腿式叉车	尺寸小、转弯半径小,适用于工厂车间、仓库内效率要求不高,但需要有一定堆垛、装卸高度的场合
侧面叉车	主要用于长形货物的搬运

任务三　仓储经营方法与金融仓储认知

任务导入

陈文对仓库及设备有了一个基本认识之后,需要具体认识所在企业的经营方法,培训部要求陈文等实习生学习以下内容。

(1) 现代仓储企业有哪些经营方法?

(2) 如何进行金融仓储服务?

一、仓储经营方法

仓储经营管理是指在仓库管理活动中,运用先进的管理原理和科学的方法,对仓储经营活动进行计划、组织、指挥、协调、控制和监督,充分利用仓储资源,以实现最佳的协调与配合,降低仓储成本,提高仓储经营效益的活动过程。

仓储企业经营管理的目的是使企业的仓储资源得以充分利用,在仓储产品交换中获得最大利益和最少的成本投入,实现经营的利润最大化。

常见的仓储经营方法有以下四种。

1. 保管仓储

保管仓储是指保管人储存存货人交付的仓储物,存货人支付仓储费的一种仓储经营方法。

经营特点:保持仓储物原状;收入主要来自仓储费;仓储过程均由保管人进行操作;仓储物只能是动产。

2. 混藏仓储

混藏仓储是成本最低的仓储方式,是指存货人将一定品质、数量的种类物交付保管人储藏,而在储存保管期限届满时,保管人只需以相同种类、相同品质、相同数量的替代物返还的一种仓储经营方法。

经营特点:仓储的对象是种类物;仓储的保管物并不随交付而转移所有权;一种特殊的仓储方式,能物尽其用、降低仓储成本。

3. 消费仓储

消费仓储是指存货人不仅将一定数量、品质的种类物交付保管人储存保管,而且与保管人相互约定,将储存物的所有权也转移给保管人,在合同期届满时,保管人以相同种类、相同品质、相同数量替代品返还的一种仓储方法。

消费仓储有两种主要经营模式：①仓储保管人直接使用仓储物进行生产、加工；②仓储保管人在仓储物的价格升高时将仓储物出售,在价格降低时购回。消费仓储是仓储保管人利用仓储物停滞在仓库期间的价值进行经营,追求仓储经营财产收益的一种方法。

经营特点：消费仓储以种类物作为仓储对象,仓储期间转移所有权于保管人；消费仓储以物的价值保管为目的,保管人要以种类、品质、数量相同的物进行返还,并以该产品的储藏价值等值产品归还。

4. 仓库租赁经营

仓库租赁经营是通过出租仓库、场地,出租仓库设备,由存货人自行保管货物的仓库经营方式。

仓库租赁经营的原因：①仓储物品种多且具有高度的专业性要求；②自营成本高；③客户有租赁需要；④物流社会化发展程度高。

租赁模式有整体租赁、部分租赁和货位租赁三种。租赁双方是出租人和承租人的关系。

箱柜租赁也是一种仓库租赁,是一种城市型保管业务。

二、金融仓储

(一) 物流金融

物流金融(logistics finance)是指在面向物流业的运营过程中,通过应用和开发各种金融产品,有效地组织和调剂物流领域中货币资金的运动。这些资金运动包括发生在物流过程中的各种存款、贷款、投资、信托、租赁、抵押、贴现、保险、有价证券发行与交易,以及金融机构所办理的各类涉及物流业的中间业务等。

物流金融是物流与金融相结合的产品,是第三方物流服务的一次革命。它为金融机构、供应链企业以及第三方物流服务商之间的紧密合作提供了良好的平台,使合作能达到共赢的效果。物流企业开展金融服务的模式多种多样,按物流金融在物流产业中的职能,将其划分为三种模式,如图1-44所示。

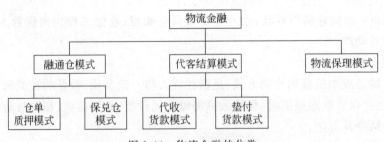

图1-44 物流金融的分类

(1) 融通仓模式,其"融"是指资金融通,"通"是指物资流通,"仓"是指仓储。近年来,仓储企业利用自身优势,在这方面的业务发展非常迅速,所以,形成了"金融仓储"之称。

(2) 代客结算模式中代收货款是物流企业在将货物送至收货方后,代供货方收取货款,并在一定时间内将货款返还给供货方。垫付货款是物流企业垫付部分或全部货款给货物供方企业,送货给收货方后收取应收账款,最后和货物供货方企业结清账款。

(3) 物流保理模式。物流保理又称保付代理,指出口企业以赊销、承兑交单等方式销售货物时,保理商买进出口企业的应收账款,并向其提供资金融通、进口企业资信评价、销售账户管理、信用风险担保等一系列的综合金融服务。

(二) 金融仓储

1. 金融仓储的含义与作用

金融仓储主要是指融资企业以存货或由仓储公司出具的仓单为质押标的,从金融机构获得融资,而仓储公司对质押期间的质押物进行监管的活动。金融仓储的作用如图 1-45 所示。

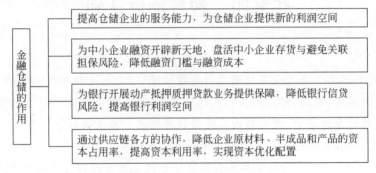

图 1-45 金融仓储的作用

2. 金融仓储的质押条件

(1) 申请人是具有一定数量的自有资金、独立核算的企业法人、其他经济组织或个体工商户。

(2) 仓储公司经银行认可,具有良好的信誉和承担责任的经济实力。

(3) 质押仓单应该具备以下条件。

① 是出质人拥有完全所有权的货物仓单,且记载内容完整。

② 出具仓单的仓储公司原则上必须是银行认可的具有一定资质的专业仓储公司。

(4) 质押仓单项下的货物必须具备下列条件。

① 所有权明确,不存在与他人在所有权上的纠纷。

② 无形损耗小,不易变质,易于长期保管。

③ 市场价格稳定,波动小,不易过时,市场前景较好。

④ 用途广泛,易变现。

⑤ 规格明确,便于计量。

⑥ 产品合格并符合国家有关标准,不存在质量问题。

目前,金融仓储业务多见于钢材、有色金属、化工产品、粮食、塑料、棉花、橡胶、纸张、糖业等领域。

3. 金融仓储的特征

(1) 规范化。仓储公司进行质押时都需要遵守统一、规范的程序,并由仓储公司中的专业人员监管质押物品,确保质押物品的质量、数量、特性等指标符合质押标准,保证质押物品的安全。

(2)信息化。信息化是智能化的前提,信息化使全部抵质押物品都能在仓储企业的信息管理系统中体现,同时也可对质押物品进行定位、监控和管理。金融机构相关管理人员可以随时随地进入信息系统,对质押物品的状况进行检查。

(3)广泛性。广泛性主要包括两个方面:①在对抵质押物种类的选择上,限制较少,无论是借款企业的原材料、半成品、产成品,还是农牧产品(牛、鱼及地里的农作物),理论上都可以作为抵质押物品;②金融仓储服务模式中服务对象的广泛性,理论上只要借款企业的动产符合质押的条件,就可以开展融资业务。

任务四　智慧物流认知

任务导入

智慧物流已成为物流行业备受瞩目的赛道和风口,无论是以阿里、京东等为代表的电商企业,还是以顺丰、圆通、韵达等为代表的快递企业,以及各种车货匹配企业、第三方物流企业、城市物流配送企业,都开始大力发展智慧物流。请完成以下任务。

(1)查阅资料,完成我国智慧物流发展现状调研报告。

(2)选择上述两三家企业,详细分析其智慧物流应用方向和发展趋势等内容,并进行对比分析。

伴随着互联网、物联网、大数据、云计算、人工智能、区块链等技术的蓬勃发展,智慧物流逐渐成为现代物流的发展方向。

一、智慧物流的含义和发展阶段

1. 智慧物流的含义

2008年,IBM提出"智慧地球"概念,2009年美国总统奥巴马将"智慧地球"作为美国国家战略。同年,温家宝总理提出"感知中国",物联网被写入《政府工作报告》。2009年12月中国物流技术协会信息中心、华夏物联网、《物流技术与应用》编辑部联合提出"智慧物流"概念。

智慧物流是指通过智能硬件、物联网、大数据等智慧化技术与手段,提高物流系统分析决策和智能执行能力,提升整个物流系统的智能化、自动化水平。智慧物流集多种服务功能于一体,强调信息流与物质流快速、高效、通畅地运转,从而实现降低社会成本,提高生产效率,整合社会资源的目的。

2. 智慧物流的发展阶段

智慧物流的发展经历了自动化物流、智能物流、智慧物流三个阶段。各阶段功能如图1-46所示。

智能物流是物流系统向智慧物流进化的重要阶段,是智慧物流体系实现的重要基础。智能物流是指利用集成智能化技术,使物流系统能模仿人的智能,具有思维、感知、学习、

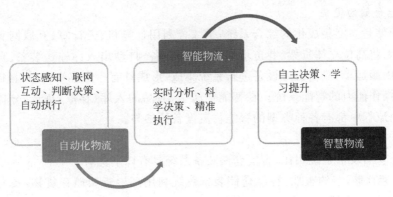

图 1-46 智慧物流的发展阶段

推理判断和自行解决物流中某些问题的能力。

智慧物流与智能物流两者的区别在于：基于智能物流所实现的状态感知、实时分析、科学决策与精准执行，智慧物流进一步达到了自主决策和学习提升。智能物流强调技术能力，智慧物流强调系统协同。

3. 智慧物流的作用

智慧物流将 RFID、传感器、GPS、云计算等信息技术广泛应用于物流运输、仓储、包装、装卸搬运、流通加工、配送、信息服务等各个环节，实现物流系统的智能化、网络化、自动化、可视化、系统化。

二、智慧物流技术

物流领域受到先进技术深刻影响的同时，也为技术的发展提供良好的环境条件。以智能仓储、物流自动驾驶、无人机物流为代表的智能物流技术给物流领域的发展注入了新活力，推动了物流行业的发展。

京东无人仓

广东天猫仓库机器人

（一）智能仓储

随着互联网、电子商务的迅猛发展，消费者需求逐渐转变，企业订单呈现出"多品种、小批量、多批次、高时效"的特点，因此对仓储系统的智能化、柔性化提出更高要求。同时，制造企业开始寻求转型升级，希望构建以智能制造为根本特征的新型制造体系，生产向柔性化、智能化、精细化转变。此外，土地成本、能耗成本和用工成本的不断增加，企业希望通过智能仓储达到降低成本的目的。在以上因素的变化推动下，智能仓储行业得到了快速发展。

1. 智能仓储的定义

智能仓储是高度集成化的综合系统,是综合利用计算机、云计算、互联网和物联网等高科技技术,将高位立体货架、巷道堆垛机、升降设备、自动出入库输送装备、自动分拣系统装备、室内搬运车、机器人等设备进行系统集成,形成具有一定感知能力、自行推理判断能力、自动操作能力的智能系统。在智能仓储中,商品的入库、存取、拣选、分拣、包装、出库等一系列流程中都有各种类型的智能物流设备的参与。

2. 智能仓储的优势

与传统仓储装备系统相比,智能仓储装备系统具有以下优势。

(1) 高架存储,节约土地:智能仓储装备系统利用高层货架储存货物,最大限度地利用空间,可大幅度降低土地成本。

(2) 无人作业,节省人工:智能仓储装备系统实现无人化作业,不仅大幅度节省人力资源,减少人力成本,还能够更好地适应黑暗、低温、有毒等特殊环境作业的需求,使智能仓储装备系统具有更为广阔的应用前景。

(3) 机器管理,避免损失:智能仓储装备系统采用计算机进行仓储管理,可以对入库货物的数据进行记录并监控,能够做到"先进先出""自动盘点",避免货物自然老化、变质,也能减少货物破损或丢失造成的损失。

(4) 账实同步,节约资金:智能仓储装备管理系统可以做到账实同步,并可与企业内部网融合。企业只需建立合理的库存,即可保证生产全过程顺畅,从而大大提高公司的现金流,减少不必要的库存,同时也避免了人为因素造成的错账、漏账、呆账、账实不一致等问题。虽然智能仓储装备管理系统初始投入较大,但一次投入长期受益,长远来看能够实现资金的节约。

(5) 自动控制,提高效率:智能仓储装备系统中物品出入库都是由计算机自动化控制的,可迅速、准确地将物品输送到指定位置,减少车辆待装待卸时间,大大提高仓库的存储周转效率,降低存储成本。

(6) 系统管理,提升形象:智能仓储装备系统的建立,不仅能提高企业的系统管理水平,还能提升企业的整体形象以及在客户心目中的地位,为企业赢得更大的市场,进而创造更大的财富。

3. 智能仓储的商业模式

智能仓储的商业模式如表1-3所示。

表1-3 智能仓储的商业模式

智能仓储商业模式	具 体 内 容	收 费 方 式
提供产品解决方案	为企业提供一体化的智能仓储解决方案	一次性收取解决方案费用
提供运营服务	为企业运营智能仓储,为其提供设备、人工和运营服务,帮助企业进行管理	按发货数量收取服务费用
提供租赁服务	向企业提供标准机器人或仓储的租赁服务	按月或年收取租赁费用
进行中介合作	与物流运营商合作,为其提供智能仓储	从该仓库发送的订单收取一定比例的费用

其中,开展代运营服务可以帮助企业进行更专业的物流管理;在收费方式方面,按单收费或租赁更贴合实际需求,让中小企业花费较少的同时享受到专业服务;而与物流运营商进行中介合作,则能拓展技术提供商的市场和应用领域,实现互利共赢。

同步案例

鲸仓科技:仓库自动化解决方案提供商——实现密集存储,仓库智能共享

鲸仓科技提供仓储、分拣、配送、管理、考核的全链路智能仓储解决方案,致力于运用更先进的技术降低物流成本,使商品存储与流通更高效,是一家智能仓储自动化整体解决方案提供商。

技术方面:实现了 AI 在机械臂移动并抓取多种不同商品的场景下的应用。同时实现了移动机器人抓取货箱并搬运到指定位置,然后实现堆叠放置的应用。

产品方面:"拣选蜘蛛"系统(picking spider system),由七种不同功能的机器人共同协作,是实现柔性无人仓的一个集成性系统。该系统充分利用高度与通道空间,将仓库空间利用率提高 6 倍,为客户节省房租成本;实现了人机协同及自动出入库操作,提高劳动生产率;同时支持共享入库和临时弹性租赁模式,满足客户需求。

市场方面:2018 年开始启动"自动仓运营"的商业模式探索,即不出售设备和系统,而是通过帮助客户托管仓库,按照业务量进行收费的服务模式。此模式能够降低客户使用自动仓的风险,满足客户"外包降本"的需求。目前摸索的商业模式主要是与物流地产商合作,打造智能仓,然后向电商和线下企业提供租赁与采购服务。

(二)物流自动驾驶

1. 自动驾驶的定义

自动驾驶是指由自动驾驶系统完成全部的驾驶操作,即系统能自动完成人类驾驶员能够应对的全部道路环境。

2. 自动驾驶技术在物流中的作用

自动驾驶技术能够有效解决物流中的成本、效率和安全三大痛点,其具体作用如图 1-47 所示。

3. 自动驾驶技术在物流领域的三大应用场景

无人车的主要技术包括感知系统、决策系统、控制系统和通信系统。物流无人车主要有无人配送车、无人重卡两种类型。其中,无人配送车不仅适合在开放密集的楼宇、城市 CBD 运行,也可以在居民社区、校园、工业园区等封闭或半封闭的环境内运行,以此减少配送员的工作量。无人重卡适合应用于干线和港口,目前国内已有无人重卡落地干线、港口场景的实例。

自动驾驶技术在物流领域的落地场景主要可以划分为干线、终端配送以及封闭场景,如表 1-4 所示。

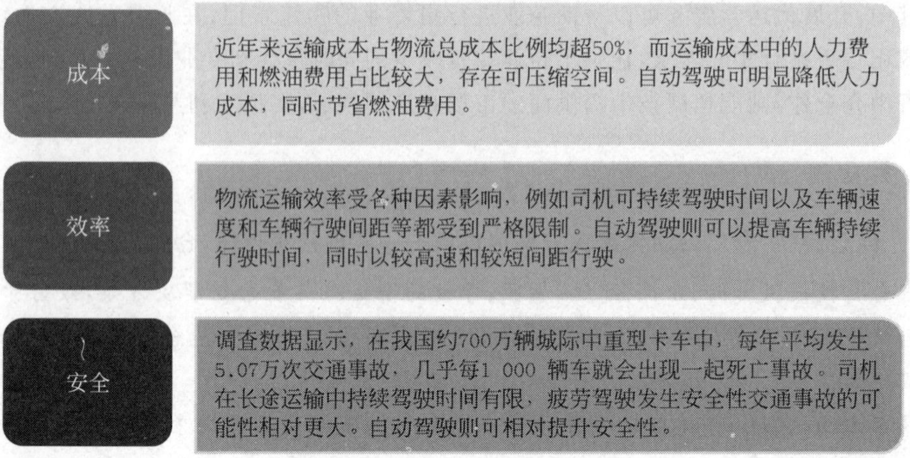

成本	近年来运输成本占物流总成本比例均超50%,而运输成本中的人力费用和燃油费用占比较大,存在可压缩空间。自动驾驶可明显降低人力成本,同时节省燃油费用。
效率	物流运输效率受各种因素影响,例如司机可持续驾驶时间以及车辆速度和车辆行驶间距等都受到严格限制。自动驾驶则可以提高车辆持续行驶时间,同时以较高速和较短间距行驶。
安全	调查数据显示,在我国约700万辆城际中重型卡车中,每年平均发生5.07万次交通事故,几乎每1 000辆车就会出现一起死亡事故。司机在长途运输中持续驾驶时间有限,疲劳驾驶发生安全性交通事故的可能性相对更大。自动驾驶则可相对提升安全性。

图 1-47 自动驾驶技术在物流中的作用

表 1-4 自动驾驶技术在物流领域的落地场景

物流场景	特 点	落实无人车技术难点
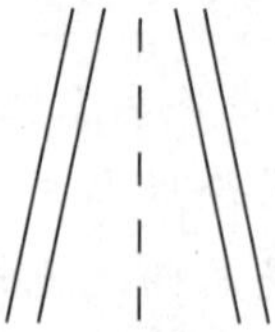 干线	一般使用重卡,道路以高速公路、城际或城市公路为主,具备长距离、道路参与者相对简单的特点	由于卡车的重量、体积均较大,因此惯性大,会导致突发情况下卡车的刹车距离较长。这对自动驾驶卡车可探测的距离范围提出了很高的要求,但目前市场上还没有出现一种解决方案能够让自动驾驶卡车在所有恶劣环境下安全行驶
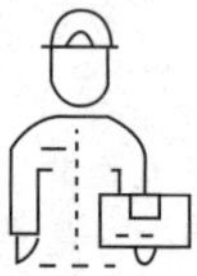 终端配送	一般使用物流车或配送机器人,涉及城市道路、园区或住宅区道路等。道路场景及参与者较为复杂	一方面道路场景复杂度高,道路参与方涉及车辆、障碍及行人等各种类型,安全性问题的解决较为突出;同时终端配送涉及室内外场景交叉,如何提升用户体验、入户配送等问题均存在突破难点
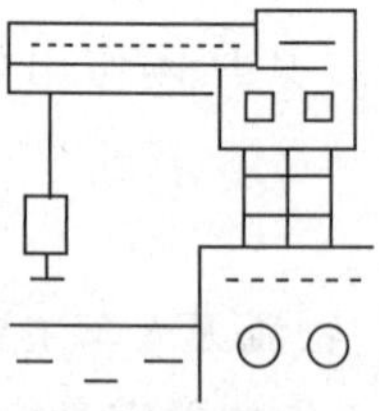 封闭场景	一般使用重卡,在港区、矿区和厂区等封闭场景作业。场景简单但对重卡动力和荷载能力要求较高	虽然作业环境相对简单,但突出问题包括高精度地图的构建和定位等。由于集装箱、桥吊等的位置在随时变化,同时桥吊等金属物件也可能会对卫星信号造成干扰,因此常常难以准确定位

同步案例

京东基于不同场景需求的差异化无人车产品

京东无人车项目自2016年下半年开始投入研发,并于2016年9月1日正式发布。京东以自动驾驶技术为基础,根据不同场景用户需求,提供不同系列及型号的自动驾驶无人车产品,如图 1-48 所示。

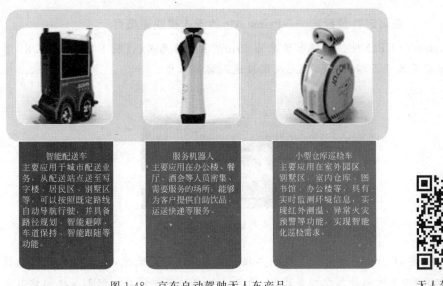

图 1-48 京东自动驾驶无人车产品

无人驾驶车的配送

(三)无人机物流

1. 无人机物流的定义

无人机物流是指主要使用无人机的技术方案,为实现实体物品从供应地向接收地的流通而进行的规划、实施和控制的过程。通俗地说,就是以无人机为主要的工具开展物流活动,或者是物流活动中借助无人机实现关键性的任务。

2. 无人机的发展状况

世界物流无人机产业呈现出美国全面领先、欧洲积极跟随、中国同步并逐步领跑、其他国家开始布局的格局。虽然目前中国的物流无人机应用还处于探索阶段,难以在短期内产生巨大的经济价值,但是未来前景广阔。因此,电商、物流快递行业中的领先企业与专业无人机企业纷纷涉足该产业,抢占巨大的市场空间。

由干线级、支线级、末端级组成的三级智能物流体系成为物流无人机产业的发展方向。其中,由于无人机配送可以帮助有效解决末端配送需求多样、配送时间冲突、效率低下及成本高昂等问题,所以末端级物流无人机配送产业化进程加快,支线级物流无人机将成为全球竞争焦点。

3. 物流无人机的技术难点

物流无人机拥有复杂的零部件和系统模块,核心技术包括飞控系统、导航系统、动力系统、通信链路系统。无人机的技术难点在于:自主规划路线和自动避障,同时又不偏离航线;电池的续航能力,保证无人机能够完成长时间、远距离的飞行作业;安全飞行,能够保证无人机在降雨等恶劣天气下不受影响。此外,现阶段采用无人机配送成本较高,制约了大范围应用;监管政策还不健全,使无人机送货尚处于测试阶段。

同步案例

亚马逊智慧配送——Prime Air 的无人机快递项目

2013年，亚马逊 CEO 贝佐斯提出了名为 Prime Air 的无人机（图 1-49）快递项目，旨在半小时内将重量低于 5 磅的货物用无人机投递到客户家中。

图 1-49 亚马逊无人机

2013—2016 年，Prime Air 的无人机产品提升其续航、最大速度，更改气动外形以获得更高的动力效率，并请来计算机视觉团队，为其添加自动避障能力。但无人机的续航和安全性能仍被广泛质疑：一是无人机无法长时间飞行；二是难以应对恶劣天气。为解决以上问题，亚马逊推出了一系列技术升级。

(1) 空中仓库：机载履行中心（airborne fulfillment centers, AFC）

2014 年年底，亚马逊的空中仓库专利获批。空中仓库是在指定区域的上空建立一种悬浮仓，然后用一种小型的接驳"飞船"将货物运送到目标地附近的悬浮仓，用无人机完成最后一公里配送，如图 1-50 所示。

用一个大型穿梭飞艇将货物、无人机、人员和补给等运送到空中仓库 AFC 或是送回地面（图 1-51）。这样，无人机可以省下部分电量，而将电量专门用于将包裹送达客户。所有的这些都将与库存管理系统、远程计算资源及其他软件相连接，由空中和地面的人员或机器进行管理。

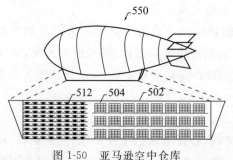

图 1-50 亚马逊空中仓库

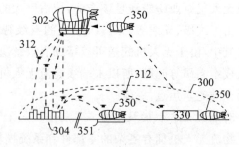

图 1-51 AFC 工作图

(2) 无人机接驳点的送货系统

2016 年 7 月，亚马逊申请了一项关于无人机接驳点的送货系统专利。通常会把这些接驳点设在建筑物的高处，例如广播电视塔、路灯、电线杆、教堂或写字楼等建筑物的顶端，通过中央控制系统进行监控和管理，使送货无人机能够借助这些接驳点进行充电，在极端天气可以避险。这样的控制能够应对意外天气、密集人流的影响,选择最优的送货路径。货物送到接驳点之后,一个途径是通过升降机或传送带等设施送到地面快递员的手上,再由快递员投递给客户,另一个途径是由无人机直接投递到预设地点,如图1-52所示。

(3) 无人机配送运营中心

2017年6月,亚马逊曝光了一款新的专利申请——无人机配送运营中心,外形是一座类似蜂巢的塔楼,内部配备机器人,配送无人机可以在该运营中心停靠,并装载下一单要配送的货物,如图1-53所示。

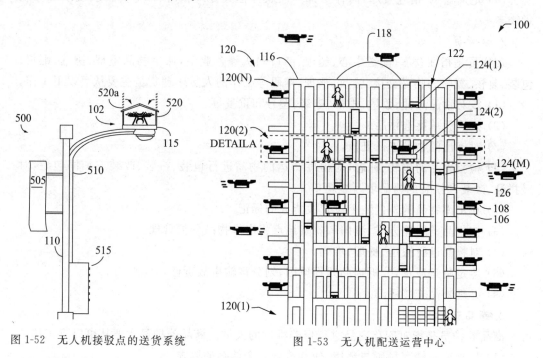

图1-52 无人机接驳点的送货系统　　　　图1-53 无人机配送运营中心

任务五　仓储企业岗位认知

任务导入

岗前培训中,培训部要求所有实习生熟悉仓储企业的岗位工作内容和各岗位必须具备的能力和素质。陈文想知道如何成为一名训练有素的仓库管理员,同时也很关心作为仓库管理员,职业升迁空间有多大。主要任务如下。

(1) 了解仓储企业各岗位工作内容及执业资质要求。

(2) 制定个人职业生涯规划。

合理配备仓储企业的各类人员,就是根据仓储企业各项工作的需要,给不同的工作配备相应工种的人员,以保证各项工作正常有序进行。

一、仓储企业人员岗位工作内容

在仓储企业中,一般设置保管员、理货员、商品养护员等岗位(《中华人民共和国职业分类大典》)。每个工作岗位都有自己的工作特点,每个工作岗位的工作内容不尽相同。

1. 保管员

保管员是指对存储物品进行保存、维护管理的人员。保管员主要从事以下工作。

(1) 核对物品的入库凭证,清点入库物品,与送货人员办理交接手续。

(2) 对入库物品进行数量、质量和包装验收,发现问题,作出事故记录。

(3) 安排物品的存放地点,登记保管账、卡和货位编号。

(4) 定期盘点、清仓查库,向存货部门反映并催其处理积压、呆滞、残损、变质等异状货物。

2. 理货员

理货员是指在仓库、配送中心、超市、港口码头等企业中,从事物品整理、挑选、配货、包装、复核、置垛和物品交接、验收、整理、堆码等工作的人员。理货员主要从事以下工作。

(1) 核对物品品种、数量、规格、等级、型号和重量等。

(2) 按照凭单挑选物品。

(3) 对拣出的物品进行复核。

(4) 检验物品的包装、标志,对出库待运的物品进行包装、拼装、改装或加固包装,对经拼装、改装和换装的物品填写装箱单。

(5) 在出库物品的外包装上设置收货人的标记。

(6) 按物品的运输方式、流向和收货地点将出库物品分类管理。

(7) 对物品进行搬运、整理、堆码。

(8) 鉴定货运质量,分析物品残损原因,划分运输事故责任。

(9) 办理物品交接手续。

3. 商品养护员

商品养护员是指对库存商品进行保养维护的人员。商品养护员主要从事以下工作。

(1) 检查商品储存场所与环境,使其符合安全储存的要求。

(2) 使用化学试剂、测潮仪等检测仪器或凭感官检测入库商品的质量、包装,若发现问题,作出事故记录。

(3) 使用温度、湿度测量仪测量、记录库内温度、湿度。

(4) 控制、调节库房内的温度与湿度。

(5) 检查在库商品的储存状况,作出检查记录。

(6) 对发生异状的商品进行翻垛通风、摊开晾晒、挑选整理、药剂除虫等处理,并提醒保管员催销催调。

二、仓储企业人员执业资质要求

在仓储企业中,不同职位的人员有着不同的资质要求,具体可以分为仓库管理员和仓储经理两个级别(《仓储从业人员职业资质》(GB/T 21070—2007))。

(一) 仓库管理员

仓库管理员是仓库内从事与物品仓储作业有关工作的一线操作人员的统称,包括直接从事物品收发、出入库、分拣、理货等工作的人员,不含装卸工,简称仓管员。仓管员应掌握的基本知识和基本技能如下。

1. 基本知识

1) 仓储作业流程

(1) 了解物品验收规则及出入库程序和分管库房的情况。

(2) 掌握储存分区、分类、货位编号、定量堆码、动碰复核、盘点对账等工作内容与方法。

(3) 了解气候、温湿度变化对仓储作业的影响。

2) 库存物品相关知识

(1) 具有与本岗位有关的物理、化学、商品养护学的基本知识。

(2) 了解所保管物品的性能、特点。

(3) 了解所保管物品的储存技术标准及温湿度要求。

3) 仓储工具设备

(1) 懂得常用仪器、仪表、设备、工具的使用方法和保养知识。

(2) 掌握计算机相关知识。

4) 安全防护

(1) 掌握消防安全基本知识和操作规程。

(2) 了解仓库安全的内容及要求。

(3) 懂得物品包装储运图示标志及一般消防器材的使用方法。

2. 基本技能

1) 仓储作业

(1) 按照有关规范,准确进行日常物品的收、发、保管业务,根据订单进行分拣、拆零、加工、包装、备货等作业。

(2) 准确地填表、记账和盘点对账。

(3) 合理选择仓储设备。

(4) 合理进行分区分类、货位编号和堆码苫垫。

(5) 用感官和其他简易方法鉴别物品的一般质量,合理调节库房温湿度和正确记录。

(6) 对库存物品进行一般性的保管和养护。

2) 设备工具的使用

(1) 会操作计算机。

(2) 正确使用一般装卸搬运、计量、保管、养护、检验、消防、监控设备与设施。

3) 管理技能

(1) 发现差错和问题,及时处理,准确办理查询、催办及报亏等手续。

(2) 熟知消防相关电话号码,消防器材的存放地点和使用方法,出现情况能迅速报警,对火灾等灾害进行有效应对。

(3) 通过仓储管理信息系统(WMS)进行物品出入库、在库等信息的处理(传输、汇总、分析等)。

(4) 结合本职工作写出书面总结及分析报告。

(5) 指导装卸、搬运人员安全、规范地进行作业。

(二) 仓储经理

仓储经理是指从事仓储经营管理活动，具有经营管理权或业务指挥权与生产要素调度配置权的管理者，包括公司层面的仓储、运作经理或总监，分公司的经理或库区经理等。仓储经理应掌握的业务知识、理论知识及技能要求如下。

1. 业务知识

仓储经理除具有仓库管理员应掌握的相关基本知识外，还应该掌握以下知识。

(1) 仓储作业流程、操作规范与管理软件的运用。

(2) 所保管物品的质量标准、储存技术标准、包装技术标准及物品质量鉴别方法。

(3) 常用仪器、仪表及工具、消防器械的基本性能、特点、使用和日常保养知识。

(4) 计算机及仓储管理信息系统相关知识。

2. 理论知识

(1) 掌握现代仓储管理、现代仓储技术与设备等方面的知识，基本掌握供应链管理、现代物流管理、现代运输管理等知识。

(2) 掌握国家物流、仓储、运输等方面的政策、标准。

(3) 全面系统地掌握仓库消防安全各种制度、规定、措施及操作规程。

(4) 掌握仓储成本核算与控制、合理库存与绩效管理等仓储管理的基本知识。

(5) 具有一般企业管理所需的财务管理、客户关系管理、质量管理、市场营销、融资管理等方面的知识。

(6) 具有领导与管理学、公关关系管理和项目管理知识。

(7) 掌握国内外仓储行业发展的基本情况与动态，了解国内外物流业现状与发展趋势。

3. 技能要求

仓储经理除具有仓库管理员应具有的基本技能外，还应该具有组织领导、方案设计、人力资源管理、制度建设、过程控制和质量管理、运作成本核算、信息技术管理和一定的谈判、沟通、营销能力。

项 目 检 测

一、案例分析

自动化仓库的困惑

20 世纪 70 年代，北京某汽车制造厂建造了一座高层货架仓库(即自动化仓库)作为中间仓库，存放装配汽车所需的各种零配件。此厂所需的零配件大多数是由其协作单位生产，然后运至自动化仓库。

该仓库结构分高库和整理室两部分。高库采用固定式高层货架与巷道堆垛机结构，从整理室到高库之间设有辊式输送机。当入库的货物包装规格不符合托盘或标准货箱时，还需要对货物的包装进行重新整理，这项工作就是在整理室进行。由于当时各种物品的包装没有标准化，因此，整理工作的工作量相当大。

货物的出入库是运用计算机控制与人工操作相结合的人机系统。这套设备在当时相当先进。该库建在该厂的东南角,距离装配车间较远,因此,在仓库与装配车间之间需要进行二次运输,即将所需的零配件先出库,装车运输到装配车间,然后才能进行组装。

自动化仓库建成后,这个先进设施在企业的生产经营中所起的作用并不理想。因此其利用率也逐年下降,最后不得不拆除。

请回答下列问题。

1. 帮助该企业分析自动化仓库为什么没有发挥应有作用。
2. 从中得到哪些启示?

二、问答题

1. 仓储的功能有哪些?
2. 仓储管理的内容是什么?
3. 选择仓库设备时必须遵循的原则是什么?
4. 叉车有哪些常见类型?每种叉车的主要特性是什么?
5. 仓储经营方法有哪些?
6. 仓储金融的含义是什么?
7. 智慧物流的含义是什么?有哪些设备?
8. 常见仓储管理岗位有哪些,岗位要求是什么?

项目一 仓储服务与仓库认知试题

项目二

仓储商务作业

知识目标

1. 能阐述仓储合同的含义与种类,掌握仓储合同的主要条款和双方当事人的权利与义务。

2. 能阐述仓单的含义、功能、内容,掌握通用仓储仓单、金融仓储仓单的业务流程。

技能目标

1. 会根据实际需要撰写、签订仓储合同。
2. 会跟踪仓储合同执行情况,杜绝或解决执行合同中产生的问题。
3. 会根据收到货物的情况设计或填写仓单。
4. 会识别仓单和转让仓单的真实性。
5. 会根据存货人需要,办理仓单质押等业务。

仓储商务是指仓储经营人利用其仓储保管能力向社会提供仓储保管产品并获取经济收益的商业行为。仓储商务活动是企业对外经济活动的综合体现,其内容包括制定企业经营战略、市场调研和市场开拓、商务磋商和签订商务合同、合同的履行等。仓储经营人必须对仓储商务活动进行计划、组织、指挥、控制,才能达到满足社会需要,充分利用企业资源降低成本、降低风险,塑造企业良好形象,达到最终创造最大经济效益的目的。

任务一 仓储合同的签订

A方为金城商贸有限公司,B方为四海物流有限公司。2021年8月20日,A方有货物想储存在B方仓库,存放期为1年。请完成以下任务。

(1)两人模拟货主,两人模拟仓储业主。货主选择熟悉其性质的一种货物,明确其仓储要求。

(2)双方谈判协商,确定相关仓储保管条款。

(3)仓储方撰写仓储合同,双方签署。

一、仓储合同的内涵与种类

1. 仓储合同的内涵

仓储合同又称仓储保管合同,是指仓储保管人接受存货人交付的仓储物,并进行妥善保管,在仓储期满将仓储物完好地交还存货人,并收取保管费的协议。

仓储合同标的:仓储保管行为(空间、时间、保管要求)。

仓储合同标的物:存货人交存的仓储物(生产资料或生活资料),是有形的实物动产。

仓储合同的特征如下。

(1) 仓储保管人必须是拥有仓储设备并具有从事仓储业务资格的企业、组织或自然人。仓储是一种商业行为,有无仓储设备是仓储保管人是否具备营业资格的重要表征。

(2) 仓储保管的对象须为动产,不动产不能成为仓储合同中的仓储物。

(3) 仓储合同是双务、有偿、诺成合同。仓储合同的双方当事人互负给付义务,一方提供服务;另一方给付报酬和其他费用。存货人与仓储保管人就仓储货物达成意思表示一致,合同即告成立并生效。

(4) 存货人的货物交付或返还请求权以仓单为凭证,仓单具有仓储物所有权凭证的作用,是仓储合同中最为重要的法律文件之一。

2. 仓储合同的种类

(1) 一般保管仓储合同。

(2) 混藏式仓储合同。

(3) 消费式仓储合同。

(4) 仓库租赁合同。

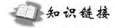

保管合同与仓储合同的区别

保管合同与仓储合同都是由保管人保管存货人物品的合同,两者的标的都是保管人的保管行为。保管人的主要义务是妥善保管存货人交付其保管的物品。但是保管合同的范围更广,甚至包括仓储合同。两者的区别如下。

(1) 保管合同为实践性合同,合同自保管物交付时成立;仓储合同是诺成性合同,合同自双方签订时成立。

(2) 保管合同可以是无偿合同,也可以是有偿合同;仓储合同是有偿合同。

(3) 保管合同的保管人不要求具有特定身份;仓储合同的仓储营业人需拥有仓储设备并具有从事仓储业务资格的企业、组织或自然人。

(4) 仓储合同保管的对象必须是动产,不动产不能作为仓储合同的保管对象。这也是仓储合同区别于保管合同的一个显著特征。

二、仓储合同的主要条款

仓储合同是存货人与保管人双方协商一致而订立的,规定双方所享有的主要权利和承担的主要义务是合同的内容。仓储合同的主要条款是检验合同的合法性、有效性的重要依据。结合《中华人民共和国合同法》(以下简称《合同法》)与仓储营业的实践,合同应具备以下主要条款。

1. 存货人、保管人的名称、地址

双方是履行仓储合同的主体,承担合同责任,在合同中需要说明完整的企业注册名称和登记地址或主办单位地址。主体为个人的需明示个人名称和户籍地或常住地。

2. 货物的品名、品种、数量、质量、包装

这些内容的法律意义非常明确。货物数量要使用标准的计量单位并应准确到最小的计量单位。货物质量应使用国家或有关部门规定的质量标准,也可用经批准的企业标准或行业标准。货物包装一般由存货方负责,有国家标准或行业标准的,按国家标准或行业标准执行;没有国家或行业标准的,在保证运输和储存安全的前提下,由合同当事人议定。

3. 货物验收的内容、标准、方法、时间

保管方的正常验收项目为货物的品名、规格、数量、外包装状况,以及无须开箱拆捆直观可见可辨的质量情况。包装内的货物品名、规格、数量,以外包装或货物上的标记为准;外包装或货物上无标记的,以供货方提供的验收资料为准。散装货物按国家有关规定或合同规定验收。检验方法可采取全检或按比例抽检两种,具体可在合同中明确规定。验收期限(指自货物和验收资料全部送达保管方之日起,至验收报告送出之日止),国内货物不超过 10 天,国外到货不超过 30 天,法律或合同另有规定者除外。

4. 货物保管条件和保管要求

可仓储保管的货物种类繁多,不少货物由于本身的性质需要采取特殊的保管条件或保管方法,所以在合同中必须明确规定保管条件和保管要求。

5. 货物入出库手续、时间、地点、运输方式

货物入出库的方式很多,可以由存货人送货到库,也可由供货单位或运输部门送货到库,还可由保管方到供货单位、车站、港口、码头等接货入库。在合同中没有特别约定时由存货人送货入库。

出库时间由双方当事人在合同中约定,对储存时间没有约定或约定不明确的,存货人可随时提取仓储物,保管人也可随时要求存货人提取仓储物,但应给对方必要的准备时间。

6. 货物损耗标准和损耗的处理

货物损耗标准是指货物在储存、运输过程中,由于自然因素(如干燥、风化、散失、挥发、黏结)和货物本身的性质和度量衡的误差等原因,不可避免地要发生一定数量的减少、破损或计量误差。有关主管部门对此作出规定或者由合同当事人商定货物自然减量标准和合理磅差(一般以百分比或千分比表示)。

损耗的处理是指实际发生的损耗超过标准或者没有超过标准规定时,如何划分经济责任,以及对实物如何进行处理。通常在货物验收过程中,在途损耗不超过货物自然减量标准和损耗在规定磅差范围内的,仓库可按实际验数验收入库;如果超过规定的,应核实作出验收记录,按照规定处理。

7. 计费项目、标准和结算方式,银行账号和时间

货物储存过程中的计费项目、标准和结算方式,可按保管方制定的标准执行,也可由当事人双方协商确定。存货方一般应按月支付保管费用。

8. 责任划分和违约责任

双方在合同中应约定违约行为和承担的相应违约责任，明确约定承担违约责任的方式，约定违约金的数额和计算方法。承担违约责任方式包括：①违约金；②赔偿金或赔偿实际损失；③继续履行；④采取补救措施；⑤定金惩罚等。

9. 合同的有效期限

合同的有效期限即货物的保管期限。存货方过期不取走货物，应承担违约责任。但有的存储保管合同可以不规定期限，双方约定只要存货方按日或按月支付保管费用，即可继续存放。

10. 变更和解除合同

保管方或存货方如需要对合同进行变更或解除，必须事先通知对方，以便做好相应的准备工作。因此，仓储合同中应当明确规定提出变更或解除合同的期限。

11. 争议处理

双方当事人约定的合同争议处理方式，即有关合同争议的诉讼或仲裁约定。

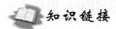

仓储合同订立的原则

仓储合同订立的原则包括平等原则、等价有偿原则、自愿与协商一致原则、合法和不损害社会公众利益原则。

三、仓储合同当事人的权利和义务

1. 仓储保管人的主要义务

（1）验收和接受仓储物的义务。仓储保管人应当按照约定对仓储物进行验收，如验收发现入库仓储物与约定不符，应当及时通知存货人。验收合格，仓储保管人应当对存货人交付的仓储物予以接受。

（2）给付仓单的义务。存货人交付仓储物的，仓储保管人应当给付仓单。

（3）仓储和保管的义务。仓储保管人应按合同约定的保管条件和方式妥善保管货物，不得擅自改变保管条件和方式。对于易燃、易爆、有毒、有腐蚀性、有放射性等危险物品的保管，仓储保管人应当具备相应的资格和保管条件，并应依照法定或者约定的要求进行储存操作。

（4）危险通知和及时处置的义务。仓储保管人发现仓储物有变质或其他损坏的危险，应当及时通知存货人或仓单持有人；此危险危及其他仓储物的安全和正常保管的，仓储保管人应当催告存货人或仓单持有人作出必要的处置；情况紧急的，仓储保管人可自行作出必要处置，但应当将该情况及时通知存货人或仓单持有人。

（5）容忍义务。在仓储期间，存货人和仓单持有人要求检查仓储物或者提取样品的，仓储保管人应当允许。

（6）返还仓储物的义务。仓储期间届满，保管人应当将仓储物返还给存货人或交付给仓单持有人。如仓储合同未约定储存期间，则存货人或仓单持有人有权随时提取仓储物，仓储保管人也有权随时要求存货人或仓单持有人提货，但应给予必要的准备时间。

2. 仓储保管人的主要权利

(1) 要求存货人按合同规定及时交付仓储物的权利。

(2) 要求存货人对货物进行必要包装的权利。

(3) 要求存货人告知货物情况并提供相关验收资料的权利。

(4) 要求存货人按期提取货物的权利。

(5) 验收货物的权利。

(6) 收取仓储费的权利。

(7) 保管人的提存权：储存期间届满,存货人或者仓单持有人不提取货物的,保管人可以催告其在合理期限内提取,逾期不提取的,保管人可以提存仓储物。

3. 存货人的主要义务

(1) 说明义务。储存易燃、易爆、有毒、有腐蚀性、有放射性等危险物品或者易变质物品,存货人应当说明该物品的性质,并提供有关资料。违反此项义务的,仓储保管人可拒收仓储物,也可采取相应措施以避免损失,由此而产生的费用由存货人承担。

(2) 支付仓储费的义务。存货人应按合同约定支付仓储费,逾期提货的,应加付仓储费,提前提取的,不减收仓储费。

(3) 提取仓储物的义务。仓储期间届满时存货人应提取仓储物,逾期不提取的,保管人可提存仓储物。

4. 存货人的主要权利

(1) 要求保管人妥善保管货物的权利。

(2) 要求保管人及时验收货物的权利。

(3) 对保管货物有查验、取样的权利。

(4) 对保管物的领取权利。

(5) 获取仓储物孳息的权利。仓储物在保管期间产生了孳息,存货人有权获取该孳息。

(6) 合同中规定由保管方送货或代办托运的,存货人有权要求对方将货物送到指定地点或办理托运手续。

仓储合同纠纷

任务二　仓单业务

任务导入

依所签仓储合同,四海物流有限公司收到金城商贸有限公司需要存放的货物,并开出仓单。过了2个月,金城商贸有限公司要求进行仓单分割,分割为货量平均的两份仓单。又过了5日,金城商贸有限公司把所存货物的一半转让给了通达商贸有限公司。又过了10日,金城商贸有限公司把所存货物剩余的一半向四海物流有限公司申请仓单质押。请完成以下任务。

(1) 以四海物流有限公司业务员身份设计并开出仓单。

(2) 协助金城商贸有限公司办理仓单分割、转让、质押的业务。

一、仓单含义

仓单(warehouse receipt)是指仓储保管人在与存货人签订仓储保管合同的基础上,按照行业惯例,以表面审查、外观查验为一般原则,对存货人所交付的仓储物品进行验收之后出具的权利凭证。通常是指由保管人在收到仓储物时向存货人签发的表示已经收到一定数量的仓储物的法律文书。

仓储合同的订立可以采用书面形式,也可以采用口头形式或者其他形式。仓单在仓储合同中具有重要作用,仓单的内容是对仓储合同内容的进一步确认,同时还是处理保管人与存货人或提单持有人之间关于仓储合同纠纷的依据。存货人交付仓储物,保管人应当给付仓单。仓单实际上既是仓储物所有权的一种凭证,又是存货人或者持单人提取仓储物的凭证。存货人或者仓单持有人在仓单上背书并经过保管人签字或者盖章,即可转让提取仓储物的权利。所以仓单是合同的证明、物权凭证、提货凭证、有价证券(可以作为抵押、质押、财产保证等金融工具和其他信用保证)。

仓单联数应为三联:会计记账联、正本提货联(可印制底纹)、会计底卡联。

仓单类型包括通用仓储仓单和金融仓储仓单。

(1) 通用仓储仓单,即用于普通仓储业务中的仓单。仓储物的出库单、入库单都视为仓单。

(2) 金融仓储仓单,即用于企业融资货物质押、货物转让、期货交割的仓单,与货物共同整进整出的仓单。

二、仓单制作

1. 仓单内容

仓单应当具备一定形式,其记载事项必须符合《合同法》及物权凭证的要求,使仓单关系人明确自己的权利并适当行使自己的权利。仓单内容表示的单元信息,即仓单要素,分为必备要素和可选要素两类,见表 2-1。

表 2-1 仓单要素的内容及用语

要素类型	序号	要素内容	可选择用语	填写说明
必备要素	(1)	"仓单"字样	仓单	
	(2)	凭证权利提示	凭单提货	
	(3)	仓单编号	编号、No.	
	(4)	仓单填发日期	填发日期	大写
	(5)	存货人名称	存货人	实名全称
	(6)	保管人名称	保管人、签发人	实名全称,可置于仓单顶部并使用保管人或签发人标志
	(7)	仓储物名称	名称和品种	
	(8)	仓储物数量	数量	
	(9)	仓储物计量单位	单位	宜采用 GB 3101~3102—1993 中规定的法定计量单位
	(10)	仓储物包装	包装	
	(11)	仓储场所	地址	
	(12)	保管人签章	保管人签章	

续表

要素类型	序号	要素内容	可选择用语	填写说明
可选要素	(1)	存货人住所	住所	
	(2)	仓储物规格	规格、产地、生产厂家、生产日期、等级、含量	
	(3)	仓储物标记	标记、商标	
	(4)	仓储物价格	单价、金额、货值	
	(5)	储存期间	储存期、储存时间	
	(6)	仓储物损耗标准	损耗标准	
	(7)	仓储物保险金额	保险金额	
	(8)	仓储物保险期间	保险期间	
	(9)	仓储物保险人名称	保险人	
	(10)	货品编码	货品编码、商品编码	
	(11)	仓单经办人	经办、填发、记账、复核	
	(12)	仓单被背书人	被背书人	采用电子化仓单的企业,应在系统内保留连续背书的记录,并可供查询确认
	(13)	仓单背书人签章	背书人签章	
	(14)	仓单背书保管人签章	保管人签章	
	(15)	仓单持有人提示取货签章	仓单持有人提示取货签章	
	(16)	仓单持有人证件号码	证件号码	
	(17)	仓储费率	仓储费率	
	(18)	"保兑"字样	保兑	应印制在正本提货联正面显著位置
	(19)	仓单保兑人签章	保兑人	实名全称
	(20)	关联仓储合同	关联合同号	
	(21)	附件	附件	粘贴在指定处,加盖骑缝章
	(22)	其他要素	根据业务需要选用	其他要素的选用与填写不应违反本标准

注:可选要素中序号为(12)~(17)的项目应作为可转让、质押仓单的必备要素。

2. 仓单示例

图 2-1 为通用仓储仓单、金融仓储仓单正面示例。图 2-2 为金融仓储仓单背面示例。

3. 仓储仓单填写要求

(1) 仓单上所记载的要素不应更改,更改的仓单无效。必备要素未记载或记载不全的仓单无效。

(2) 仓单中货物价值金额应以中文大写和数字同时记载,二者应一致,不一致的仓单无效。

(3) 仓单上的记载事项应真实,不应伪造、变造。

×××公司仓单

凭单提货

填发日期(大写)　　年　月　日　　　　No. _____

存货人：_____　　　　　账号：_____
储存期：_____　至_____　　仓库地址：_____

仓储物名称	规格	单位	数量	包装	体积	重量	备注	
								正本提货联
货值合计金额(大写)						(小写)¥		

注：仓储物(已/未)办理保险
保险金额¥_____元
保险期限：_____，保险人：_____。

保管人(签章)：

记账：　　　　　　　　　　　复核：

骑缝章加盖处

图 2-1　通用(金融)仓储仓单正面示例

被背书人	被背书人	被背书人	（粘贴单处）
背书人签章 年　月　日	背书人签章 年　月　日	背书人签章 年　月　日	
保管人签章 年　月　日	保管人签章 年　月　日	保管人签章 年　月　日	

持单人向公司　　　　　　身份证件名称：_____
提示取货签章：　　　　　号　　　码：_____
　　　　　　　　　　　　发 证 机 关：_____

图 2-2　金融仓储仓单背面示例

三、仓单业务

（一）通用仓储仓单业务

通用仓储仓单的提货出库流程如图 2-3 所示。

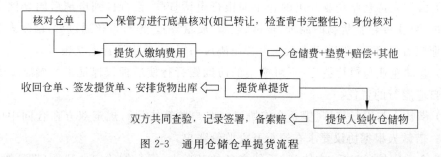

图 2-3　通用仓储仓单提货流程

仓单灭失的提货有以下两种情况。

(1) 通过人民法院的公示催告使仓单失效。过程：法院公示催告、60天无争议、仓单失效、法院判决书确定提货人、提货。仓单持有人需承担相关费用与损失。

(2) 提供担保提货。过程：提货人提供担保提货、保管人掌握担保财产、担保解除在仓单失效后。

(二) 金融仓储仓单业务

1. 货物转让

存货人转让仓单必须在仓单上背书，并经保管人签字或者盖章，二者缺一不可。即在图2-2所示的仓单背面完整背书。一张仓单可多次背书转让。

背书是指存货人在仓单的背面或者粘单上记载被背书人(即受让人)的名称或姓名、住所等有关事项的行为。存货人或者仓单持有人在仓单上背书并经保管人签字或者盖章的，可以转让提取仓储物的权利。

仓单在转让中，可根据需要进行分割。仓单分割指存货人将一批仓储物交给保管人后，因为转让的需要，要求保管人签发分为几份的仓单，或者仓单持有人要求保管人将原先的一份仓单分拆成多份仓单以便向不同的人转让。分割的条件是仓储物必须能够被分劈，并对分割后的仓单持有人有约束力。分割后的仓储物总数量必须与仓储物的总数量相同。保管人对已签发的仓单进行分割后，必须将原仓单收回。

2. 货物质押

货物质押即仓单质押，其法律依据是我国《物权法》第二百二十三条以及《担保法》的相关规定内容。货物质押是以仓单为标的物而成立的一种质权，多为债权实现的一种担保手段。其核心在于担保人以在库动产(包括原材料、产成品等)作为质押物担保借款人向银行的借款，仓储企业经银行审核授权后，以第三方的身份对担保人仓单项下的在库动产承担监管责任，受银行委托代理监管服务，对质押物进行库存监管。

1) 仓单质押的基本流程

以借款人使用自身在库动产的仓单质押融资为例，基本流程如下。

(1) 借款人与仓储企业签订《仓储协议》，明确货物的入库验收和保护要求，并据此向仓储企业仓库交付货物，经仓储企业审核确认接收后，仓储企业向借款人开具专用仓单。借款人同时向指定保险公司申请办理仓储货物保险，并指定第一受益人为银行。

(2) 借款人持仓储企业开出的仓单向银行申请贷款，银行接到申请后向仓储企业核实仓单内容(主要包括货物的品种、规格、数量、质量等)。银行审核通过后，借款人、银行、仓储企业三方签订《仓单质押贷款三方合作协议书》。仓单出质背书交银行。

(3) 仓储企业与银行签订《不可撤销的协助银行行使质押权保证书》，确定双方在合作中各自应履行的责任。

(4) 借款人与银行签订《银企合作协议》《账户监管协议》，规定双方在合同中应履行的责任。借款人根据协议要求在银行开立监管账户。

(5) 仓单审核通过后，在协议、手续齐备的基础上，银行按约定的比例(即质押率)发放贷款到监管账户上。

(6) 货物质押期间,仓储企业按合同规定对质押品进行监管,严格按三方协议约定的流程和认定的进出库手续控制货物,仓储企业只接收银行的出库指令。

(7) 借款人履行约定的义务,将销售回收款存入监管账户。

(8) 银行收到还款后开出分提单,仓储企业按银行开出的分提单放货。直至借款人归还所有贷款,业务结束。

(9) 若借款人违约或质押品价格下跌,借款人又不及时追加保证金的,银行有权处置质押物,并将处置命令下达给仓储企业。仓储企业接收到银行的处置命令后,根据货物的性质对其进行拍卖或回购,以回笼资金。

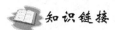知识链接

质 押 率

仓单质押率一般不超过质押仓单项下仓储物价值的70%。仓储物价值根据仓储物总价值扣除必要的其他费用后确定(仓储物价值=仓储物的单位价格×仓储物数量-预估的其他费用)。根据商品的不同,质押率可能有所不同,通常价值越稳定,越易变现,质押率越高,如成品油、煤炭、化肥等大宗原材料;商品价值波幅越大,越不易变现,则质押率越低,如钢材、汽车、芯片。

2) 仓单质押业务模式

(1) 融通仓业务模式。仓储企业,即融通仓,根据质押人与金融机构签订的质押贷款合同以及三方签订的仓储协议约定,根据质物寄存地点的不同,对客户企业提供两种类型的服务:一是对寄存在融通仓仓储中心的质物提供仓储管理和监管服务,步骤如图2-4(a)所示;二是对寄存在质押人经金融机构确认的其他仓库中的质物提供监管服务,必要时才提供仓储管理服务,步骤如图2-4(b)所示。图2-4(b)是在图2-4(a)的基础上,对地理位置的一种拓展。

图2-4(c)模式是图2-4(a)、图2-4(b)模式的进化,它简化了原先仓单质押的流程,提高了运作效率。如图2-4(c)所示,金融机构根据融通仓仓储中心的规模、经营业绩、运营状况、资产负债比例以及信用程度,授予融通仓仓储中心一定的信贷额度,融通仓仓储中心可以直接利用这些信贷额度向相关企业提供灵活的质押贷款业务,由融通仓直接监控质押贷款业务的全过程,金融机构则基本上不参与质押贷款项目的具体运作。

(2) 保兑仓业务模式。如图2-5所示,制造商、经销商、仓储企业、银行四方签署保兑仓业务合作协议书,经销商根据与制造商签订的购销合同向银行缴纳一定比率的保证金,该款项应不少于经销商此次计划向制造商提货的价款,申请开立银行承兑汇票,专项用于向制造商支付货款,由仓储企业提供承兑担保,经销商以货物对仓储企业进行反担保。仓储企业根据掌控货物的销售情况和库存情况按比例决定承保金额,并收取监管费用。银行给制造商开出承兑汇票后,制造商向保兑仓交货,此时转为仓单质押。

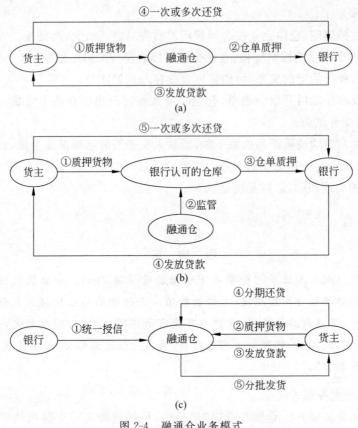

图 2-4 融通仓业务模式

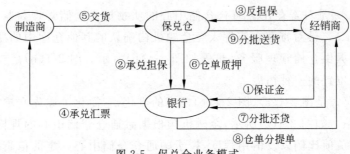

图 2-5 保兑仓业务模式

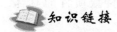

基于区块链的仓单质押平台

仓单质押涉及多方当事人，信用风险过大，因此银行放贷额度不高，加之申请手续复杂，成本高，传统仓单质押越来越没有市场。

近年随着"云、物、移、大、智"和区块链等信息技术的发展，许多领域发生翻天覆地的改革。2019年1月国家互联网信息办公室发布《区块链信息服务管理规定》，2019年10月在中央政治局第十八次集体学习时，习总书记强调"把区块链作为核心技术自主创新的重要突破口""加快推动区块链技术和产业创新发展"。区块链从本质上讲是一个共享数据库,存储于其中的数据或信息具有不可伪造、全程留痕、可以追溯、公开透明、集体维护等特征。基于这些特征,区块链技术奠定了坚实的信任基础,创造了可靠的合作机制,具有广阔的运用前景,成为社会的关注焦点。在区块链建立完全分布式的信用体系基础上,仓单质押平台(图2-6)促进与创新仓单质押业务的发展。

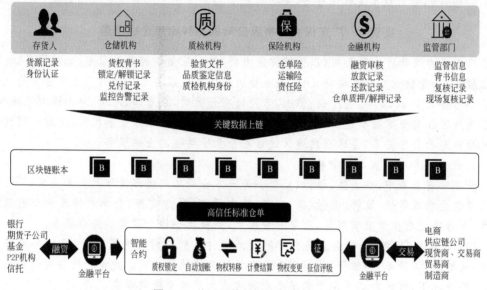

图2-6 基于区块链的仓单质押平台

项 目 检 测

一、案例分析

案例1 仓储合同纠纷

甲公司为专门从事仓储保管业务的公司,乙公司为电冰箱制造商。经协商双方于3月5日签订了仓储合同。合同规定,甲为乙保管木底纸箱等包装材料,保管期限没有约定,约定保管1天需交保管费50元。

合同成立后,乙公司于3月10日送来大批纸箱,同时还送来合同中没有提到的生产用纸板。甲公司当天接收该批货物时没有表示异议。

6月,乙公司提出续签合同2个月,甲公司表示不同意。7月,甲公司接到另一项要约,保管费比乙公司出价高,遂以库房另有安排为由,把生产用纸板全部挪到库外。后因天降大雨,乙公司生产用纸板全部被淋湿,以致无法使用,损失2万多元。乙公司向甲公司提出赔偿,甲公司则称合同中没有规定保管纸板的义务,因而对纸板的损失不负责任。双方协商未果,发生纠纷,乙公司诉至法院。

请回答下列问题。

1. 本仓储合同于何时成立?

2. 甲公司是否负有保管生产用纸板的义务?为什么?
3. 甲公司是否有权要求乙公司提走仓储物?为什么?
4. 乙公司2万多元损失应由谁承担?为什么?
5. 假设甲、乙公司合同约定保管期间为90天,乙公司于5月10日提走仓储物,甲公司应至少收费多少元?
6. 假设乙公司拒不支付保管费,甲公司能否拒绝交出乙公司委托仓储物?

案例2 广东保力得物流公司的多种物流金融服务

广东保力得物流有限公司(以下简称保力得)是一家集物流金融服务、仓储服务、运输配送服务、企业物流方案咨询与设计、企业物流整体外包服务于一体的现代综合型物流企业。公司成立于2002年,在广州、佛山、东莞设有分公司,在惠州、河源、中山设有办事处,珠三角地区经营仓库面积达10万平方米。目前与国内外十余家金融机构、上游厂商建立了长期稳定的合作关系,为珠三角地区过百家企业提供物流金融服务。

1. 保力得货押融资的监管模式

货押融资业务中,按企业、银行、监管公司三方合同约定操作流程及业务定义,保力得的监管模式有现货质/抵押、先款(票)后货、静态质押、动态质押、仓单质押五种。前四种模式,保力得主要提供监管服务,而第五种模式,则提供仓储与监管的综合服务。

(1) 现货质/抵押,是指企业将自有的动产交付监管公司占有或监管,监管公司签发仓单(或抵/质押清单)给银行,银行向企业发放贷款的操作方式。此模式的目的是盘活库存,一般情况下,这种融资是用于满足企业物流或生产资金链的需求。

(2) 先款(票)后货,俗称"厂商银"。企业、上游厂家与银行签订协议,由银行直接向企业的上游厂家支付货款,待货物运回银行指定地点(仓库)后,企业通过还款方式赎货(提货)。这种操作模式的目的是减少买卖双方交易风险,快速为上游厂商回笼所需要资金。一般适用于信誉良好且具备相关资质的大中型企业,是供应链融资的一种。

(3) 静态质押,银行对出质人的货物实施监管时,不允许出质人以货易货,即不允许换货,如出质人要提取该批货物,必须向银行还款,并通过银行办理提货手续。按批次/笔数开具"质物清单",货物处于静态控货状态。此种模式一般适用于同一种货物由于生产工艺、原材料、时间等方面的影响导致每批货物的品质都会有一些差异,从而影响变现结果,为了保障银行利益而不能换货。如太阳能玻璃、陶瓷等产品。

(4) 动态质押,又称"核定库存质押"。银行设定最低质押金额,允许超出质押金额部分的货物,无须经过银行书面通知,出质人即可自行与监管公司协商出库,出质人可以以货易货。此种模式一般适用于流动性大,仓储企业也较容易把握价格、质量的货物,如钢材、不锈钢。生产企业采用此种质押模式的较多。

(5) 仓单质押,由监管公司开具仓单,并负责监管与保管,出质人背书转让给债权人(银行)享有,银行将仓单所载明的权利作为债权的担保放贷。目前保力得的监管仓库接近100个,运作中的关键控制点是如何确保企业提供的质押物不低于银行最低控货要求。保力得在运作中以银行最低控货额的110%作为控制临界点,低于此临界点,则该种货物不能再办理出库。

保力得为某电缆制造有限公司(以下简称"A公司")设计、提供金融仓储服务。A公司主要生产电线电缆,由于生产电线电缆的主要原材料为 8mm 铜杆,而铜价格比较高,因此原材料、产成品库存占用了 A 公司大量流动资金,导致其流动资金不足,制约了公司发展。银行为 A 公司提供贸易融资解决方案,银行给 A 公司综合授信额度 2 000 万元,以 A 公司自有的原材料、产成品(按铜重量计)作为质押物品融资,保力得作为独立第三方,进驻 A 公司对所提供的符合要求的质押物进行监管。日常监管操作中,质押物价值超出银行核定最低价值部分,A 公司可以自行向保力得办理进出库手续,不需另行征得银行的同意。到达银行核定最低价值后需要向银行办理手续后才能进行货物提货出库。

2. 保力得监管员职责

1) 监管员的职责

按公司要求为客户提供动产担保物的监管服务,保证担保物不低于最低控货额。质量和货权符合监管要求,维护公司形象及确保财产不受到损害。

2) 监管员的工作内容

(1) 负责监控担保物的出入库并做好登记工作。

(2) 负责按工作指引要求对担保物进行盘点,确认库存数量。

(3) 负责根据担保物的进出量进行登记及修改区位图。

(4) 负责每日根据担保物日进销存金额和企业授权人进行确认。

(5) 负责根据要求对担保物的货权、质量进行核对并取得相应资料。

(6) 负责与企业和公司相关人员进行工作沟通。

(7) 负责出现异常情况时按公司流程进行处理并立即上报。

(8) 负责接待银行人员和上级的工作检查。

(9) 负责留意企业经营及管理情况,遇到异常情况时(如企业员工罢工或工伤、企业停产、企业有债权人上门讨债、企业出现水灾与火灾或导致担保物出现损坏等)需立即上报上级。

(10) 负责完成上级安排的其他工作。

保力得以专业的操作水平、负责任的工作态度,获得合作金融机构与企业的认可信任,目前在能源、化工、金属、电缆、家电、木材、纸品、钢材等行业开展了广泛的金融仓储服务,近期准备在煤炭、生猪等新领域有所建树,真正在银企合作中实现可靠桥梁的作用。

请回答下列问题。

1. 保力得的五种监管模式各有何特点,各适用于什么情况?

2. 如何理解综合授信额度,并评价保力得为某电缆制造有限公司设计、提供的金融仓储服务。

3. 保力得监管员和一般仓储企业保管员的职责有何异同?

4. 保力得准备在煤炭、生猪等新领域开展金融仓储服务,会有何困难?

二、问答题

1. 简述仓储商务活动的主要内容。

2. 仓储合同有哪些主要条款?

3. 分别阐述仓储保管人、存货人的权利与义务。

4. 何谓仓单,其内容有什么?

5. 何谓仓单质押?简述其一般流程。

项目二　仓储商务作业试题

项目三

入库作业

知识目标

1. 能阐述入库作业的基本流程、货物入库验收的基本知识。
2. 能结合实际理解影响入库作业的各种因素。
3. 能熟知入库单上所记载的内容。

技能目标

1. 会针对所存货物的送货方式、货物属性、入库数量、仓库及设备等条件制订入库作业计划。
2. 会根据入库作业计划准备货位、苫垫材料及验收与装卸搬运设备。
3. 会通过手工或"仓储管理信息系统"录入货物入库信息并进行有效确认。
4. 会处理货物入库时发生的单证不齐、数量短缺、质量不符等问题。

入库作业也称收货作业,抓好这一环节能区分货损责任,做好储存计划,为货物在库存储打下良好的基础。要对入库作业进行合理的安排和组织,就需要掌握入库作业的基本业务流程。不同类型的企业入库作业流程略有不同,一般入库作业流程如图3-1所示。

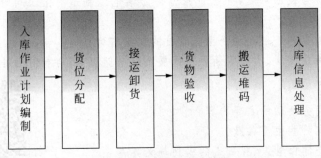

图 3-1　入库作业基本流程

任务一 入库准备

任务导入

天天商贸负责人告知其物流合作商金德储运公司,明天上午该公司的供应商兴发贸易行将一批货物送到该公司的东城仓库储存,详情见入库通知单(表3-1)。

表3-1 入库通知单

No.202103200001　　　　　　　　　　　　　　　　　　计划入库日期:2021年3月20日

商品名称	型号/规格	包装	包装规格/mm (长×宽×高)	重量 /kg	入库数量 /箱	备注
麦欧五金工具	A8	木箱	470×250×180	50	3 600	限高5层
小熊电热饭盒	DFH-B10T6	纸箱	440×217×180	8	2 000	限高5层
华帝燃气热水器	i12050-12	纸箱	604×350×178	15	2 700	限高5层
美的电热水壶	MK-HJ1512	纸箱	226×150×243	1	1 000	限高6层

供应商:兴发贸易行。

请以金德储运公司仓库主管助理的身份,完成以下任务。

(1)仓库接受了此项业务,制订该批货物的入库作业计划。

(2)根据货物性质,小熊电热饭盒将安排在高架库,华帝燃气热水器安排在立体库,美的电热水壶安排在密集存储区("货到人"储区),麦欧五金工具安排在平置库就地堆垛,需要准备多少储位?

一、编制入库作业计划

(一)接受入库申请

1. 入库申请

入库申请是存货人对仓储服务产生需求并向仓储企业发出的需求通知。仓储企业接到申请后,对此项业务进行评估并结合仓储企业自身业务状况作出反应:或拒绝该项业务,并作出合理解释,以求客户谅解;或接受此项业务,并制订入库作业计划,分别传递给存货人和仓库部门,做好各项准备工作。所以,入库申请是生成入库作业计划的基础和依据。

2. 入库通知单

入库通知单是存货人向仓储企业提出入库申请的书面形式,入库通知单一般是由货主或货主委托方作为入库任务的下达单位,根据仓储协议,在一批货物送达仓库前下达给仓库,起预报入库信息的作用。

入库通知单内容一般包括日期、货物名称、包装规格、数量、供应商等信息。

当仓储业务部门收到存货人的入库通知单后,要对此业务进行分析评估,包括到货时间、货物属性、包装材质、数量、存储时间及本企业的存储能力等。若分析评估后认为此业务本企业难以承担,业务部门可与存货人就存在的问题进行协商,如协商难以一致,可拒绝此项业务;若分析评估后认为此业务本企业可以胜任,业务部门应根据入库通知单制订入库作业计划,分发给存货人和本企业的仓库部门。发给存货人的入库作业计划作为存货人入库申请的确认,发给本企业仓库部门的入库作业计划作为作业安排,仓库部门依此计划进行作业准备。

(二)制订入库作业计划

入库作业计划是指仓库部门根据本部门和存货人等外部实际情况,权衡存货人的需求和仓库存储的可能性,通过科学的预测,提出在未来一定时期内仓库要达到的目标和实现目标的方法。

入库作业计划是存货人发货和仓库部门进行入库前准备的依据。入库作业计划主要内容如图 3-2 所示。

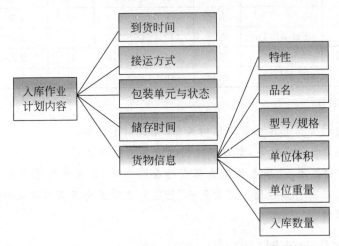

图 3-2 入库作业计划主要内容

仓库部门对入库作业计划的内容要进行分析,并根据货物的理化性质、单品体积、重量、包装物等,合理安排仓位,仓库部门在对入库作业计划作出测评与分析后,即可进行货物入库前的准备工作。

二、影响入库作业的因素

(一)供应商的送货方式

供应商的送货方式将直接影响入库作业的组织和计划。供应商的以下信息对仓库入库作业的影响要加以考虑。

1. 日均送货的供应商数量及最大量

日均送货供应商数量和单日最多送货供应商数量对仓库入库作业影响最大。送货供应商越多,入库货物的数量越多、品种越复杂,这将导致入库过程中的验单、接货、卸货、分类、货物点验、签发入库凭证、入库堆码、登记入账、产生提货凭证等环节工作量的增加和效率的降低。尤其是单日送货供应商数量波动较大时,不能单纯地以平均数作为安排工作人员和作业设施设备的依据。否则,忙时仓库服务水平降低(如送货车辆排队时间过长);闲时,工作人员、作业设施设备的劳动生产率降低(如仓管人员、设备闲置)。

2. 送货的车型及车辆台数

送货车型主要会影响卸货站台的合理安排与利用及卸货方式,车辆台数直接影响作业人员的配置和作业设备、作业方式的选择。

3. 每台车平均卸货时间

每台车平均卸货时间是用来衡量入库作业效率高低的重要指标,每台车平均卸货时间越短,服务水平越高,相应设施设备的自动化、机械化程度要求也就越高。

4. 货物到达的高峰时间

货物到达的高峰时间是制定作业人员轮班轮岗制度的重要依据,要合理安排不同班次的作业人数,以求做到作业人员的作业量和劳动强度的均衡性,同时既可以降低成本又可以保证服务水平。

5. 货物的装车方式

货物的装车方式主要影响卸货的操作。若货物是散货形式,卸车时要充分利用货物自身的重力;若货物是件杂货形式且经过配装的,卸车时主要以人工为主,采用不落地的装卸搬运方式,以降低作业强度;若货物是以单元形式装车的,则尽可能选择机械作业方式。

6. 中转运输的转运方式

中转运输的转运方式包括直达转运、直通转运、储存分拣转运、流通加工转运、投机转运等形式,不同转运方式的入库作业量和作业方式大不相同,如表3-2所示。

表 3-2 转运方式的类型

转运方式	作 业 内 容
直达转运	货物不经过卸货入库等环节,留在运输工具上按货主要求的时间、地点直接送货主手中
直通转运	在仓库的站台上卸货不经入库环节,而直接转换运输方式或运输工具送达货主手中
储存分拣转运	货物抵达仓库时货物的去向信息不明,要先经过验收、装卸搬运、入库堆存、理货等作业,等候客户(货主)下达指令(出库单、订单等),然后按客户要求经分拣环节送达客户。这是一种典型的转运方式,工作量较大且涉及的设施、设备复杂
流通加工转运	货物抵达仓库后,经过卸货、验收、搬运、分拣(按加工工艺)、加工、再分拣(按货主、流向、理化性质)等作业环节后送抵客户手中
投机转运	货物抵达仓库时货物去向信息不明,但目的明确,即囤积货物待货物价格达到期望目标时再经过验收、装卸搬运、入库堆存、理货等作业,根据客户(货主)下达指令(出库单、订单等),按客户要求送抵目的地而取得超额利润的转运方式

（二）货物的种类、特性与数量

货物的种类、特性与数量将直接影响入库计划的制订、接货方式与接货人员的安排、装卸搬运机械及仓储设施设备的配备、库区货位的确定、苫垫材料的选择及温度湿度控制等方面。

1. 每天平均送达的货物品种数

平均每天送达的货物品种越多,货物之间的理化性质差异也就越大,对接货方式、装卸设备机械、仓储设施设备的配置、库区货位的确定与分配,以及苫垫材料的选择等作业环节影响越大。

2. 单位货物的尺寸及重量

单位货物的尺寸及重量对装卸搬运、堆码上架、库区货位的确定等作业会产生影响,单位货物的尺寸小、重量轻且未单元化,入库时一般采用人工作业或人工辅助机械作业;单位货物的尺寸大、重量高,则宜采用机械化装卸作业;若货物之间的尺寸、重量差异过大,势必对库区货物的确定造成影响。

3. 货物包装形态

货物依据的包装形态可分为散装货、件杂货、单元货(托盘化、集装化)三种形态,货物包装形态的差异会对装卸搬运工具与方式、库区货位的确定、堆存状态产生影响。

4. 货物保质期

货物保质期的长短直接影响货物的在库周期,保质期短的货物入库存储宜选用重力式货架,以严格保证"先进先出",延长货物后续的销售周期和消费周期。

5. 装卸搬运方式

入库货物的形态决定货物入库时的装卸搬运作业方式,仓储企业在进行人员配置、装卸搬运设备的选择时应充分考虑仓储对象的形态以形成经济合理的科学对策。

(三) 仓库设备及存储方式

仓库设备是影响入库作业的另一主要因素,叉车、传送带、货架储位的可用性,以及人工装卸、无货架堆码等都要加以综合考虑。若仓库设备先进,而且都是货架储存,其操作过程简单,现场干净整齐,仓容利用率高,便于管理;若仓库设备简陋,基本是依赖人工操作,现场一般比较杂乱,仓容利用率低,管理难度大。

同时也要考虑货物在仓库期间的作业状态,是否需要拆捆开箱、再包装作业等,为入库安排提供帮助。

三、货位管理

根据入库通知单,在货物到达仓库前将存储的位置和所需的货位准备妥当。要准备合适的货位,一般是根据仓库的分区分类实情,确定入库货物储存的场所,然后再根据货物堆码方式,确定入库货物所需的占用空间。

(一) 货位规划

进入仓库中储存的每一批货物在其理化性质、来源、流向、批号、保质期等各方面都有其特性,仓库要为它们确定一个合理的货位,一方面是为了提高仓库平面和空间利用率,另一方面是为了提高货物保管质量,方便进出库作业,从而降低货物的仓储作业成本。

根据不同的库房条件、货物类别和批量整理的情况,做好货位规划,以满足仓库有序管理。确定货物在仓库中具体存放的位置应注意以下几项原则。

(1) 性质相同或所要求保管条件相近的货物应集中存放,并安排在条件适宜的库房或货场,以避免货物在储存过程中相互影响。

(2) 根据货物周转情况和作业要求合理选择货位。出入库频繁的货物应尽可能安排在靠近出入口或专用线的位置,以加速作业和缩短搬运距离。体积大的笨重货物应考虑装卸机械的作业是否方便。

(3) 应当根据货物储存量的多少，比较准确地确定每种货物所需的货位数量。一种货物的储存货位超过实际需要，不利于仓容的充分利用。

(4) 规划货位时应注意保留一定的机动货位，以便有货物大量入库时可以调剂货位，避免打乱货位安排。

(二) 货位编号

货位编号是将货物存放场所位置按照一定顺序统一编列号码，通过货位规格化，运用科学的方法，进行合理分类、排列，使库内的货位排列系统化、规范化。

1. 货位编号的要求

货位编号是货物在仓库中的住址，必须符合"标志明显易找、编排循规有序"的原则。

(1) 标志设置要适宜。货位编号的标志设置，要因地制宜，采用适当的方法，选择适当的位置。无货架的库房内，走道、支道、段位的标志，一般设置在水泥或木板地坪上；有货架的库房内，货位标志一般设置在货架上。

(2) 标志制作要规范。货位编号的标志如果随心所欲、五花八门，很容易造成单据串库、货物错收或错发等事故。统一使用阿拉伯字码制作标志，可避免以上弊病。为了将库房以及走道、支道、段位等加以区别，可以字码大小、颜色进行区分，也可在字码外加上括号、圆圈等加以区分。

(3) 编号顺序要一致。整个仓库范围内的库房、货场内的走道、支道、段位的编号，一般都以进门方向左单右双或自左向右顺序编号的规则进行。

(4) 段位间隔要恰当。段位间隔的宽窄，应取决于货物种类及批量的大小。

另外，还需注意的是，走道、支道不宜经常变更位置及编号，否则不仅会打乱原来的货位编号，而且会使人工或自动化仓库不能迅速完成收发货。

2. 货位编号的方法

货位编号的方法主要有以下几种。

1) 区段式

区段式是指把保管区域分割为几个区段，再对每个区段编号。这种编号方式适用于单元化装载的货物，以及量大或保管周期短的货物。ABC 分类中的 A 类、B 类货物很适合这种编号方式。货物所占区段的大小根据物流量大小而定，以进出货频率来决定其配置顺序。

货位编码的方法

2) 货品类别式

货品类别式是指把一些相关货物经过集合后，区分成几个货物大类，再对每类货物进行编号。这种编号方式适用于按货品类别保管或品牌差距大的货品，如服饰类、五金类、食品类等货物。

3) 地址式

利用保管区域中的现有参考单位，例如库场的第几栋、第几保管区、排、行、层、格等，依照其相关顺序进行编码。这种编号方式由于所标注区域通常以一个货位为限，且有相对顺序可依循，使用起来明了又方便，是目前仓储中心使用最多的编号方式。通常采用的编号方法为"三号定位法""四号定位法"。

(1) 三号定位法。以排为单位的货架货位编号。将库房内所有的货架,以进入库门的方向,自左至右安排编号,继而对每排货架的夹层或格眼,在排的范围内自上至下、自前至后的顺序编号。

例如,5号库设置8排货架,每排上下4层,共16个格眼,其中第8排货架,第7号格眼用"5-8-7"表示。

(2) 四号定位法。采用4个数字号码对库房(货场)、货架(货区)、层次(排次)、货位(垛位)进行统一编号。

例如,"5-3-2-11"即指5号库房(5号货场)、3号货架(3号货区)、第2层(第2排)、11号货位(11号垛位)。编号时,为防止出现歧义,可在第一位数字后加上拼音字母"K""C"或"P",这3个字母分别代表库房、货场、货棚。如2K-15-2-26,即为2号库、15号货架、第2层、第26号货位。

4) 坐标式

坐标式是指利用 x、y、z 空间坐标对货位进行编号。这种方式直接对货位定位,其货位分割细,在管理上比较复杂,适用于周转率很低,存放时间较长的货物。

由于储存货物特性不同,采用的货位编号方法也不同。实践中,应根据货物储存量、周转率、储存空间布置和储存设备等来选择合适的货位编号方法。

(三) 货物堆码

堆码是将货物整齐、规则地摆放成货垛的作业。它根据货物的性质、形状、轻重等因素,结合仓库储存条件,在指定货位将货物堆码成一定形状的货垛。

1. 堆码基本要求

1) 合理

不同货物的性质、规格、尺寸不相同,应采用不同的垛形。不同品种、产地、等级、单价的货物,须分别堆码,以便收发、保管。货垛的高度要适度,不压坏底层的货物和地坪,与屋顶、照明灯保持一定距离;货垛的间距,走道的宽度、货垛与墙面、梁柱的距离等,都要合理、适度。可采用仓库"五距"标准。

(1) 顶距是指货垛的顶面与仓库屋顶平面之间的距离。一般的平顶楼房,顶距为50cm以上;人字形屋顶,堆货顶面以不超过横梁为准;立体仓库中,纸箱包装和工位器具罗列不能超过4m,货架为5层货架,高度不能超过7m。

(2) 灯距是指仓库内固定的照明灯与货物之间的距离。灯距不应小于50cm,以防止照明灯过于接近货物(灯光产生热量)而发生火灾。

(3) 墙距是指墙壁与货垛之间的距离。墙距又分外墙距与内墙距。一般外墙距在50cm以上,内墙距在30cm以上。货物存放应距离窗户、墙面、暖气、消防器材50~100cm,以便通风散潮和防火,一旦发生火灾,可供消防人员出入。

(4) 柱距是指货垛与立柱的距离,一般为10~20cm。柱距的作用是防止立柱散发的潮气使货物受潮,并保护柱脚,以免损坏建筑物。

(5) 垛距是指货垛与货垛之间的距离,通常为100cm,每列托盘之间距离为15cm。垛距的作用是使货垛与货垛之间间隔清晰,防止混淆,便于摆放和卸载,也便于通风检查,一旦发生火灾,还便于抢救,疏散货物。

2)牢固

货垛牢固,不偏不斜。货垛不能压坏底层货物,不能超过地面承载能力,货垛较高时,顶层适当向内收小。易滚动的货物应用木楔固定,必要时采用绳网固定。

3)定量

堆码货物不得超出有效面积范围,重量不得超过地坪最大承压能力,高度不得超过可用高度。货垛的每层数量应保持数量一致,如货垛的"五五化"堆码,以便计数和发货。

4)整齐

货垛应按一定的规格、尺寸叠放,排列整齐、规范。货物包装标志应一律朝外,便于查找。

5)节约

堆垛时应注意节省空间位置,适当、合理安排货位的使用,提高仓容利用率。

6)方便

选用的垛形和堆垛方法应方便堆垛和搬运等仓储作业,从而提高作业效率。

2. 堆垛方法

货物的堆垛是指根据货物的特性、包装方式和形式,在明确货物质量、方便作业和充分利用仓容的前提下合理、灵活地确定堆垛方式。

(1)垛堆法是指把货物堆码成一定垛形的方法,适用于有包装或裸装计件货物,如型钢、钢板等。垛堆法的形式如表3-3和图3-3所示。

表3-3 垛堆法的形式

重叠式	是指各层码放方式相同,上下对应。它是机械化作业的主要形式。但各层之间缺少咬合作用,容易发生塌垛
交错式	是指相邻摆放旋转90°,即一层横向放置,另一层纵向放置,纵横交错堆码呈方形垛的方法。每层间有一定的咬合效果,但咬合强度不高。适用于铜线锭、管材、型材、狭长的箱装货物等
仰伏相间式	是指将材料一层仰放,一层伏放,仰伏相间而相扣的码垛方法。适用于钢轨、工字钢、槽钢、角钢等货物的堆码。在露天码此垛形,应一头稍高,以利排水
压缝式	是指将垛底层排列呈正方形、长方形或环形,然后起脊压缝向上码垛的方法。适用于卷板、钢带、卷筒纸、卧放的桶装货物等
衬垫式	是指在每层或每隔几层之间夹进衬垫物(如木板),利用衬垫物使货垛的横截面积平整,货物互相牵制,加强货垛稳定性的方法,如橡胶垛
栽柱式	是指在货垛的两旁各插上2~3根木柱或钢棒,然后将材料铺平在柱中,每层或每几层在两侧对应的柱子上用铁丝拉紧,以防倒塌的方法。适用于长条形的金属材料,如少量的圆钢、钢管、有色管棒材等
直立式	是指根据货物的属性,将其保持直立向上码放的方法,如桶装货物等
"五五化"	是指以"五"为基本计数单位,堆码成各种总数为五的倍数的货垛,便于清点,收发快,适用于按件计数的货物

(2)散堆法是指散装堆放货物的方法,适用于没有包装的或不需要包装的大宗货物,如煤炭、砂石、小块生铁等。

图 3-3　垛堆法的形式

（3）货架堆码法是指把货物摆放在货架上的方法,适用于标准化的货物,带包装密度较小的货物,以及不带外包装的各种零星小货物。

（4）成组堆码法即采用货板、托盘、网格等成组工具使货物的堆存单元扩大,一般以密集、稳固、多装为原则,同类货物组合单元应高低一致。这种方法可以提高仓容利用率,实现货物的安全搬运和堆存,适用于半机械化和机械化作业。

目前货垛形式趋于简单化,堆垛方法主要适应机械化作业,今后将大量使用货架堆码和成组堆码方法。

（四）储位准备

1. 平置库货位的准备

根据入库计划,在货物到达前将存储的位置和所需的货位面积予以确定。

（1）确定货物存储的位置主要考虑平置库平面布局、货物在库时间、物动量高低等关键因素,高物动量的货物,在库时间较短,所以高物动量的货物应放置在离通道或库门较近的地方。

（2）确定货物所需货位面积必须考虑的因素有仓库的可用高度、仓库地面荷载、货物包装物所允许的堆码层数以及货物包装物的长、宽、高。

计算占地面积公式:

单位外包装面积＝长×宽

单位面积重量＝单位货物毛重÷单位外包装面积

可堆层数,从仓库净高考虑:

$$层数\ a = 库高 \div 箱高$$

从地坪载荷考虑:

$$层数\ b = 地坪单位面积最高载荷量 \div 单位面积重量$$
$$占地面积 = (总件数 \div 可堆层数) \times 单位外包装面积$$

【例 3-1】 东城仓库建筑面积 $500m^2$,地坪载荷 $2t/m^2$,库高 $4.8m$。现仓库接到客户天天商贸一份入库通知单,详见表 3-4。

表 3-4 入库通知单

编号	品名	包装规格/mm	包装材质	单体毛重/kg	包装标识限高/层	数量/箱
001	麦欧五金工具	470×250×180	杨木	50	5	3 600

以上货物入库后就地码垛堆存,若目前可存储区域堆垛宽度限制为 $5m$,要求垛形为重叠堆码的平台垛。请计算至少需要多大面积的储位?计划摆放成货垛的垛长、垛宽及垛高各为多少箱?

【解】① 可堆层数,

从仓库净高考虑(顶距最少 $0.5m$):$a = (4.8-0.5) \div 0.18 \approx 23(层)$

从包装标识限高考虑:$b = 5(层)$

从地坪载荷考虑,

单位货物外包装面积:$0.47 \times 0.25 = 0.117\ 5(m^2)$

单位货物面积重量:$50 \div 0.117\ 5 \approx 425.53(kg)$

$c = 2\ 000/425.53 \approx 4(层)$

垛高 $= \min[23,5,4] = 4(层)$

② 货物占地总面积:$3\ 600 \div 4 \times 0.117\ 5 = 105.75(m^2)$

③ 方案一,就地堆垛时,采用顺放(货物外包装的长与仓库的宽相平行),

垛长:$5 \div 0.47 \approx 10(箱)$,垛宽:$3\ 600 \div 4 \div 10 = 90(箱)$

方案二,就地堆垛时,采用侧放(货物外包装的宽与仓库的宽相平行),

垛长:$5 \div 0.25 = 20(箱)$,垛宽:$3\ 600 \div 4 \div 20 = 45(箱)$

因此,此批入库货物就地堆码至少需要储位面积 $105.75m^2$;因要求垛形为重叠堆码的平台垛,计划采用侧放方案,摆成货垛的垛长 20 箱、垛宽 45 箱、垛高 4 箱。

2. 货架库货位准备

计划入库货物若采用货架存储,在明确存储位置和所需货位数量的同时,还要准备好相应数量的托盘(周转箱)。

1) 货架库货位优化

决定计划入库货物存储位置的关键因素是物动量分类的结果,高物动量的货物应选择首层货位,中物动量的货物应选择中间层货位,低物动量的货物则应选择上层货位,见图 3-4。

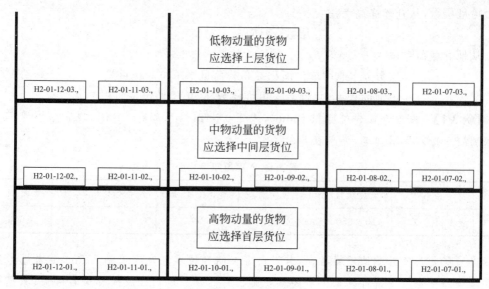

图 3-4 货架货位选择

2) 货架库货位及托盘(周转箱)数量准备

为保证计划入库货物能够及时入库,仓管员应在入库前准备好足够的货位和上架所需的托盘(周转箱)。在计算所需货位及托盘(周转箱)数量时应考虑的因素包括:计划入库的货物种类及包装规格;货架货位的设计规格;所需托盘(周转箱)规格;叉车(堆垛机)作业要求;作业人员的熟练程度。

货架库入库与平置库入位不同的地方还包括货位净高的要求,以及叉车/堆垛机作业高度的预留,一般预留高度≥100mm。

【例 3-2】 东城仓库建筑面积 500m², 地坪载荷 2t/m², 库高 4.8m。现仓库接到客户天天商贸一份入库通知单,详见表 3-5。

表 3-5 入库通知单

编号	品名	包装规格/mm	包装材质	单体毛重/kg	包装标识限高/层	数量/箱
002	小熊电热饭盒	440×217×180	纸箱	8	5	2 000

根据货位性质,小熊电热饭盒将安排在高架库存放,该库区货位规格:1 200mm×1 000mm×1 150mm,货架横梁:120mm,货位承重:500kg;托盘规格:1 200mm×1 000mm×160mm,托盘重量:10kg;库区作业预留高度≥100mm。根据近期货物出库量统计分析,此次入库货物属于高物动量货物,因此尽可能安排低层货位存放。

【解】 (1) 计算托盘每层最多码放该尺寸货物 10 箱,见图 3-5 和图 3-6。

托盘码放层数=(货架层高−货架横梁高度−托盘厚度−设备上架作业高度)÷货物外包装高度

=(1 150−120−160−100)÷180=4(层)

货物包装标识限高=5 层

货位承重范围内堆码层数＝(货位承重－托盘重量)÷(货物单体毛重×

托盘每层可码放箱数)

＝(500－10)÷(8×10)＝6(层)

货物码放层高＝min[4,5,6]＝4 层

(2) 货位(托盘)数量＝2 000÷(4×10)＝50(个)

因此,本次需要 50 个高架库货位及 50 个托盘。

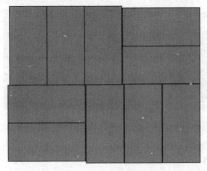　　　　　　　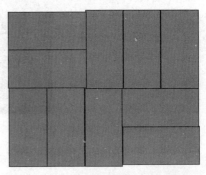

图 3-5　货物托盘奇数层码放示意图　　　图 3-6　货物托盘偶数层码放示意图

无人仓内一般使用二维矩形装箱算法,对于有标准外包装的货物处理相对简单,非标准外包装的货物处理就复杂些。除考虑货物外包装尺寸之外,还要考虑部分货物不能倒箱摆放(外包装标有垂直向上图示)等因素。

四、准备苫垫材料与装卸搬运机械

(一) 准备苫垫材料

根据入库通知单到货货物的特性、体积、重量、数量和到货时间等信息,结合仓库分区分类和储位管理的要求,确定货位。同时要做好防雨、防潮、防尘、防晒准备,即准备好所需的苫垫材料。苫垫材料应根据货位条件、货物特性和季节气候进行合理的选择。

1. 垫垛

(1) 垫垛的目的:①使地面平整;②堆垛货物与地面隔离,防止地面潮气和积水浸湿货物;③通过强度较大的衬垫物使重物的压力分散,避免损坏地坪;④隔离地面杂物、尘土与货物;⑤形成垛底通风层,有利于货垛通风排湿;⑥货物的泄漏物留存在衬垫之内,不会流动扩散,便于收集和处理。

(2) 垫垛的基本要求:①所使用的衬垫物与拟存货物不会发生不良影响,具有足够的抗压强度;②地面要平整坚实,衬垫物要摆平放正,并保持同一方向;③层垫物间距适当,直接接触货物的衬垫面积与货垛底面积相同,衬垫物不伸出货垛外;④要有足够的高度,露天堆场要达到 0.3～0.5m,库房内 0.2m 即可。

垫垛材料主要能使货物免受地坪潮气的侵蚀,并满足垛底通风透气的需求,其主要材料包括枕木、方木、石条、水泥墩、防潮纸(布)及各种人工垫板等,见图 3-7。

2. 苫盖

1) 苫盖要求

苫盖的目的是给货物遮阳、避雨、挡风、防尘,需要做好以下几点。

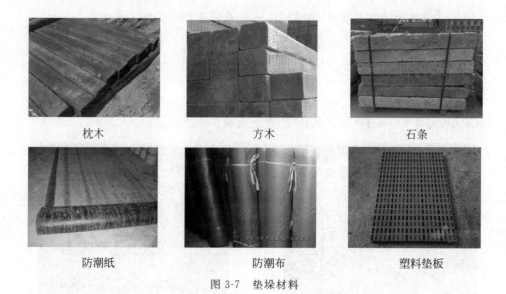

图 3-7 垫垛材料

（1）选择合适的苫盖材料。选用防火、无害的安全苫盖材料；苫盖材料不会与货物发生不利影响；且成本低廉，不宜损坏，能重复使用，没有破损和霉烂。

（2）苫盖牢固。每张苫盖材料都需要牢固固定，必要时在苫盖物外用绳索、绳网绑扎或者采用重物镇压，确保刮风揭不开。

（3）苫盖的接口要有一定深度的互相叠盖，不能迎风叠口或留空隙；苫盖必须拉挺、平整，不得有折叠和凹陷，防止积水。

（4）苫盖的底部与垫垛平齐，不腾空或拖地，并牢固地绑扎在垫垛外侧或地面的绳桩上，衬垫材料不露出垛外，以防雨水顺延渗入垛内。

（5）使用旧的苫盖物或在雨水丰沛季节，垛顶或者风口需要加层苫盖，确保雨淋不透。

2）苫盖方法

（1）就垛苫盖法（图3-8(a)）：直接将大面积苫盖材料覆盖在货垛上遮盖。适用于起脊垛或大件包装货物。一般采用大面积的帆布、油布、塑料膜等。就垛苫盖法操作便利，但基本不具有通风条件。

（2）鱼鳞式苫盖法（图3-8(b)）：将苫盖材料从货垛的底部开始，自下而上呈鱼鳞式逐层交叠围盖。该法一般采用面积较小的席、瓦等材料苫盖。鱼鳞式苫盖法具有较好的通风条件，但每件苫盖材料都需要固定，操作比较烦琐复杂。

（3）活动棚苫盖法（图3-8(c)）：将苫盖物料制作成一定形状的棚架，在货物堆垛完毕后，移动棚架到货垛遮盖；或者采用即时安装活动棚架的方式苫盖。活动棚苫盖法较为快捷，具有良好的通风条件，但活动棚本身需要占用仓库位置，也需要较高的购置成本。

使用苫盖材料主要目的是使货物免受风吹、雨打、日晒、冰冻等侵蚀，其主要材料包括塑料布、席子、油毡、铁皮、苫布及各种人工苫盖瓦等，见图3-9。

（二）准备验收及装卸搬运机械

仓管人员根据货物情况和仓储管理制度，确定验收方法，准备验收所需的计件、称重、

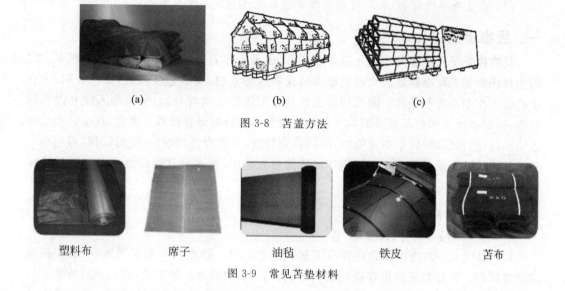

图 3-8 苫盖方法

塑料布　　　席子　　　油毡　　　铁皮　　　苫布

图 3-9 常见苫垫材料

测试、开箱、装箱、丈量、移动照明等器具。同时要根据到货货物的特性、货位、设备条件、人员等情况,科学合理地制订卸车搬运方案,准备好相关作业设备,安排卸货站台或场地,保证装卸搬运作业效率,见图 3-10。

图 3-10 验收及装卸搬运机械

任务二 入库实施

任务导入

金德储运公司东城仓库主管林业诚根据客户天天商贸发来的入库通知单(表 3-1),组织对送来的货物进行入库作业。

请以东城仓库主管林业诚的身份,完成以下任务。

(1) 仓库进行卸货接运时,出现入库通知单与实际货物不一致情况,应该如何处理?

(2) 如何合理组织货物入库验收工作?

（3）验收合格的货物，及时使用仓库管理系统 WMS 办理入库登记。

一、货物接运

货物接运是入库业务的第一道作业环节，也是仓库直接与外部发生的经济联系。它的主要任务是及时准确地向交通运输部门提取入库货物，要求手续清楚，责任分明，为仓库验收工作创造有利条件。因为接运工作是仓库业务活动的开始，是货物入库和保管的前提，所以接运工作好坏直接影响货物的验收和入库后的保管保养。因此，在接运由交通运输部门（包括铁路）转运的货物时，必须认真检查，分清责任，取得必要的证件，避免将一些在运输前或运输过程中就已经损坏的货物带入仓库，造成验收难以划分责任和后续保管工作的困难。

（一）接运方式

1. 到车站、码头接货（提货）

（1）提货人员对所提取的货物应了解其品名、型号、特性和一般保管知识、装卸搬运注意事项等。在提货前应做好接运货物的准备工作，如装卸运输工具，腾出存放货物的场地等。在到货前，提货人员应主动了解到货时间和交货情况，根据到货数量，组织装卸人员、设备和车辆，按时前往提货。

（2）提货时应根据运单及有关资料详细核对品名、规格、数量，并要注意货物外观，查看包装、封印是否完好，有无玷污、受潮、水浸、油渍等异状。若有疑点或不符，应当场要求运输部门检查。对短缺损坏情况，凡属运输部门责任的，应做出商务记录；属于其他方面责任需要运输部门证明的，应做出普通记录，由运输人员签字，注意记录内容与实际情况要相符合。

（3）在短途运输中，要做到不混不乱，避免碰坏损失。危险货物应按照危险品搬运规定办理。

（4）货物到库后，提货人员应与保管员密切配合，尽量做到提货、运输、验收、入库、堆码一条龙作业，从而缩短入库验收时间，并办理内部交接手续。

2. 铁路专用线接运

铁路专用线接运是指仓库备有铁路专用线，大批整车或零担到货接运的形式。一般铁路专用线都与公路干线联合。在这种联合运输形式下，铁路承担干线长距离的货物运输，汽车承担直接面向收货方的短距离运输。

（1）接到专用线到货通知后，应立即确定卸货货位，力求缩短场内搬运距离；组织好卸车所需要的机械、人员及有关资料，做好卸车准备。

（2）车皮到达后，引导对位，进行检查。看车皮封闭情况是否良好，即车窗、铅封、苫布等有无异状，根据运单和有关资料核对到货品名、规格、标志和清点件数；检查包装是否有损坏或有无散包；检查是否有进水、受潮或其他损坏现象。在检查中发现异常情况，应请铁路部门派人复查，作出普通或商务记录，记录内容应与实际情况相符，以便交涉。

（3）卸车时要注意为货物验收和入库保管提供便利条件，分清车号、品名、规格，不混不乱；保证包装完好，不碰坏，不压伤，更不能自行打开包装。应根据货物的性质合理堆放，以免混淆。卸车后在货物上应标明车号和卸车日期。

（4）编制卸车记录，记明卸车货位规格、数量，连同有关证件和资料，尽快向保管人员交代清楚,办好内部交接手续。

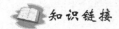

车 皮

铁路运输上车皮是指机车(俗称火车头)以外的车厢(多指货车),一节车厢叫一个车皮。

3. 仓库自行接货

(1) 仓库接受货主委托直接到供货单位提货,应将接货与验收工作结合起来同时进行。

(2) 仓库应根据提货通知,了解所提取货物的性能、规格、数量,准备好提货所需要的机械、工具等,配备仓管人员在供方现场清点数量、检验质量,并做好验收记录,接货与验收工作一并完成。

4. 库内接货

存货单位或供货单位将货物直接运送到仓库储存时,应由保管人员或验收人员直接与送货人员办理交接手续,当面验收并做好记录。若有差错,应填写记录,由进货人员签字证明,据此向有关部门提出索赔。

(二)接运中的差错处理

在接运过程中,有时会发现或发生差错,如错发、混装、漏装、丢失、损坏、受潮和污损等。面对这些情况,仓管人员要先确定差错产生的原因,然后要求责任单位作出合理赔偿。

1. 确定差错产生原因

出现差错的原因,有的属于发货单位造成的,有的属于承运单位造成的,也有的是在接运短途运输装卸中自己造成的。当发现货物丢失、短少、变质、污染、损坏时,应首先核对承运单位提供的运输记录,以确定差错产生的原因。通常情况下,因以下原因造成的货物差错,承运单位不负责赔偿:因不可抗力而造成的损失;货物本身的自然属性或者合理损耗;因托运单位及其押运人的过错而造成的损失。

承运单位提供的运输记录主要有以下两种。

(1) 货运记录。货运记录是表明承运单位负有责任事故,收货单位据此索赔的基本文件。货物在运输过程中发生差错,应填写货运记录。货运记录包括货物名称、件数与运单记载是否相符,货物是否被盗、丢失或损坏,货物是否污损、受潮、生锈、霉变或其他货物差错等。

记录必须在收货人卸车或提货前,通过认真检查后发现问题,经承运单位复查确认后,由承运单位填写交给收货单位。

(2) 普通记录。普通记录是承运部门开具的一般性证明文件,不具备索赔效力,但可以作为收货单位向有关部门交涉处理的依据。

2. 签收货物

确认货物情况与运输记录的内容相符后,接货人员应在运输记录中的"收货人"栏内签名,并领取运输记录的货主联。

3. 申请赔偿

向承运单位申请赔偿有一定的时间限制。通常情况下,自领到货运记录的次日起180日内,收货单位可以向货物到达站或发运站提出赔偿。

(三) 做好接运记录

在进行货物接运工作的同时,每一步骤应有详细的记录。接运记录(表 3-6)应详列接运货物到达、接运、交接等各环节的情况。

表 3-6 货物接运交接记录单

日期	编号	货物名称	件数	货运站	缺损情况	接运人	运单号	收发货人

接运工作全部完成后,所有的接运资料,如接运记录、运单、运输普通记录、货运记录、损耗报告单、交接单以及索赔单和文件、提货通知单及其他有关资料等均应分类输入计算机系统以备复查。

二、卸货作业

办理完成接运手续后,进行卸货作业。卸货通常是将货物由车辆卸下并搬运至站台(或称平台、月台)的作业。站台是停靠车辆、装卸货物、暂存货物的地方,利用站台能方便将货物装进或搬出车辆,实现物流网络与节点的衔接转换。影响卸货效率与质量的因素主要有装载方式、运输工具结构、装卸和搬运工具、车辆与站台间的间隙、车厢底部与站台平台高度差等因素,是一项系统工程。为提高卸货效率与质量,可采取以下措施。

1. 选用车尾附升降台式货车

升降台是装置于货车尾部的特殊平台。装卸货物时,可用此平台将货装上货车或卸至站台。车尾附升降台可延伸至月台,也可倾斜放至地面,其设计有多种样式,适用于没有站台设施的仓库/配送中心或收货点的装卸作业(图 3-11 和图 3-12)。

图 3-11 车尾附升降台式货车

图 3-12 车尾附升降台式货车装车作业

2. 选用"多门式"货车

只有后门的厢式货车,最前端的货物装卸均不方便,严重降低了装卸效率。为便于装卸货物,可选用"多门式"货车。这种货车不仅有后门,还有侧门(图 3-13),这样不仅便于装卸货,还便于拼车,实施投递式送货。

飞翼车是普通厢式车的改进,通过动力弹簧、手动装置或液装置,能开启车厢两侧翼板(图 3-14 和图 3-15)。该车顶部、前板后门结构同铁瓦楞厢式车,侧面由翻转板边板、下

图 3-13　带侧门的小型厢式货车

边板组成。由于具有装卸速度快、效率高、可侧面装卸等优点,飞翼车已经是现代物流企业十分青睐的运输设备。

图 3-14　"飞翼式"中型厢式货车　　　　图 3-15　"飞翼式"重型厢式货车

3. 改造成可放多层托盘的厢式货车

采用托盘装卸货物效率高,但有时车辆积载率较差。一方面从高度上看,摆放一层托盘,不能充分利用车厢高度,剩余较大空间。若摆放多层托盘,底层货物超过限重,压坏货物。另一方面,有时货厢长度和宽度也不能充分利用,且货物摆放不稳定、容易损坏。为解决这个问题可对货车车厢进行改造设计,如使用可折叠货架/两层固定货架,可调节活动梁,以克服托盘/不同外包装货物混放车厢装载率不高的弊端,提高装载率与装卸质量(图 3-16 和图 3-17)。

图 3-16　改造的货车车厢可放多层托盘　　　图 3-17　活动梁分隔后的货车车厢

知识链接

搬运活性指数

搬运活性指数是指物流过程中货物被搬运的难易程度。搬运活性指数的划分如表3-7所示。

表3-7 搬运活性指数的划分

活性指数	货物状态
0级	货物杂乱地堆在地面上的状态
1级	货物装箱或经捆扎后的状态
2级	箱子或被捆扎后的货物，下面放有枕木或其他衬垫后，便于叉车或其他机械作业的状态
3级	货物被放于台车上或用起重机吊钩钩住，立即可以移动的状态
4级	被装卸、搬运的货物，已经处于设备运行、直接作业的状态

从理论上讲，搬运活性指数越高越好，但必须考虑到实施的可行性。例如，货物在储存阶段中，活性指数为4的输送带和活性指数为3的车辆，在一般的仓库中很少被采用，这是因为大批量的货物不可能存放在输送带和车辆上。在整个物流过程中货物需要经过多次的装卸搬运，上一步的卸货作业与下一步的装载或搬运作业关系密切。因此在组织装卸搬运作业时，应灵活运用各种装卸搬运工具和设备，并且上一步作业要考虑下一步作业便利性，以提高装卸搬运的活性指数。

4. 运用升降平台

升降平台的安全性是指升降平台固定在地面/设备，弹性则是指根据货车车厢高度不同自动调节升降平台高度，以更好与卸货月台无缝衔接。最安全也最有弹性的卸货辅助设备应属升降平台，升降平台分为固定式升降平台和移动式升降平台两种。当货车到达仓库时，使用固定式升降平台，可升高或降低平台高度，使车厢底板高度与站台一致，从而方便装卸货。移动式升降平台则通过灵活调整平台位置与高度来配合不便靠近月台货车装卸货作业，因而两者有异曲同工之效（图3-18～图3-20）。

图3-18 固定式升降平台

图3-19 移动式升降平台

图 3-20 车辆在仓库升降平台卸货

三、货物验收

货物入库验收是指在货物正式入库前,按照一定的程序和手续,对到库货物进行数量和外观质量的检查,以验证它是否符合业务主管部门或货主提供的入库通知单、订货合同或采购计划规定的一项工作。货物验收不仅可以防止企业遭受经济损失,而且可以起到监督供货单位和承运商的作用,同时也可指导保管和使用。

(一)验收程序

1. 验收准备

仓库接到到货通知后,应根据货物的性质和批量提前做好验收准备工作,大致包括以下内容。

(1) 人员准备。安排负责质量验收的专业技术人员,以及配合数量验收的装卸搬运人员。

(2) 资料准备。收集并熟悉待验货物的有关文件,如技术标准、订货合同等。

货物入库验收
准备(交互)

(3) 器具准备。准备好验收用的检验工具,如衡器、量具等,并校验准确。

(4) 货位准备。根据到库货物的性质、特点和数量,确定存放地点和保管方法,要为可能出现的不合格货物预留存放地点。

(5) 设备准备。大批量货物的数量验收,必须要有装卸与搬运机械的配合,应做好设备的申请调用。

此外,对某些特殊货物的验收,如毒害品、腐蚀品、放射品等,还要准备相应的防护用品,计算和准备堆码、苫垫材料。对于进口货物或存货单位指定需要进行质量检验,应通知有关检验部门会同验收。

2. 核对凭证

入库货物必须具备的凭证包括:业务主管部门或货主提供的入库通知单或订货合同副本/采购计划,这是仓库接收货物的凭证;供货单位提供的材质证明书、装箱单、磅码单、发货明细表等;货物承运单位提供的运单;若货物在入库前发现残损情况,还要有承运部门提供的货运记录或普通记录,作为向责任方交涉的依据。

3. 实物检验

实物检验是根据入库通知单或订货合同副本/采购计划以及有关技术资料对实物进行数量、质量和包装检验。一般情况下或者在合同没有约定检验事项时,仅对货物的品种、规格、数量、外包装状况,无须开箱、拆捆直观可见可辨的外观质量情况进行检验。但是在进行分拣、配装作业的仓库里,通常需要检验货物的品质和状态。

1) 检验内容

(1) 数量检验。货物数量验收是在初步验收的基础上进一步验收货物数量的工作。验收的方法:对计重货物一般采用过磅检斤的方法;对计件货物,一般采取抽检的方式。采用抽检方式时,为比较准确地反映入库货物的实际情况,应科学地确定验收比率。

(2) 质量检验。货物质量验收是检验货物质量指标是否符合规定的工作。仓储部门按照有关质量标准,检查入库货物的质量是否符合要求。质量验收有感官检验法和仪器检验法两种方式。感官检验法是依靠验收人员丰富的货物知识和实践经验,通过视、听、味、触、嗅觉来判断货物质量的方法。它的优点是简便易行,不需要任何设备,或者只需要一些简单的工具就能迅速作出质量判断。这种方式的缺点是检验效果有一定的局限性,很难精确地测定出货物质量的数据指标。仪器检验法是利用各种仪器设备,对货物的规格、成分、技术要求标准等进行物理、化学和生物的分析测定。它的优点是检验的准确度高,但需要投入比较昂贵的仪器设备。

(3) 包装检验。货物包装验收,通常是在初步检查验收时进行,主要是查看包装有无水湿、油污、破损等。其次是查看包装是否符合有关标准要求,包括选用的材料、规格、制作工艺、标志、打包方式等。另外对包装材料的干湿度也要检验,包装的干湿程度表明包装材料中含水量的多少,这对货物的内在质量会产生一定的影响。对包装物干湿度的检查,可利用测湿仪测定。当需要开箱拆包检验时,一般应有两人以上在场同时操作,以明确责任。

2) 验收方式

货物验收有全检和抽检两种基本方式。全检是指对于批量小、规格尺寸和包装不整齐以及要求严格验收的货物,必须对所有货物全部进行检验的一种方式。它需要消耗较多的人力、物力和时间,但是可以保证验收质量。抽样检验,就是借助数理统计方法,从一批货物中,随机地抽取部分货物进行检验,根据这部分货物的质量情况,判断该批货物的质量状况,从而决定该批货物质量是否合格的一种货物检验方式。

在确定验收比例时,一般考虑以下因素。

(1) 货物的性质、特点。不同的货物具有不同的特性。如玻璃器皿、保温瓶胆、瓷器等容易破碎;皮革制品、副食品、果品、海产品等容易霉变;香精、香水等容易挥发,这些货物的验收比例可以大一些。而肥皂、香皂之类,外包装完好,内部不易损坏,验收比例可以小一些。

(2) 货物的价值。贵重货物,如价格高的精密仪器、名贵中药材(人参、鹿茸等),入库时验收比例要大一些,或者全验。而一般价值较低,数量较大的小货物可少验。

(3) 货物的生产技术条件。对于生产技术条件好、工艺水平较高、产品质量好而且稳定的货物可以少验;而对于生产技术水平低,或手工操作、产品质量较差并且不稳定的需要多验。

　　(4) 供货单位的信誉。有的企业历来重视产品质量,并重视产品的售后服务工作,长期以来仓库在接收该厂产品时没有发现质量、数量等问题,消费者对该企业的产品也比较满意,这样的企业供应的货物可以少验或免验,而对于信誉较差的企业提供的产品则要多验。

　　(5) 包装情况。包装材料差、技术低、结构不牢固,都会直接影响货物质量和运输安全,从而造成散失、短少或损坏。因此,收货时,对包装质量完好的货物可以适当少验,反之则要多验。

　　(6) 运输工具。货物在运输过程中,使用的运输工具、运距以及中转环节的不同等,对货物质量、数量都会有不同程度的影响。因此,入库验收时,应视不同情况确定验收比例。如货物汽车运输,且运距较长,由于途中振荡幅度大,损耗会多一些,因此,需要确定较大的验收比例;而水运,由于途中颠簸小,损耗自然会少一些,因此可以少验。

　　(7) 气候条件。经过长途转运的货物,可能由于气候条件的变化,质量会受到一定的影响。即使同一地区,季节变化对货物质量也会产生影响。所以,对怕热的货物,夏天要多验;怕潮、易溶解的货物,在雨季和潮湿地区应多验;怕冻的货物,冬天应多验。

　　4. 填写验收单据

　　在验收过程中如发现差错、破损等不良情况,需要在送货单、验收单上详细注明差错数量、破损状态等,并由当事人签字,以便与供货方、承运方分清责任。验收单如表3-8所示。

表3-8　验收单

订单编号:　　　　　　　　　　　　　　　　　　　　　　　　　　　日期:

货号	名称	进货数	规格符合		单位	实收数量	量差	单价/元	总价/元
			是	否					
检查	抽样	%不良	验收结果						
	全数	个不良							

入库员:　　　　　　　　　验收员:　　　　　　　　　仓库主管:

(二) 验收出现问题的处理

　　在货物验收过程中,如果发现货物数量或质量存在问题,应该严格按照有关制度进行处理。

　　(1) 验收中发现问题等待处理的货物,应该单独存放,妥善保管,防止混杂、丢失、损坏。

　　(2) 数量短缺在规定磅差范围内,可按原数入账。凡超过规定磅差范围,应查对核实,做好验收记录,与货主一起向供货单位办理交涉手续。凡实际数量多于原计划发出数,可由主管部门/货主向供货单位退回多发数,或补货款。在货物入库验收过程中发生的数量不符情况,其原因可能是发货方在发货过程出现差错,误发货物,或者是在运输过程中漏装或丢失货物等。

（3）质量不符合规定时，应及时向供货单位办理退货、换货交涉，或征得供货单位同意代为修理。货物规格不符或错发时，应先将规格正确的予以入库，规格有误的做好验收记录交给主管部门办理换货。

（4）单证未到或不齐时，应及时向供货单位索取，到库货物应作为待检验货物堆放在待验区，待单证到齐后再进行验收。单证未到之前，不能验收，不能入库，更不能发货。

（5）属承运部门造成的货物数量短少或外观包装严重残损等，应凭接运提货时索取的"货运记录"向承运部门索赔。

（6）价格不符，供方多收取部分应该拒付，少收部分经过检查核对后，应主动联系，及时更正。

（7）入库通知单或其他单证已到，在规定的时间未见货物到库时，应及时向有关部门反映，以便查询处理。

四、入库信息处理

验收合格的货物，应及时办理入库手续，整理各种资料，向货主提交验收回签单据，进行入库信息处理。

（一）信息采集方法

传统的仓库管理多用手工采集数据，导致发生很多问题：①货物入库，其存放地点等信息由于需人工登记或在几个班次结束后统一录入计算机，采集过程烦琐，经常发生信息传递滞后，引发安全库存量上升，以及决策依据不准确等弊病。②不管是人工登账还是手工录入，这种操作在记录和输入数据时产生的错误也降低了信息系统的可靠性。据统计，手工操作出现的差错率可达3‰～4‰。企业为避免手工操作的失误，采取增设验单员的办法，但其副作用：一是把人工投入非增值性重复劳动造成浪费，此外，手工采集数据还会影响指令处理速度，加剧信息传递滞后。

仓库采用条码设备与仓库管理系统 WMS 联网后，能得到较好效益：一方面，解决了仓库信息传递滞后的问题。一张单据从填写、收集到键盘输入，需要一天或更长的时间。这使仓管人员只能根据前几天甚至一周前的入库通知信息为货物提前安排货位、录入货物基本信息等。另一方面，解决了单据信息不准确的问题，主要是抄写错误、录入错误，从而达到明显改善仓储工作效率、提高客户服务质量、消除事务处理中的人工操作、减少无效劳动、消除因信息不准引发的附加安全库存量、提高仓库利用率等目的。

（二）信息处理环节

1. 收货

要开出货物收货单据或进行收货其他相关作业，仓管人员先要从条码数据处理终端选择货物收据处理菜单，用终端上的条码扫描器扫描货物包装上供应商贴好的条码标签，通过扫描标签上的条码，能快速准确地录入本次收货所需的全部信息。

如果客户没有以条码的形式提供这些信息，仓管人员需要先通过终端将接收的货物信息录入系统，系统立即生成用于对应货物的条码标签。入库统计开始时，数据终端将提示仓管人员输入收货单的号码。仓管人员首先扫描收货单号码的条码，然后系统判断这个条码是否正确,如果不正确,系统会立刻向仓管人员作出警示;如果正确,仓管人员再扫描收货单上的项目号,系统随后检查收货单上的项目是否与实际进货相符。接下来,仓管人员扫描货物信息(规格、体积和重量等)和标识号的条码。标识号条码是每件入库货物的唯一标识,作为最基本的信息应用于后续所有的仓库管理环节。

2. 入库

仓管人员(或叉车司机)使用便携条码扫描器,扫描准备入库的托盘(周转箱)上的标签和准备存放此托盘(周转箱)的货架标签即可。入库货位条码可分固定和随机两种:固定入库条码是指将某类货物存放在指定货架。通过入库条码管理,为每一个托盘(周转箱)及其存放位置建立一个记录;随机入库条码是指货物堆放在任意空货位后,通过扫描货位条码记录其存放地址。

处理货物入库信息的同时,应及时按照仓库货物接收记录的要求回签单据,以便向供货单位和货主表明收到货物的情况。另外,如果出现短少等情况,回签单据也可作为货主向供货方交涉的依据,因此回签单据必须准确无误。

条码化管理入库流程示意图如图 3-21 所示,条码化管理入库实施信息流程如图 3-22 所示。

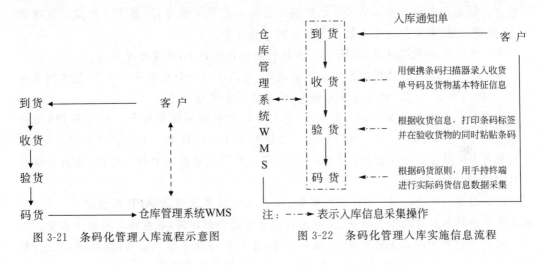

图 3-21 条码化管理入库流程示意图　　图 3-22 条码化管理入库实施信息流程

项 目 检 测

一、案例分析

四步解决月台预约管理,高效利用仓库资源

"效率"是物流业的核心竞争优势之一,也是企业物流精益化管理的目标之一。订单处理、仓储运输业务之间需要无缝衔接。就仓库资源和月台管理来说,如果企业没有规范化的仓管流程及相应系统的支持,就会造成一方面承运商/司机盲目等待,另一方面仓库和月台资源有时得不到高效利用。

(1)仓库事先没有准确的到货预报,无法准确地提前安排仓库及劳动力资源,进而有序地安排仓库的作业。

（2）送货与提货的车辆无法事先知道月台情况，到达仓库后有时需要长时间排队，司机到达仓库后，也没有自动、标准的机制去指导排队和停靠月台，运输和仓储没有有效联动，甚至会造成仓库或厂区拥堵。

（3）承运方和仓储方通过反复线下电话邮件沟通预约到货、提货时间，效率较低且不规范，甚至容易产生冲突。

（4）对仓储服务商或货主来说，仓库管理员无法主动了解并掌控车辆入场时间，无法提前知晓月台使用情况，这种被动管理造成月台有时排队冲突，有时空置无人，利用率低下。

上海科箭软件科技有限公司新推出基于其 Power SCM Cloud 供应链云平台上跨多个产品线（WMS 仓储管理云、TMS 运输管理云、OMS 订单管理云）的"预约管理"功能，使供应商、承运商/司机可提前进行收货或发货的时间及月台预约，仓库管理者可以清楚地看到时间窗、月台的使用状态，轻松规划仓库作业、车辆进场离场时间。以到货预约为例，预约流程只需以下四大步骤。

第一步　采购订单 PO 通过接口在科箭 OMS 云订单中心生成采购订单，供应商在订单中心创建预先到货通知 ASN，当有多个批次时支持做拆分，一张 PO 生成一张送货 ASN，送货数量、剩余数量根据拆分明细自动汇总计算。

第二步　供应商在科箭 OMS 云订单执行中打印送货单，并交给承运商。

第三步　承运商登录预约系统做月台预约，可以选择一个或者多个单号，拖曳到月台框，弹出输入设备、司机、电话等信息输入框，单击保存完成预约。

第四步　承运商送货到 DC，先投单（送货单），客服指定卸货月台。如果多 PO 对应一个预约号，则扫描其中一个 PO 时，其余关联的 PO 自动投单。承运商停靠月台后，收货人员用 RF 扫描送货单 PO 和月台，完成到货。系统记录投单和到货时间，支持后续到货 KPI 考核。

与科箭其他产品一样，月台预约到货、收货也可以通过移动 APP 或微信进行操作。承运商与司机可以通过手机快速、实时预约月台并选择时间窗，并在移动端操作收货。

科箭预约管理以其先进的技术，高可用性，已经获得众多客户认可，在制造、物流、零售行业得到广泛应用，如玖龙纸业、中储物流、热风、奥克斯空调等。

请回答下列问题。

1. 根据文字介绍，画出科箭软件月台预约的到货流程图。
2. 科箭软件的"预约管理"功能是如何实现信息在供应商、承运商、司机与客户实时共享？

二、问答题

1. 仓库入库作业时应考虑供应商的哪些影响信息？
2. 简述影响入库作业的主要因素。
3. 入库作业计划主要包括哪些信息？
4. 货架库在计算所需货位及托盘（周转箱）数量时应考虑哪些因素？

5. 简述入库作业基本作业流程。

6. 顺源仓储公司1月20日收到海德企业一张入库申请单,到货日期为1月15日,入库货物为木质包装箱的五金制品,共600箱,每箱体积为0.5m×0.4m×0.4m,毛重为80kg/箱,包装物允许堆高4层,仓库地坪设计载荷为1.2t/m²。

(1) 阐述本次仓储业务中入库准备的内容。

(2) 计算此项业务所需的货位面积,如果货位宽度受限为4m,应该如何安排堆垛?

项目三　入库作业试题

项目四

在库作业

知识目标

1. 能阐述货物在库养护的要点,掌握货物在库养护的知识。
2. 能掌握盘点作业步骤。
3. 能掌握库存控制方法。
4. 能阐述仓库6S管理实施关键点。

技能目标

1. 会根据货物的特性,结合仓库条件,合理运用货物养护方法。
2. 会结合企业盘点目的,组织仓库盘点作业。
3. 会分析库存状况,对库存货物进行有效控制。
4. 会结合仓库现状,正确实施6S管理。

货物在库期间,通过科学管理,不仅能保持货物原有的使用价值,还能保证后续作业顺利进行。在库作业涉及的主要环节见图4-1。

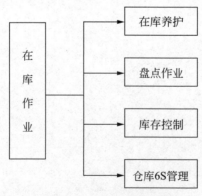

图 4-1 在库基本作业

任务一 在库养护

任务导入

大学毕业生林锦应聘到金德储运公司任仓库主管助理,现在公司南城仓库实习,该仓库主要储存食品和日用品。每年5月南方气温升高,仓库主管张军告诉林锦,学会做好不同类型在库货物的养护工作。

请以实习生林锦身份,完成以下任务。

(1) 食品仓库储存期间容易发生哪些质量变化?

(2) 这类货物应该如何进行在库养护?

货物在库养护是指货物在储存过程中所进行的保养和维护。在库养护工作是针对仓库中各种货物的不同特质以及属性积极地创设适宜的储存条件,并采取适当的养护措施,保证在库货物的安全和货物的质量、数量,减少损耗,减少不必要的花费,为企业创造良好的经济效益。

一、在库货物质量变化类型

1. 物理变化

在库货物的物理变化是指只改变货物本身的外部形态,而不改变其本质,在变化的过程中没有新物质的生成,并且可以反复进行改变的现象。如挥发、熔化、溶化、渗漏、串味、玷污、干裂、沉淀。

2. 机械变化

机械变化是指在库货物在外力的作用下,发生形态、弹性的改变以及外观的变化,如破碎、变形、划伤等,其结果也会使在库货物质量变低,甚至失去使用价值。如玻璃、陶瓷制品、搪瓷制品、铝制品、橡胶皮革制品、塑料、粉状货物等的破碎、变形、脱落、划伤以及外观的变化。

3. 化学变化

化学变化不仅改变在库货物的外观形态,也改变在库货物的本质,并生成新物质。在库货物发生化学变化,即质变的过程,严重时使在库货物失去使用价值和价值。常见的化学变化有氧化、化合、分解、聚合、老化、风化、燃烧与爆炸等。

4. 生理生化变化

生理生化变化是指生命活动的有机体,在生长发育的过程中,为了维持其生命活动,其自身发生的一系列变化,如呼吸作用、胚胎发育、发芽、后熟作用等。

5. 生物学变化

生物学变化是指在库货物在外界有害生物作用下受到破坏的现象,如虫蛀、鼠咬、霉腐等。

二、影响在库货物质量变化的因素

(一) 影响在库货物质量变化的内因

货物在物流过程中发生的变化,起决定作用的是货物本身的内在因素,即内因。内因不仅影响货物质量的变化形势,也影响质量变化速度。这些影响内因包括化学成分、结构形态、理化性质、机械性质等。

(二) 影响在库货物质量变化的外因

1. 空气中的氧气

空气中含有21%左右的氧气。氧气非常活泼,能和许多在库货物发生反应,以致影响货物质量。如氧气可以加速金属货物锈蚀;氧气是好气性微生物活动的必备条件,易使有机货物发生霉腐;氧气是害虫赖以生存的基础,是仓库害虫发育的必要条件;氧气是助燃剂,不利于危险品的安全储存;在油脂的酸败、鲜活货物的分解、变质中,氧气都是积极参与者。因此,在库养护工作对于受氧气影响比较大的货物,要采取各种方法,如浸泡、密封、充氮等措施隔绝氧气。

2. 日光

日光中含有紫外线、红外线等,它对在库货物起着正反两方面的作用:一方面,日光能够加速受潮货物的水分蒸发,杀死杀伤微生物和害虫,在一定程度上有利于在库货物的养护;另一方面,某些货物在日光的直接照射下,又会发生质量变化。如日光能使酒类浑浊、油脂加速酸败、橡胶塑料制品迅速老化、纸张发黄变脆、彩色布料褪色、药品变质等。因此,在库养护要根据各种不同货物的特性,注意避免或减少日光的照射。

3. 微生物

微生物是在库货物霉腐的前提条件。微生物将货物中的蛋白质、糖类、脂肪、有机酸等物质分解为简单的物质再加以吸收利用,从而使在库货物受到破坏、变质,丧失其使用价值。常见危害货物的微生物主要是腐败性细菌、酵母菌和霉菌。特别是霉菌,它是引起绝大部分日用工业品、纺织品和食品霉变的主要根源,对纤维素、淀粉、蛋白质、脂肪等物质,具有较强的分解能力。

微生物的活动需要一定的温度和湿度,没有水分,它无法生存;没有适宜的温度,它也不能生长繁殖。掌握这些规律,就可以根据在库货物的含水量情况,采取不同的温湿度调节措施,防止微生物生长,有利于货物在库储存。

4. 仓库害虫

害虫在仓库里不仅蛀食动植物性货物和包装,有些害虫还能危害塑料、化纤等化工合成货物。此外,白蚁还会蛀蚀仓库建筑物和纤维质货物。害虫在危害货物过程中,不仅破坏货物的组织结构,使货物发生破碎和孔洞,外观形态受损,而且在其生活过程中,吐丝结茧,排泄各种代谢废物玷污货物,影响货物的质量和外观。

在库货物如受害虫危害,一般损失都相当严重。害虫能适应恶劣环境,如耐热、耐寒、耐饥,并具有一定的抗药性;繁殖力强,繁殖期长,产卵量多,有的一年可繁殖几代;食性广杂,具有杂食性。所以,仓库一旦发生虫害,就会造成极严重的后果。

5. 空气温度

气温是影响在库货物质量变化的重要因素。温度能直接影响物质微粒的运动速度:一般货物在常温或常温以下,都比较稳定;高温能够促进货物的挥发、渗漏、熔化等理化变化;而低温又容易引起某些货物的冻结、沉淀等变化;温度忽高忽低,会影响货物质量的稳定性。此外,适宜温度会给微生物和仓库害虫的生长繁殖创造有利条件,加速货物腐败变质和虫蛀。因此,控制和调节仓库的温度是在库货物养护的重要工作之一。

6. 空气湿度

空气的干湿程度称为空气湿度。空气湿度的改变,能引起在库货物的含水量、化学成分、外形或体态结构等的变化。湿度下降,将使在库货物因放出水分而降低含水量,减轻重量。如水果、蔬菜、肥皂等会发生萎蔫或干缩变形,纸张、皮革制品等失水过多,会发生干裂或脆损;湿度增高,在库货物含水量和重量相应增加,如食糖、食盐、化肥等易溶性货物结块、膨胀或进一步溶化,钢铁制品生锈,纺织品、竹木制品、卷烟等发生霉变或被虫蛀等。适宜的湿度可保持在库货物的正常含水量、外形或体态结构和重量。所以,在库养护工作必须掌握各种货物的适宜湿度要求,尽量创造在库货物适宜的空气湿度。

三、仓库温湿度控制与调节

仓库温度与湿度对多数货物的在库养护至关重要,不同货物所适宜的仓库温湿度也不同。

(一) 温湿度基本知识

1. 空气温度

空气温度也就是气温,是表示空气冷热程度的物理量,仓库日常温度管理中,多用摄氏度(℃)表示,0℃以下度数,在度数前加一个"一",即表示零下多少摄氏度。

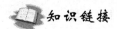

华氏与摄氏

华氏温标与摄氏温标是两大计量温度的国际主流标准。华氏温标是德国人华伦海特(Fahrenheit)于1714年创立(量度物体温度数值的标尺)。它以水银作测温物质,以纯水在标准大气压下的冰点为32华氏度,沸点为212华氏度,中间分为180华氏度,以℉表示。

摄氏温标由瑞典人摄尔修斯(Celsius)于1740年提出,在标准大气压下,把冰水混合物的温度定为0摄氏度,水的沸点定为100摄氏度。根据这两个固定温度点对温度进行分度,两点间作100等分,每段间隔称为1摄氏度,记作1℃。

华氏度＝摄氏度×1.8＋32,摄氏度＝(华氏度－32)÷1.8

2. 空气湿度

空气湿度是指空气中水汽含量的多少或空气干湿的水平。表示空气湿度,主要有以下几种方法。

(1) 绝对湿度。绝对湿度是单位容积的空气里实际含有的水汽量,一般以克为单位。温度对绝对湿度有着直接影响。一般情况下,温度越高,水汽蒸发得越多,绝对湿度就越大;相反,绝对湿度就越小。

(2) 饱和湿度。饱和湿度是表示在一定温度下,单位容积空气中所能容纳的水汽量的最大限度。如果超过这个限度,多余的水蒸气就会凝结,变成水滴。此时的空气湿度便称为饱和湿度。空气的饱和湿度不是固定不变的,它会随着温度的变化而变化。温度越高,单位容积空气中能容纳的水蒸气就越多,饱和湿度也就越大。

(3) 相对湿度。相对湿度是指空气中实际含有的水蒸气量(绝对湿度)距离饱和状态(饱和湿度)程度的百分比。即在一定温度下,绝对湿度占饱和湿度的百分比数。相对湿

度用百分率来表示,公式为

$$相对湿度=绝对湿度÷饱和湿度×100\%$$
$$绝对湿度=饱和湿度×相对湿度$$

相对湿度越大,表示空气越潮湿;相对湿度越小,表示空气越干燥。

空气的绝对湿度、饱和湿度、相对湿度与温度之间有着相应的关系。温度如发生了变化,则各种湿度也会随之发生变化。

(4) 露点。含有一定量水蒸气(绝对湿度)的空气,当温度下降到一定程度时所含的水蒸气就会达到饱和状态(饱和湿度)并开始液化成水,这种现象叫作结露。水蒸气开始液化成水时的温度叫作"露点温度",简称"露点"。如果温度继续下降到露点以下,空气中超饱和的水蒸气,就会在货物或其他物体的表面上凝结成水滴。此外,风与空气中的温湿度有密切关系,也是影响空气温湿度变化的重要因素之一。

(二) 温湿度变化规律

一日之中,最低气温出现在日出前的短暂时间里,日出之后,气温逐渐上升,最高气温出现在 14—15 时,傍晚日落后,气温逐渐下降。我国地域广,一年之中,各地区气候差异大。在同一地区,城市与远离城市的郊区气温,有时也差别明显。总的来说,我国气候的特点是:冬季南北温度差别大,北方严寒;夏季南北温度差别小,无论南北都可超过 35℃。1 月是一年之中气温最低的月份,7 月是一年之中气温最高的月份(内陆与沿海地区出现最低、最高气温可能相差一个月左右)。

绝对湿度通常随气温的升高而增大,随气温的下降而减少。所以日出前气温最低时,绝对湿度也就最小;日出后,随着气温逐渐升高,绝对湿度也逐渐增大,到午后 14—15 时,达到最高值。这种单波型日变化多出现在沿海地区和大陆上对流不强的地区。在一些内陆地区,夏季绝对湿度的日变化呈双波型,可在一昼夜间出现两次最高值、两次最低值,出现这种双波型现象是空气垂直对流造成的。

绝对湿度的年变化与气温年变化相似,其变化规律是:1、2 月因大陆基本受北方冷高压控制,气候寒冷干燥,降水量小,水气蒸发量少,绝对湿度最低;7、8 月因大陆基本受南方副热带高压控制,气温高,蒸发旺盛,水气丰富,绝对湿度最高。

相对湿度年变化和气温的年变化正相反,气温升高,相对湿度下降,气温降低,相对湿度上升。但是相对湿度除受气温影响外,还取决于绝对湿度的大小,所以变化很大。

(三) 库内温湿度变化

仓库内温湿度变化主要受库外大气温湿度昼夜、季节变化制约,但变化规律基本上是一致的,只是库内温湿度变化还要受库房的建筑、结构、储存中的商品自然属性及透光、通风条件的限制。

1. 库内温度变化

一般库内最高温度比库外略低,库内最低温度比库外略高。夜间库内温度比库外高,白天库内温度比库外低。库内上部比下部温度高,背阴面比向阳面低。靠近门窗处容易受库外温度影响,而库内深处温度较稳定。

2. 库内湿度变化

库内相对湿度的变化,恰与库温变化相反。夜间,库温低,相对湿度大;白天库温高,相对湿度小。库内向阳面比背阴面及上部比下部相对湿度低。影响库内相对湿度变化的原因,一是库房密封程度差,门窗不严,通风口常开,使库外湿气进入库内;二是库房多坐落地下,水位高的地方,地坪防潮性能差;三是储存中的货物含有一定水分,特别是新入库的潮湿货物,通过解湿散发水汽,影响库内绝对湿度和相对湿度。

(四)仓库温湿度控制

1. 仓库温湿度测定

仓库测定空气温湿度传统做法通常使用干湿球温度表。即在库外设置干湿表,为避免阳光、雨水、灰尘的侵袭,应将干湿表放在百叶箱内。在库内,干湿表安置在空气流通、不受阳光照射的地方(不挂墙上),挂置高度与人眼平,约 1.5m。每日必须定时对库内的温湿度进行观测记录,定期分析,摸出规律,以便掌握商品保管的主动权。

传统的仓库温湿度控制主要依靠仓管人员手动完成,这样的控制手段不但精度低,实时性差,而且还需要大量的人工劳动力,加大了在库货物霉变的风险。为更好地观测和掌握温湿度的变化,仓库安装温湿度传感器可以实时监测温湿度状态,确保适宜货物储存的温湿度环境。温湿度传感器可通过预先设置的温湿度阈值,对环境温湿度进行预警,当检测到温湿度达不到标准时发出警报,及时采取相应的加温、加湿、降温或除湿措施,保障在库货物的质量安全。

2. 仓库温湿度控制方法

当库内温湿度不适宜货物储存时,就要及时采取有效措施调节库内的温湿度。实践证明,采用密封、通风与除湿相结合的办法,是控制库内温湿度的有效方法。

(1)密封。密封就是把货物尽可能严密封闭起来,减少外界不良气候条件的影响,以达到安全保管的目的。采用密封方法,要和通风、吸潮结合运用,如运用得当,可以实现防潮、防霉、防热、防溶化、防干裂、防冻、防锈蚀、防虫等多方面的效果。密封保管应注意的事项有在密封前要检查货物质量、温度和含水量是否正常,如发现生霉、生虫、发热、水淞等现象就不能进行密封。发现货物含水量超过安全范围或包装材料过潮,也不宜密封。要根据货物性能和气候情况来决定密封的时间。怕潮、怕溶化、怕霉的货物,应选择在相对湿度较低的时节进行密封。常用的密封材料有塑料薄膜、防潮纸、油毡、芦席等。这些密封材料必须干燥清洁,无异味。密封常用的方法有整库密封、小室密封、按垛密封以及按货架、按件密封等。

(2)通风。通风是利用库内外空气温度不同而形成的气压差,使库内外空气形成对流,来达到调节库内温湿度的目的。库内外温度差距越大,空气流动就越快;若库外有风,借助风的压力更能加速库内外空气的对流。但风力也不能过大,风力超过 5 级,灰尘较多。按通风的目的不同,可分为利用通风降温(或增温)和利用通风散潮两种。

(3)除湿。每年的梅雨季、回南天,仓库内的空气湿度总会升高,在湿度过高时采取通风散潮的方法只会更加潮湿,在库货物一旦受到潮湿空气的侵害,轻者影响货物的包装,严重的影响货物的质量,直接影响销售,从而造成不小的经济损失。如食品、药品、皮革、家具、电子产品、化工原料、印刷制品、烟草等在环境相对湿度高于 60% 时,货物容易吸湿受潮导致腐蚀、短路、变形、发霉等质变现象。

除湿是利用机器或吸潮剂减少空气水分,可以在密闭仓库内用木炭(竹炭)、生石灰等吸潮剂除湿。在库内的角落放干燥的木炭(竹炭)或生石灰,因为这些物质表面上有微孔,吸附湿气的能力极强,而且在吸附过程中不易产生飞灰,对人体健康无害。现代仓库普遍使用机械吸潮方法。使用除湿机把库内的湿空气通过抽风机,吸入除湿机冷却器内,使它凝结为水而排出。除湿机一般适用于储存棉布、针棉织品、贵重百货、医药、仪器、电工器材和烟糖类的仓库吸湿散潮。

利用传感信息技术监测仓库的温湿度是一种有效的在库养护管理手段。正常工作时,系统不断进行温湿度检测,一旦温湿度高于设定上限值或低于下限值,报警电路立即启动。同时可根据不同情况启动相应的加温、加湿、降温或除湿电路。

四、在库货物霉变与虫害的防治

(一)霉变的防治工作

在库货物的霉变是指在霉腐微生物的作用下,营养物质被转变成各种代谢物,出现的生霉、腐烂、产生异味等质量变化现象。一般仓库里,下列货物容易生霉:棉麻、纸张等含纤维素较多的商品;鞋帽、纸绢制品(含浆糊、浆料)等含淀粉的商品;皮毛、皮革、丝毛织物等含蛋白质较多的轻纺工业商品;鱼肉蛋乳及制品等含蛋白质较多的食品商品;烟酒糖茶、干鲜果菜等含多种有机物质的商品。

1. 影响货物霉变的因素

对货物影响较大的霉腐微生物主要有细菌、霉菌、酵母菌。细菌主要破坏含水量较大的动植物食品,酵母菌主要引起含有淀粉、糖类的物质发酵变质,两者对日用工业品也有影响。霉腐微生物对货物的危害主要是通过生长繁殖破坏货物和排泄物污染货物。

霉腐微生物的生长繁殖需要一定的外界环境条件,当这些条件得到满足时货物就容易发生霉变。

(1)仓库中的空气湿度。当外界环境湿度与霉腐微生物自身的生长要求相适应时,霉腐微生物就繁殖旺盛;反之,则处于休眠或死亡状态。多数霉腐微生物生长繁殖的最适宜相对湿度为80%~90%,在相对湿度低于75%的条件下,多数霉菌不能正常发育。因而,通常把75%这个相对湿度称为货物霉变的临界湿度。

(2)仓库的温度。仓库温度的控制既要注意库房内外的温度——库温和气温,也要注意储存货垛的温度——垛温。霉腐微生物的生长繁殖有一定的温度范围要求,高温和低温都会对其生长产生很大影响。大部分霉腐微生物是中温性微生物,最适宜的生长温度为25~37℃,在10℃以下不易生长,在45℃以上停止生长。

(3)空气成分。有些微生物,特别是霉菌,需要在有氧条件下才能正常生长,二氧化碳浓度的增加不利于微生物生长;有些微生物是厌氧型,不能在有氧气或氧气充足的条件下生存。

2. 防治货物霉变的措施

在库储存主要是使用化学药剂抑制或杀死寄生在货物上的微生物,或控制货物的储存环境条件。通常采用的措施如下。

(1)加强仓储管理。对储存中易霉变的货物,应严格执行在库检查制度,随时观察并及时发现货物霉变的迹象,以免造成货物的严重损失。加强仓储管理是防霉腐的重要措施,关键应尽量减少霉腐微生物对货物的污染和控制,破坏霉腐微生物生长繁殖的环境条件,根据不同货物的不同要求控制和调节库房的温湿度。

(2) 化学药剂防霉腐。将对霉腐微生物具有杀灭或抑制作用的化学药品喷洒到货物、包装物或库房内。防霉药剂的选用,应遵循无毒、高效、无副作用、价格低廉等原则,而且在使用时还必须注意要对使用人员的身体健康无不良影响,不污染环境。如苯甲酸及其钠盐对食品有防腐作用,托布津对水果、蔬菜有明显的防腐保鲜作用。

(3) 气相防霉腐。使用具有挥发性的防霉防腐剂,利用其挥发生成的气体,直接与霉腐微生物接触,杀死或抑制霉腐微生物的生长,以达到防霉腐的目的。常用的气相防霉腐剂有多聚甲醛和环氧乙烷等。

(4) 气调防霉腐。这是根据好氧性微生物需氧代谢的特性,在密封环境中改变气体的组成成分,降低氧气的浓度,抑制微生物的生理活动、酶的活性和鲜活食品的呼吸强度,达到防霉防腐和保鲜的目的。气调防霉腐主要有真空充氮和二氧化碳防霉腐等。气调防霉腐包装主要用于各类食品的保鲜,以延长食品货架期,提升食品价值。

(5) 低温冷藏防霉腐。一般的易霉变货物,可以通过上述措施加以防霉防腐。但是,多数含水量较大的易腐货物,如鲜肉、鲜鱼、水果、蔬菜等,需要长期保管,多采用低温冷藏的方法。低温冷藏是利用各种制冷剂降低温度,以保持库内所需低温来抑制微生物的生理活动和酶的活性,使易腐货物在库保管期内,基本上处于无变化的状态。常用的制冷剂有液态氨、天然冰以及冰盐混合物等。

(二) 虫害的防治工作

很多货物是用动物性或植物性材料制成的,因而在库储存易遭虫害。仓库害虫的危害影响主要有三点:①取食造成货物直接重量损失;②取食、排泄物、蜕皮、尸体等,影响货物的色、香、味,造成质量损失,污染货物;③排泄、产热等原因造成霉菌生长,在库货物发生霉变。

仓库害虫的防治要贯彻"以防为主、防治结合"的方针。即杜绝仓库害虫的来源;改变害虫的生存环境、抑制其生存及繁殖。开展仓库害虫的防治工作,首先要了解害虫的来源,然后针对不同的来源采取不同的措施。

1. 仓库害虫的主要来源

(1) 货物入库时已有害虫或虫卵潜伏其中。

(2) 货物包装物中潜伏害虫或虫卵。

(3) 运输工具或人员带入。

(4) 库内潜藏、滋生害虫。

(5) 临近仓库、货垛货物生虫。

(6) 仓库周围动植物传播害虫。

2. 仓库害虫的防治措施

(1) 杜绝仓库害虫的来源。仓库一旦发生虫害,必然造成极大危害。因此,必须加强入库验收,将货物根据具体情况分别入库,隔离存放。在库储存期间,要定期对易染虫害的物品进行检查,做好预测预报工作;做好日常的清洁卫生,铲除库区周围的杂草,清除附近沟渠污水,同时辅以药剂进行空库消毒,在库房四周1m范围内用药剂喷洒防虫线,以有效杜绝害虫的来源。

(2) 物理防治。利用物理因素,如光、电、热、冷冻、超声波、远红外线、微波及高频振等，破坏害虫的生理机能与机体结构，使其不能生存或抑制其繁殖。常用的方法是用高温、低温或灯光诱集灭虫。灯光诱集灭虫是利用害虫对光的趋向性在库房内安装诱虫灯，晚上开灯，使趋光而来的害虫随气流被吸入预先安置的毒瓶（瓶内有少许氰化钠或氰化钾）中，致使害虫中毒而死。

（3）化学防治。即利用化学药剂直接或间接毒杀害虫的方法。常用的药剂有以下几种。

① 杀虫剂。一些杀虫剂接触虫体后，能穿透表皮进入体内，使害虫中毒死亡，即触杀剂，如敌敌畏等。还有一些杀虫剂配成诱饵，被害虫吞食后通过胃肠吸收进入体内，使其中毒死亡，即胃毒剂。

② 熏蒸剂。化学药剂所发生的毒气通过害虫的气门、气管等通道进入体内，使其中毒死亡。常用的熏蒸剂有磷化铝、溴甲烷、磷化锌等。

③ 驱避剂。利用固体药剂（萘、樟脑精等）发出的刺激性气味与毒性气体，在货物周围保持一定的浓度，使害虫不敢接近或被毒杀。

化学防治应注意，对仓库害虫有足够的杀灭能力，对人体安全可靠，药品性质不致影响货物质量；对库房、仓库用具、包装材料较安全，使用方便，经济合理；选用对害虫有较高毒性的药剂，并选择害虫处在抵抗力最弱的时期施药；应采取综合防治与轮换用药等方法，以防害虫形成抗药性。

"以防为主，以治为辅，防治结合"是在库货物养护工作的基本方针。在库货物养护要做到预防得早，预防得周密又细致。并且渗透到货物流通的过程中，做好了预防工作，就可以减少治理，甚至是免去治理。对于企业而言，一定要重视在库货物养护工作，一方面要注意在库货物周围环境的清洁，注意各种设施设备的完整可用；另一方面可以通过观察或者实验，来认识货物在储存期间发生质量变化的影响因素，研究可以控制内外部影响因素的方法来保证在库货物的质量，以维护其使用价值不受破坏，避免企业受到不必要的损害，保证实现企业经济效益。

任务二　盘点作业

任务导入

金德储运公司南城仓库收到客户德信商贸盘点通知，要求6月10日前提交5月库存盘点报表。实习生林锦参与此次盘点作业，盘点结束她发现货物异常情况，立即列表（表4-1）报告主管张军。

表4-1　盘点异常表

序号	品名	型号	单位	未入库	已销未发货	退回待验	破损
1	海尔洗衣机	EG10014B39GU1	箱	200	100	5	
2	海尔空调	KFR-35GW/03DIB81A	套	500			
3	华为路由器	WS5200	台		240	120	3

请以金德储运公司仓库主管张军身份，完成以下任务。

(1) 如何处理以上盘点异常情况?
(2) 公司注重 KPI 考核,盘点作业可以使用哪些评价指标?

库存货物始终处于进、存、出动态中,作业过程中难免出现差错。作业过程中产生的误差经过一段时间的积累,会使库存资料反映的数据与实际数据不相符;有些货物则因存放时间太长或保管不当,发生数量和质量的变化。为了真实、客观地反映、掌握库存货物的数量和质量、进行有效控制,必须进行盘点作业。

仓库盘点作业是指对在库的货物进行定期或不定期的账目和数量上的清查、清点,即对仓库现有货物的实际数量和仓储管理系统 WMS 或保管账上记录的数量进行核对,检查有无差异和质量问题,以便准确地掌握库存数量。

一、盘点目的

有些仓管人员认为,盘点是为了核对库存数量而设立,一些不负责任的仓管人员在盘点时,为达到账实相符,做表面文章,敷衍了事。其实仓库盘点作业除了实现准确账实相符外,还直接影响企业的经营决策,也为企业提供财务数据。

1. 仓库盘点让企业更清楚地了解库存情况,为经营决策提供依据

财务账目中的库存量数据,源自仓库的进出货单,而进出货单据是否准确,在于进出货是否真正地从仓库这个环节周转,盘点仓库能监督进出货单的准确性,反过来也能看出仓库保管工作是否按要求做到出入库无失误,这是一个双向监管的过程,不盘点,等于自动放弃了这个管理监督手段,失去了应有的管理作用。

通过仓库的盘点,企业能掌握一个准确的数据,出入货量大的货物肯定是市场比较热销的,而在库时间比较长的货物,必是滞销品。掌握这些情况,企业采取相应的措施,调整销售策略,改进销售方向,同时对滞销品进行清仓,尽量压缩库存,减少资金积压,加快资金流动性,使企业产品处于良性循环。

2. 了解企业其他业务环节管理是否规范

仓库盘点若发现货物损坏较多,说明仓库管理不认真,工作中存在漏洞,通过分析盘点的缺损数据,追究原因就能了解问题出现在什么地方,是仓库管理不善,或是进出货渠道中有不完善的地方,还是流转过程中存在问题,这样才能针对性地拿出解决方案,弥补管理漏洞。

3. 校验仓储其他作业环节的有效手段

每家企业针对自己的货物,一般都会总结出最佳的保管、储运方法,这个方法最大的体现就在于仓库现场管理操作的便利性。是否方便、恰当、符合企业的要求,从仓库的盘点就能看出端倪,盘点越快越准确,说明方法越佳。反之盘点越慢越理不顺,除了流程方面有问题外,仓库的现场管理也一定非常差,不符合规范要求,企业这时一定要及时作出调整,对仓库管理进行必要改进。

4. 有效地提升仓储作业水平

常态化的盘点工作会让仓管人员不敢有丝毫的懈怠,因为随时的缺损都能清楚地表现出来。仓库内货物是否正确合理的摆放,未办理入库手续货物是否正确处置等直接决定了仓库盘点工作是否正常快速有效地进行,是检验仓管人员是否认真工作的一个主要

手段,促进他们不敢有丝毫放松自己工作的想法,认真地把仓库管理工作抓实、抓细、抓好。同时决策人员可以对盘点的时间进行安排,了解仓库内货物的摆放情况,对仓库的现场工作进行检查管理。

二、盘点内容

(1) 货物数量。通过点数计数查明在库货物的实际数量,核对库存账面资料与实际库存数量是否一致,并进行账卡(货卡)核对和账账核对。

(2) 货物质量。检查在库货物质量有无变化及变化的趋势,有无超过有效期和保质期及有效期和保质期剩余天数,有无长期积压等现象及产生的原因,必要时还必须对货物进行技术检验,掌握质量状况。

(3) 保管条件。检查保管条件是否与各种货物的保管要求相符合,如堆码是否合理稳固,库内温度是否符合要求,各类计量器具是否准确等,尤其是易霉变等货物的保管条件是否妥当。

(4) 库容空间利用率。检查货物摆放是否科学合理,在满足各种约束条件下是否采用最佳的摆放方式,充分利用仓库空间。

(5) 库存安全状况。检查各种保管安全措施是否落实,消防设备、器材是否符合使用要求,建筑设施和设备是否处于安全状态。

三、盘点步骤

不同类型企业的仓库货物盘点步骤略有不同,主要可分为以下三个阶段。

(一) 盘点前的准备

盘点准备工作是否充分,关系到盘点作业能否顺利进行。事先对可能出现的问题、容易出现的差错,进行周密的研究和准备相当重要。准备工作包括以下几方面。

1. 确定盘点程序和方式

根据本次盘点的目标,在以往盘点方式的基础上加以改进,确定本次盘点的范围、程序和方式。若盘点的程序与方式已列入仓库盘点制度,则按制度执行。

2. 确定盘点时间

可根据货物性质来确定盘点周期,最好利用连续假期。在条件允许的情况下,盘点的次数越多越好。因此,应根据实际情况确定盘点的时间。如可按 ABC 分类法将货物科学地分为 A、B、C 不同的等级,分别制定相应的盘点周期,重要的 A 类物品,每天或每周盘点一次,一般的 B 类物品每两周或三周盘点一次,C 类物品可以一个月甚至更长的时间盘点一次。

3. 确定盘点方法

因盘点场合、要求的不同,盘点的方法也有差异。为尽可能快速、准确地完成仓库盘点作业,必须根据实际需要确定盘点方法。盘点方法主要分为账面盘点、实物盘点和账物盘点。

4. 培训盘点人员

在进行定期盘点时,由于盘点的工作量大、时效性强,为使盘点工作顺利进行,需从各个部门抽调人手参加。盘点前一日最好对盘点人员进行必要的指导,如盘点要求、盘点常犯错误及异常情况的处理办法等。盘点、复盘、监盘人员必须经过培训。盘点人员按职责分为填表人、盘点人、核对人和抽查人。经过培训的人员必须熟练盘点用的表单。

5. 清理盘点现场

盘点现场即仓库的作业区域,仓库盘点作业开始之前必须对其进行清理,以提高仓库盘点效率和盘点结果的准确性。清理作业主要包括以下几方面的工作。

(1) 盘点前对已验收入库的货物进行整理归入货位,对尚未办理入库手续的货物,应予以标明不在盘点之列。

(2) 盘点场所关闭前,应提前通知,对需要出库配送的货物提前做好准备,以便盘点结束后及时配送。

(3) 储存场所整理、整顿完成,以便计数盘点。

(4) 账卡、单据、资料均应整理后统一结清,以便及时发现问题并加以预防。

(5) 整理商品堆垛、货架等,使其整齐有序以便清点记数。

(6) 检查计量器具,使其误差符合规定要求。

(二) 盘点实施

仓库盘点作业的关键是点数,由于人工点数工作强度极大,差错率较高,通常可采用条码、二维码等技术协助盘点工作,以提高盘点的速度和准确性。

(1) 从 WMS 系统中提取获得盘点表,提取后,相应仓库的库存数据应当冻结,禁止出入库账的操作,盘点表的内容包括包装单位、数量、库存数量、实盘数量等记录。

(2) 按照提取的盘点表进行盘点,在"盘点数"一列填写实际盘点数量。如果盘点时发现盘点表(即账面)上没有,按照序号顺序继续新增明细行,填写盘点数。

(3) 初盘结束后,初盘人员将盘点表交给该区域负责人,就存在差异的货物进行复盘。复盘人员不应受初盘人员影响,需独立清点货物并做记录。

(4) 盘点结束后,各区域负责人应及时收回盘点表,汇总并存档。若发现所得数据与系统中数据不符,应追查差异产生的原因。

(5) 仓管人员盘点时,采用实盘实点方式,禁止目测、估计数量。

(6) 盘点时注意货物的摆放,盘点后需对货物进行整理,保持原来的或合理的摆放顺序。

(7) 盘点过程中严禁出现以下行为:弄虚作假,虚报数据;漏盘、少盘、多盘;书写数据潦草、错误;丢失盘点表。

(8) 盘点中出现库存数与盘点数存在差异(即盈亏)时,需要按照企业内部分级授权制度上报审批,各区域负责人将盘点表经仓储主管以及财务主管签字后,在系统中将其导入执行,系统自动根据"盘点数"形成差异数,作报损、报溢处理,校准库存。

(9) 各区域负责人应仔细分析差异数据产生的原因,并提出改进方案,防止此类问题再度发生。

(三) 盘点后的管理阶段

1. 盘点结果处理

通过盘点发现账物不符,而且差异超过允许误差时,企业应积极找出造成账物差异的原因,同时做好预防及改善工作,防止再次发生。具体可从以下方面着手进行追查。

(1) 账物不符是否属实,是否存在因账物处理制度存在缺陷而造成账物不符。

(2) 盘盈、盘亏是否因为盘点人员出现了记账错误或进货、发货的原始单据丢失造成账物不符。

(3) 是否因为盘点人员不慎多盘或未用心盘点储存在多处的货物,或盘点人员事前培训工作不到位而造成错误。

(4) 盘点与账物的差异是否在允许范围之内。

(5) 找出盘盈、盘亏的原因,分析日后是否可以事先设法预防或能否降低账物差异的程度。

2. 盘点评价指标

通过对盘点结果的评估,可以查出作业和管理中存在的问题,并通过解决问题提高仓储管理水平,以减少仓储损失。

(1) 盘点工作质量指标。盘点工作质量可用以下指标进行衡量。

① 盘点数量误差＝实际库存－账面库存

② 盘点数量误差率＝盘点数量误差÷实际库存数

③ 盘差次数比率＝盘点误差次数÷盘点执行次数

(2) 仓储工作质量指标。仓储工作质量可用以下指标进行衡量。

① 吞吐量＝到库货物总量＋出库货物总量

② 年平均库存量＝(年初货物总量＋年末货物总量)÷2

③ 货物收发差错率＝全年错收错发货物总量÷年平均库存量×100%

④ 货物损坏率＝损坏变质货物量÷年平均库存量×100%

这些指标可做横向和纵向对比,发现变化趋势,找出差距和原因,解决问题,提高工作质量。

四、盘点方法

库存分为账面库存与现货库存,盘点分为账面盘点及现货盘点。盘点时,应根据实际需要选择盘点方法。

(一) 账面盘点

账面盘点也称永续盘点,将每种货物分别设立存货账卡,然后将每种物品的出入库数量及有关信息记录在账面上,逐笔汇总出账面库存结余量及库存金额,这样可以随时从系统或账簿上查询货物的进出库信息及结余信息。

(二) 现货盘点

现货盘点又称实物盘点或实盘,也就是仓库实地清点数量,再根据货物单价计算出实际库存金额。现货盘点按盘点时间频率的不同,又可以分为期末盘点和循环盘点。

1. 期末盘点

期末盘点是指在会计计算期末统一清点所有库存货物数量。由于期末盘点是将所有货物一次点完,因此工作量大、要求严格。通常采用分区、分组的方式进行,其目的是明确责任,防止重复盘点和漏盘。分区即将整个储存区域划分成一个个的责任区,不同的区由专门的小组负责点数、复核和监督。因此,一个小组通常至少需要三人分别负责清点数量并填写盘存表,复查数量并登记复查结果,第三人核对前两次盘点数量是否一致,对不一致的数据进行检查。等所有盘点结束后,再与系统或账簿上反映的账面数核对。

2. 循环盘点

循环盘点是指在每天、每周清点一部分货物,一个循环周期将每种货物至少清点一次。循环盘点通常对价值高或重要的货物检查的次数多,并且监督也更严格,而对价值低或不太重要的货物盘点的次数可以相对少一些。循环盘点一次只对少数货物盘点,因此通常只需仓管人员自行对照库存资料进行点数检查,发现问题按盘点程序进行复核,查明原因,然后调整。也可以采用专门的循环盘点单登记盘点情况。循环盘点法节省人力,全部盘完一部分再开始下一轮的盘点,化整为零。

当账面数与实存数发生差异,有时很难断定是账面数有误还是实盘数有误,所以,可以采取账面盘点和现货盘点平行的方法,以查清误差出现的实际原因。

目前,国内多数仓储业务都已使用盘点机(图 4-2 和图 4-3)来处理库存账务。

图 4-2　盘点机

图 4-3　人—机盘点作业

任务三　库存控制

任务导入

林锦新调到金德储运公司东城仓库实习,客户长城公司要求提供其存放的 10 种家电货物的库存数据。林锦与长城公司沟通时,了解到该公司所有品种都是统一进货,她提醒客户库存控制存在问题。请运用所学知识分析客户长城公司库存的问题,应如何改善?客户长城公司库存明细表如表 4-2 所示。

表 4-2　客户长城公司库存明细表(东城仓库)

序号	货物单价/元	数量/箱	库存金额/万元
1	10 000 以上	10	12
2	5 001～10 000	15	13
3	4 001～5 000	17	6.5
4	3 001～4 000	22	7

续表

序号	货物单价/元	数量/箱	库存金额/万元
5	2 001～3 000	27	6.5
6	1 001～2 000	45	5
7	0～1 000	64	2
合计	—	200	52

库存贯穿整条供应链，涉及面广，库存控制是在满足顾客服务要求的前提下通过对企业的库存水平进行控制，力求尽可能降低库存水平、提高物流系统的效率，以提高企业的市场竞争力。

一、库存分类

根据国家标准《物流术语》(GB/T 18354—2006)，库存是指处于储存状态的物品。库存是企业在生产经营过程中为销售或耗用而储备的货物，但广义上的库存还包括处于制造加工状态和运输途中的货物。库存分类见表 4-3。

表 4-3 库存分类

划分标准	库存类型	划分标准	库存类型
经济用途	生产库存	生成原因	周期库存（或称经常库存）
	流通库存		在途库存
生产过程	原材料库存		安全库存（或称缓冲库存）
	半成品库存		投资库存
	成品库存		季节性库存
需求相关性	独立需求库存		积压库存
	相关需求库存		

二、库存控制的目的

库存控制的根本目的是在保证及时交货的前提下，尽可能降低库存，减少呆滞，从而以最少的库存资金支撑尽可能大的出货。库存控制的过程实际上是一个需求与供应链的管理过程，也是一个企业的信息系统、组织结构与流程不断优化的过程。库存控制的目的是尽可能地预防、消除物料短缺，尤其是无计划的物料短缺，通过优化、平衡库存结构，最终达到库存降低、及时出货的目的。库存控制有以下两个关键考核指标。

(1) 库存周转率。库存周转率是指在某一时间段内库存货物周转的次数，是反映库存周转快慢程度的指标。库存周转率考核的目的在于从财务角度计划预测整个公司的现金流，从而考核整个公司的需求与供应链运作水平。提高库存周转率对于加快资金周转，提高资金利用率和变现能力具有积极的作用。

(2) 客户满意度。客户满意度是指产品售前、售中、售后以及产品生命周期的不同阶段采取的服务措施令顾客满意的程度指标,是提供的服务和用户心理期望值之间的差值。

很多企业,一提到"库存控制"就害怕,其实,这是由于其库存控制不力造成的。企业组织、流程、员工,没有能力控制库存,至少是没有控制好库存。越是库存控制好的企业,它们的客户服务水平越高,客户满意度越高。

三、库存控制的方法

(一) ABC 分类管理法

1. ABC 分类管理法的基本原理

ABC 分类管理法(activity based classification)又称帕累托分析法、柏拉图分析法、主次因素分析法、分类管理法。经济学家帕累托在研究财富的社会分布状态时,发现少数人的收入占全部人收入的大部分,而多数人的收入却只占小部分,即"关键的少数和次要的多数"关系,平常也称为"80/20"法则。

将 ABC 分类管理法引入库存管理就形成了 ABC 库存分类管理法。一般来说,企业的库存货物种类繁多,每个品种的价格不同,且库存数量也不等。有的货物品种不多但价值很大,而有的货物品种很多但价值不高。由于企业的资源有限,因此在进行存货控制时,要求企业将注意力集中在比较重要的库存货物上,依据库存货物的重要程度分类管理,这就是 ABC 库存分类管理的思想。

ABC 库存控制法(交互)

2. ABC 分类管理法的标准和步骤

ABC 分类管理就是将库存货物按设定的分类标准和要求分为特别重要的库存(A 类)、一般重要的库存(B 类)和不重要的库存(C 类)三个等级,然后针对不同等级分别进行管理与控制。

(1) 资金占有 ABC 分类标准。此分类标准是库存货物占总库存资金的比例和占总库存货物品种数目的比例,如表 4-4 所示。

表 4-4 ABC 库存分类标准(资金比重)

分类	占总库存品种数的百分比/%	占总库存金额的百分比/%
A 类	5~15	70~80
B 类	20~30	15~25
C 类	60~70	5~10

(2) 物动量 ABC 分类标准。此分类标准是物动量占在库货物总物动量的比例和占总在库货物品种数目的比例,如表 4-5 所示。

表 4-5 ABC 库存分类标准(物动量)

分类	占总库存品种数的百分比/%	占总物动量的百分比/%
A 类	5~15	70~80
B 类	20~30	15~25
C 类	60~70	5~10

【例 4-1】 金德储运根据货物的 5 月初到 6 月中旬期间共 6 周的出库情况,制作成如表 4-6 所示物动量统计表。请对库存货物进行 ABC 分类管理。

表 4-6 物动量统计表

序号	货品名称	出库量/箱						合计/箱
		第1周	第2周	第3周	第4周	第5周	第6周	
1	大王牌大豆酶解蛋白粉	2 576	269	570	820	1 064	451	5 750
2	小师傅方便面	975	65	1 270	276	297	217	3 100
3	蜂圣牌蜂王浆冻干粉片	900	150	259	380	63	458	2 210
4	兴华苦杏仁	400	96	380	269	82	243	1 470
5	爱牧云南优质小粒咖啡	397	106	87	0	200	100	890
6	联广巧克力饼干	342	56	0	100	17	165	680
7	脆香饼干	146	42	67	100	97	48	500
8	隆达葡萄籽油	100	61	0	39	100	100	400
9	吉欧蒂亚干红葡萄酒	150	20	0	60	60	50	340
10	神奇松花蛋	80	47	59	0	40	44	270
11	诚诚油炸花生仁	60	0	50	50	50	50	260
12	玫瑰红酒	0	37	94	18	46	45	240
13	利鑫达板栗	88	30	32	50	0	0	200
14	乐纳可茄汁沙丁鱼罐头	30	30	39	25	54	12	190
15	金谷精品杂粮营养粥	37	38	25	36	27	17	180
16	华冠芝士爆米花	21	0	0	27	43	39	130
17	早苗栗子蛋糕	12	36	25	27	0	20	120
18	轩广章鱼小丸子	60	0	20	0	15	15	110
19	休闲黑瓜子	37	7	25	0	27	4	100
20	黄桃水果罐头	0	37	0	26	0	27	90
21	梦阳奶粉	0	38	26	13	13	0	90
22	佳佳核桃仁	30	0	0	0	30	0	90
23	日月腐乳	50	0	0	20	20	0	90
24	鹏泽海鲜锅底	31	37	0	0	11	11	90
25	好娃娃薯片	36	0	26	0	28	0	90
26	金多多婴儿营养米粉	5	20	20	5	20	0	70
27	锦发黄桃水果罐头	0	20	25	0	0	25	70
28	大发菠萝水果罐头	13	0	0	12	5	0	30

续表

序号	货品名称	出库量/箱						合计/箱
		第1周	第2周	第3周	第4周	第5周	第6周	
29	雅比沙拉酱	10	0	0	0	20	0	30
30	山地玫瑰蒸馏果酒	0	5	5	5	0	5	20
	合计	6 586	1 247	3 134	2 358	2 429	2 146	17 900

【解】具体操作如下。

(1) 收集数据,即按分析对象和分析内容,收集有关数据。

(2) 处理数据,对收集的数据资料进行整理,按要求计算和汇总。

(3) 根据物动量 ABC 分类标准,制作 ABC 分类表,见表 4-7,制作物动量帕累托图见图 4-4。

表 4-7 物动量 ABC 分类表

货品名称	第1~6周合计出库箱数	品种比率/%	周转量比率/%	累计品种比率/%	累计周转量比率/%	分类
大王牌大豆酶解蛋白粉	5 750	3.333 3	32.122 9	3.333 3	32.122 9	A
小师傅方便面	3 100	3.333 3	17.318 4	6.666 7	49.441 3	
蜂圣牌蜂王浆冻干粉片	2 210	3.333 3	12.346 4	10.000 0	61.787 7	
兴华苦杏仁	1 470	3.333 3	8.212 3	13.333 3	70.000 0	
爱牧云南优质小粒咖啡	890	3.333 3	4.972 1	16.666 7	74.972 1	B
联广巧克力饼干	680	3.333 3	3.798 9	20.000 0	78.770 9	
脆香饼干	500	3.333 3	2.793 3	23.333 3	81.564 2	
隆达葡萄籽油	400	3.333 3	2.234 6	26.666 7	83.798 9	
吉欧蒂亚干红葡萄酒	340	3.333 3	1.899 4	30.000 0	85.698 3	
神奇松花蛋	270	3.333 3	1.508 4	33.333 3	87.206 7	
诚诚油炸花生仁	260	3.333 3	1.452 5	36.666 7	88.659 2	
玫瑰红酒	240	3.333 3	1.340 8	40.000 0	90.000 0	
利鑫达板栗	200	3.333 3	1.117 3	43.333 3	91.117 3	C
乐纳可茄汁沙丁鱼罐头	190	3.333 3	1.061 5	46.666 7	92.178 8	
金谷精品杂粮营养粥	180	3.333 3	1.005 6	50.000 0	93.184 4	
华冠芝士爆米花	130	3.333 3	0.726 3	53.333 3	93.910 6	
早苗栗子蛋糕	120	3.333 3	0.670 4	56.666 7	94.581 0	
轩广章鱼小丸子	110	3.333 3	0.614 5	60.000 0	95.195 5	
休闲黑瓜子	100	3.333 3	0.558 7	63.333 3	95.754 2	

续表

货品名称	第1~6周合计出库箱数	品种比率/%	周转量比率/%	累计品种比率/%	累计周转量比率/%	分类
黄桃水果罐头	90	3.333 3	0.502 8	66.666 7	96.257 0	
梦阳奶粉	90	3.333 3	0.502 8	70.000 0	96.759 8	
佳佳核桃仁	90	3.333 3	0.502 8	73.333 3	97.262 6	
日月腐乳	90	3.333 3	0.502 8	76.666 7	97.765 4	
鹏泽海鲜锅底	90	3.333 3	0.502 8	80.000 0	98.268 2	
好娃娃薯片	90	3.333 3	0.502 8	83.333 3	98.770 9	C
金多多婴儿营养米粉	70	3.333 3	0.391 1	86.666 7	99.162 0	
锦发黄桃水果罐头	70	3.333 3	0.391 1	90.000 0	99.553 1	
大发菠萝水果罐头	30	3.333 3	0.167 6	93.333 3	99.720 7	
雅比沙拉酱	30	3.333 3	0.167 6	96.666 7	99.888 3	
山地玫瑰蒸馏果酒	20	3.333 3	0.111 7	100.000 0	100.000 0	
合计	17 900	100	100	—	—	—

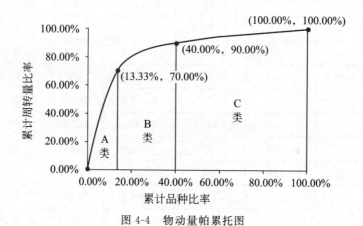

图 4-4 物动量帕累托图

3. 对分类货物的管理

对库存货物进行 ABC 分类之后,要根据企业的经营策略对不同级别的库存进行差别管理。

(1) A 类库存货物数量虽少但对企业最为重要,需要严格管理和控制库存。企业必须对这类库存定时进行盘点,详细记录及经常检查货物使用、存量增减、品质维持等信息,加强进货、发货、运送管理,在满足企业内部需要和顾客需要的前提下维持尽可能低的经常库存量和安全库存量,加强与供应链上下游企业的合作以降低库存水平,加快库存周转率。

(2) B 类库存的状况处于 A 类库存和 C 类库存之间,因此对这类库存的管理强度也介于 A 类库存和 C 类库存之间。对 B 类库存进行正常的例行管理和控制即可。

（3）C 类库存货物数量最大但对企业的重要性最低，因而被视为不重要的库存。对于这类库存一般进行简单的管理和控制。比如，大量采购大量库存、减少这类库存的管理人员和设施、延长库存检查时间的间隔等。

4. 应注意的问题

在使用 ABC 分类管理法时，还必须注意重要性问题。ABC 分类管理法没有考虑货物对企业的重要性，有些甚至被划为 C 类的货物可能对企业的生产活动有着至关重要的影响。这种货物的重要性并不在资金或物动量上体现，而是体现在：如果缺货会造成企业停产/停业或严重影响正常生产；缺货会危及企业生产安全；市场短缺的货物，缺货后不易补充。为了弥补这一不足，发展出了重要性分析方法（critical value analysis，CVA），将货物按重要性进行分类。两者相结合可以更准确地对库存进行分类管理。

（二）经济订货批量法

经济订货批量（economic order quantity，EOQ），通过平衡采购进货成本和保管仓储成本核算，以实现总库存成本最低的最佳订货量。经济订货批量是一种固定订货批量模型，可以用来确定企业一次订货（外购或自制）的数量。当企业按照经济订货批量订货时，可实现订货成本和储存成本之和最小化。

1. 库存成本的构成

库存成本是指储存在仓库里的货物所需成本，主要有订货费和库存保管费。

（1）订货费。订货费是指每次订货时所发生的费用，主要包括差旅费、通信费以及跟踪订单的成本等。订货费与每次订货量的多少无关，在年需求一定的情况下，订货次数越多，则每次订货量越少，而全年订货成本越大，分摊每次订单费也越大。

（2）库存保管费。库存保管费是指保管存储货物而发生的费用，包括存储设施成本、搬运费、保险费、折旧费、税金以及货物变质损坏等支出的费用，这些费用随库存量的增加而增加。

2. 经济订货批量计算公式

假设条件如下：①需求量已知；②库存的需求量为常量；③订货提前期不变；④订货费与订货批量无关；⑤全部订货一次交付；⑥所有费用是库存量的线性函数；⑦无数量折扣。

假设不允许缺货的条件下，

$$年总库存成本 = 年购置成本 + 年订货成本 + 年保管成本$$

即

$$TC = DP + DC/Q + QH/2$$

式中，TC 是年总库存成本；D 是年需求总量；P 是单位货物的购置成本；C 是每次订货成本，单位是元/次；H 是单位货物年保管成本，单位是元/年（$H = PF$，F 为年仓储保管费用率）；Q 是批量或订货量。

经济订货批量就是使库存总成本达到最低的订货数量，它是通过平衡订货成本和保管成本两方面得到。其计算公式为

$$EOQ = \sqrt{2CD/H} = \sqrt{2CD/PF}$$

（三）定量库存控制法

定量库存控制法，事先确定一个具体的订货点 R，每当存储水平降低到订货点时，按规定数量（一般以经济批量 EOQ 为标准）进行订货补充。当库存量下降到订货点 R 时，即按预先确定的订购量 Q 发出订单，经过订货周期（订货至到货间隔时间）LT，库存量继续下降，到达安全库存量 S 时，收到订货 Q，库存水平回升，如图 4-5 所示。

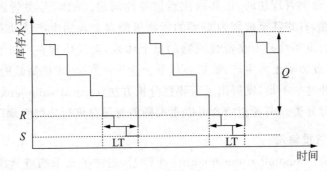

图 4-5　定量库存控制法

定量库存控制法需要确定两个控制参数：订货点和订购批量。订货点是指订货时的库存量。它应满足的条件是：在新的订货没有到达之前，现有库存能够保证对需求的供应。因此，订货点存储量就是订货提前期内预计需求数量。但在实际工作中，常常会遇到各种波动的情况，如需要量发生变化，交货周期因某种原因而延长等，这时必须要设置安全库存，用以下公式来计算订货点。

$$订货点存储量＝平均日需求量×提前期天数＋安全库存量$$

订购批量可用经济订购批量的公式求得，此时的

$$最低年总库存成本\ TC=DP+H(EOQ)$$

$$年订货次数\ N=D/EOQ$$

$$平均订货间隔周期\ T=365/N$$

【例 4-2】　东城仓库 A 商品年需求量为 30 000 个，单位商品的购买价格为 20 元，每次订货成本为 240 元，单位商品的年保管费为 10 元。求：该商品的经济订购批量，最低年总库存成本，每年的订货次数及平均订货间隔周期。

【解】　经济订购批量 $EOQ=\sqrt{2\times240\times30\ 000/10}=1\ 200(个)$

最低年总库存成本 $TC=30\ 000\times20+10\times1\ 200=612\ 000(元)$

每年的订货次数 $N=30\ 000/1\ 200=25(次)$

平均订货间隔周期 $T=365/25=14.6(天)$

需要注意的是，定量库存控制法的订货间隔周期是不一样的，新的供货到达时，库存可能大于安全库存量或小于安全库存量，也可能已经发生缺货。这种方法适合以下货物。

(1) 单价比较便宜，而且不便于少量订购的货物。

(2) 比较紧缺、订货较难、管理复杂的货物。

(3) 需求均匀稳定的货物。

(4) 需求预测比较困难的货物。

（四）定期库存控制法

定期库存控制法是基于时间的订货控制方法，它通过设定订货周期和最高库存量，周期性地检查库存，从而达到库存控制的目的。

这种控制方法每隔一个固定的时间周期检查库存项目的储备量。根据盘点结果与预定的目标库存水平的差额确定每次订购批量。这里假设需求为随机变化，因此，每次盘点时的储备量都不同，为达到目标库存水平 Q_0 而需要补充的数量也随着变化。这样，这类系统的决策变量是检查时间周期 T、目标库存水平 Q_0。这种库存控制系统的储备量变化情况如图 4-6 所示。

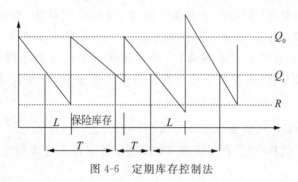

图 4-6　定期库存控制法

运用定期库存控制法需要确定以下三个控制参数。

1. 订货周期

订货周期实际上就是定期订货的订货点，其间隔时间总是相等，具体计算公式为

$$T^* = \sqrt{2C/KR}$$

式中，T^* 为经济订货周期；C 为单位订货成本；K 为单件库存平均年库存保管费用；R 为单位时间内库存货物需求量（销售量）。

2. 最高库存量

定期库存控制法的最高库存量计算公式为

$$Q_{\max} = \bar{R}(T + \bar{T}) + Q_S$$

式中，$Q_{\max}$ 为最高库存量；$\bar{R}$ 为 $(T+\bar{T})$ 期间的库存需求量平均值；T 为订货周期；$\bar{T}$ 为平均订货提前期；Q_S 为安全库存量。

3. 订货量

定期库存控制法每次的订货数量是不固定的，订货批量的多少都是由当时实际库存量的大小决定，每次订货量的计算公式为

$$Q_i = Q_{\max} + Q_{Ni} - Q_{Ki} - Q_{Mi}$$

式中，Q_i 为第 i 次订货的订货量；$Q_{\max}$ 为最高库存量；Q_{Ni} 为第 i 次订货点的在途到货量；Q_{Ki} 为第 i 次订货点的实际库存量；Q_{Mi} 为第 i 次订货点的待出库货物数量。

定期库存控制法的订货时间固定，每次订货量不固定，根据其特点，定期库存控制法适合在以下情况下采用。

（1）金额高、需要实施严格管理的重要货物，适用于 ABC 分类管理中的 A 类货物。

(2) 需要根据市场的状况和经营方针,经常调整生产或采购数量的货物。
(3) 需求量变动幅度大,但变动具有周期性,可以正确判断其周期的货物。
(4) 需要定期制造的货物。

任务四　仓库 6S 管理

任务导入

南城仓库主管张军在金德储运公司总部的培训班学习了 6S 管理方法,培训中学到优秀的库房实施 6S 管理,货物按要求整齐放置,做到区域明确,摆放安全,整洁有序,标识清晰,数量准确,状态、规格、型号与实物一致。库房地面画线清晰,功能分区明确,通道畅通,不允许有物品占用通道,或压通道线。对比目前他所管理的仓库,差距很大,经常出现货账不符、仓库乱差的现象。作为仓库主管,张军应该如何按照要求做好 6S 管理工作?

6S 管理是整理(seiri)、整顿(seiton)、清扫(seiso)、清洁(seiketsu)、素养(shitsuke)安全(safety)6 个项目,简称 6S。仓库实施 6S 管理有利于提高仓库的空间利用率,提升仓库管理人员的素质。

一、仓库推行 6S 管理的意义

所谓 6S 管理,是从 20 世纪中叶丰田公司等日本企业的"5S"现场管理方法升级而来,"5S"即整理(seiri)、整顿(seiton)、清扫(seiso)、清洁(seiketsu)、素养(shitsuke),因其均以"S"开头,所以称为"5S"。20 世纪 80 年代,随着我国对外开放的深入,外资企业将这种管理理念带入我国。为了适应时代的发展以及市场环境的改变,根据实际的发展需求,海尔提出了第 6 个"S",即安全(safety)。6S 管理逐渐成为我国现代企业行之有效的一种现场管理模式与方法。

仓库 6S 管理的目标是通过整理、整顿、清扫、清洁、安全、素养这 6 个 S 的综合推进,让仓库现场的各要素(人、机、料、法、环)都得到有效管理,通过规范现场,营造一目了然的仓库环境,持续改善,从而提高企业的经济效益和员工的整体素质。

二、6S 管理的内容

1. 整理

整理是指将仓库现场所有物品区分为必要和不必要两大类,然后将它们明确区分开,清除不必要的物品,将必要品的数量降到最低限度。实施整理的目的是改善仓库作业的面积,防止误发误用,防止积压变质,只管理需要的物品,能够提高工作效率,节约管理资金。

2. 整顿

整顿是将仓库现场的必要物有条理地定位与定量摆放,定置区域加以标识,其目的是便于查找存放的物品。这样可以让仓库区域一目了然,营造井井有条的工作环境,从而提高仓库作业效率和作业质量,同时也保障了仓库作业的安全性。

3. 清扫

清扫是将仓库现场看得见、看不见的地方清扫干净,保持作业场所始终维持无垃圾、无灰尘、干净整洁的状态。

4. 清洁

清洁是将整理、整顿、清扫进行到底,并且制度化,让环境保持洁净清洁的状态,管理公开化、透明化。清洁是一种状态,是维持整理、整顿、清扫的结果。

5. 安全

安全是指保证仓库现场作业安全及消防安全。安全生产是生产经营单位的行为,是指在组织生产经营活动的过程中为避免发生人员伤害和财产损失,而采取相应的事故预防和控制措施以保证人身安全,保证生产经营活动得以顺利进行的相关活动。因此,仓库应该重视员工安全教育,时刻有安全第一的观念,防患于未然。

6. 素养

素养是指让6S各环节的工作变成员工的自觉行动,每位员工养成良好的习惯,并遵守规则做事,培养积极主动的精神,形成良好的工作习惯,从而使工作价值最大化。本质就是员工要不断提高自身素质,实现自我管理、自我控制,在规范有序的工作场所、轻松愉快的工作氛围里,以高度自律实现自我工作价值最大化,最终实现企业的经济效益与社会价值。

三、仓库6S管理推行关键点

1. 整理

整理是将仓库现场物品区分为必要物和不要物,保留必要物,清走不要物。仓库可以发起黄牌行动,提出不要物范围,集中清理不要物。仓库场所可以根据物品的使用频率判断物品的必要与不必要程度,物品大致可分为四类:①一年以上未使用;②半年内仅用1~4次;③一个月内至少使用一次;④随时需要使用。

对损坏的货物,要求各区域按货架顺序,依次登记损坏、包装破损、临期等无法发出的货物,统一报废后清走。对于滞销货物,特别是超过半年以上不出库的货物(因外包装有灰尘容易辨认),清点后,放置于货架顶端或偏远位置,腾出可用空间。如果废旧设备、包装材料一直放在仓库不使用,占用的仓储面积、人工管理费用是一个不小数目。

2. 整顿

整顿是将仓库现场的必要物按科学合理的方式,整齐摆放,明确标识,使存放位置清晰、规范、醒目,实现高效出入库作业。根据仓库的实际情况,仓管人员做好整顿工作,其要点如下。

(1) 各作业区域、通道的界限,画黄线进行标识,物品摆放(托盘)不得超线。

(2) 积压退货、理赔件、包装箱等按固定位置存放;打扫工具、手动叉车、各种拣货设备等不使用时,放置在指定位置,且不得占用消防通道。

(3) 各区域工具、设备标号管理,无特殊情况不得混用。

(4) 制作仓库定置图,标识作业区域、安全通道及消防设施的具体位置。

零件放置架实施6S管理前后对比如图4-7所示,颜色标识,分类存放如图4-8所示。

图 4-7 零件放置架实施 6S 管理前后对比

图 4-8 颜色标识、分类存放

3. 清扫

经过整理、整顿后的仓库要保持一个良好的工作环境,将仓库场所内不管是看得见还是看不见的地方都应清扫干净,杜绝污染源,并且责任到人。清扫应做到以下几点。

(1) 将地面、墙壁和窗户打扫干净。

(2) 将可能产生污染的污染源清理干净。

(3) 定期对作业设备进行清扫、润滑,对电器和操作系统进行彻底检查。

(4) 制定仓库现场的清扫规程,划分区域,确定各自责任人。

4. 清洁

清洁是把 6S 活动常态化,通过定期或不定期检查、评比,不断巩固成果。①要制定 6S 制度与规范;②进行 6S 检查、评比、奖惩;③通过活动展示、宣传,让大家看到成效,从而提升改善的信心,以便把 6S 活动长期开展下去。

在 6S 推进过程中,像各类检查、评比、奖惩标准,需要在清洁阶段完善。评比的目的是改善,不是罚款,罚款只是提醒大家引起重视,并按规定执行。评比检查表设计的越详细越好;同时保证简明、便于填写;检查标准容易界定,有可操作性。另外,检查项目也不能一成不变,要根据实际情况及时修正。检查时2人一组,1人为仓储主管,另1人随机从仓库员工中抽取。检查时两人意见一致方可填写意见,意见不一时由仓储主管判断。检查过程中,对于有问题的地方,以及做得特别好的区域拍照留存。

对于活动展示、宣传方面,最适用的是现场看板,形式包括宣传栏、小黑板、电子屏、墙面等。现场看板把仓库6S实施前后的照片做对比,展示劳动成果,并及时通报活动进展、评比结果。

5. 安全

所谓安全,是指在无人员伤亡的基础上,尽量减少货物损失。安全第一,预防为主,需要时刻留意,及时消除隐患。

1)在仓库现场安全可视化方面,可从标识、醒目颜色、文字提示等方面着手

(1)升降机井,稍有不慎极容易发生危险。可在升降机平台周围用油漆画上黄线,用红色字体在地板上标出"危险"字样。

(2)各消防通道用黄漆标出范围,要求不得占用,并用箭头指明人员离开方向。

(3)在各配电箱上贴上标识"小心高压"。

(4)在各库房门口用标牌指示逃生路线。

(5)在各主要过道、库房门口加装应急灯。

2)安全管理检查项目

(1)通道和取用安全设备的过道都要清晰标识,而且没有阻碍。

(2)地面上是否有突出物或坑,因为叉车等搬运设备运行时,若过于颠簸容易导致货物掉落。

(3)地面是否有湿滑、积水现象。

(4)防火设施、预警设备布局是否合理,数量是否充足,紧急时是否能够正常使用。

(5)灭火器规范摆放,偶数一组,干粉灭火器是否过期,标识是否完好。

(6)是否为火灾、地震等自然灾害设定了仓库应急措施。

(7)搬运设备、拣货设备、升降机是否正常运行,是否有安全隐患。

(8)员工操作叉车等机具时,是否存在无证上岗现象。

(9)仓库内货架立柱,有无叉车碰撞、变形情况。

(10)采光、照明是否符合作业要求,库房内灯具是否防爆。

(11)高温、低温作业时,是否有保护措施。

(12)货架上的货物是否过重,有倾倒危险。

(13)电源线路是否破损有漏电隐患,电线、闸刀处外观是否有异常。

(14)个人劳动保护用品是否充分,员工是否正确地佩戴或使用。

3)制定安全操作规程并培训员工

(1)制订消防安全培训计划,并按期进行培训。

(2)制定常用作业设备(如叉车、升降机)的安全作业规范,包括安全操作说明,以及出现意外后应如何处置的操作要点。

(3)在仓库门口加装电铃,要求员工听到铃声务必马上撤离,并进行消防演练。

6. 素养

素养是 6S 推行的重心，目的是让每一名员工都有良好的习惯，并都能遵守规章制度、工作指令，还能推动各项管理工作并取得成效。简单而言，素养就是让 6S 各环节的工作变成员工的自觉行动，员工能够积极主动地针对现场、实物、现实问题，提出解决方案并予以改善，而不需要领导去安排。

素养这一阶段的成功要经历三个阶段：①形式化阶段，包括进行各种形式的活动、强制安排一些任务、进行严格的检查和督导等。②行事化（或称机械化）阶段，公司把要求的行为制成制度或标准，要求员工按标准做事，甚至规定到某天、某时必须做什么。③习惯化阶段是通过不断地宣传、检查、辅导形成习惯，员工把 6S 转化为自觉行动。

6S 管理工作是一项长期艰巨的基础性工作，做好仓库 6S 管理，提高仓管人员素养，发挥仓管人员的主动性，使仓储管理工作井然有序，提升企业形象与员工归属感，充分体现企业核心价值观。

项 目 检 测

一、案例分析

电商仓库如何提升管理效率

仓库是电商企业正常运营的强有力保障，但是，许多电商仓库存在着这样那样的问题，如何更大程度地提高仓库管理效率呢？

1. 库存降低与优化

电商仓储管理，一个重要特点就是以追求"零库存"为最高目标。所谓"零库存"，是把仓库储存形式的某种或某些种物品的储存数量降到最低，甚至可以为"零"，即不保持库存。这样不但可以免去仓库存货的一系列问题，而且还有很多其他的优点。

降低库存手段有以下几种：①实现网上销售多渠道的库存共享；②通过一段时间的销售数据，进行有效的库频配比；③做好预售管理；④降低退换货率；⑤做好活动商品的库存预估配比。

2. 仓储信息管理系统

仓储并不独立，它是作为商品流通的中转站，涉及入库、分拣、在库、盘点、出库、补货等各方面。它包括货物种类数量、储存位置、库存状况等。为使库存管理更加精细化、准确化，一定要使用相应的信息管理系统。如电商 ERP 系统，或仓库 WMS 系统。它可以使仓储管理变得更加数据化，可以使繁杂的仓储数据变得一目了然。通过系统可以实现最佳的货位分配，最优的拣货路径，最快的补货提示等。

3. 条形码技术的应用

如今的仓库作业和库存控制作业已十分复杂且多样化，仅靠人工记忆和手工录入，不但费时费力，而且容易出错，给企业带来巨大损失。所以在仓库管理中运用条形码技术，对仓库的到货检验、入库、出库、调拨、移库移位、库存盘点等各个环节的数据进行自动化数据采集,可保证仓库管理各个作业环节数据输入的效率和准确性,确保企业及时准确地掌握库存的真实数据,能合理保持和控制企业库存。

在已经安装了计算机通信网络的企业,只需在数据录入前增加一些条码设备,就可以用很小的投资收到可观的效益。使用自动识别设备、条形码便于货位跟踪和管理,由于条形码的识别具有快速、准确、易于操作等特点,在仓库管理中引入该技术,能够使管理工作节省人力、减少差错、提高工作效率,并保障商品流转的顺利进行。

计算机系统与手持终端结合,只要一机在手,每条数据采集录入都在轻轻几下按键之间完成,避免了一手执笔,一手拿纸却还要腾出一只手翻动货物的麻烦。但是,对所有的库存货物用条形码技术并不是最经济的方法。

4. 作业指导书 SOP

实现仓储服务的系统化、作业的规范化和效率化,都离不开制度的约束,遵循物资管理的方法与原则,这样才能有更好的管理效果。好的布局、好的制度与作业方法,是仓储管理成功的关键。

标准作业程序(standard operating procedure, SOP)是指将某一事件的标准操作步骤和要求以统一的格式描述出来,用来指导和规范日常的工作。SOP 的精髓,就是将细节进行量化,简单来说,SOP 就是对某一程序中的关键控制点进行细化和量化。

作业指导书 SOP 的推行,实现了仓储管理的规范化。作业指导书 SOP 从员工和岗位的角度出发,使员工对岗位的相关知识和工作有全面的了解,从管理学的角度来看,作业指导书 SOP 能够缩短新员工对陌生且复杂的工作的学习时间,只要按照步骤指示就能避免失误与疏忽。作业指导书 SOP 提高了企业的管理水平,减少了工作中的差错和矛盾,避免互相推诿,提高了员工的工作效率,又能减少事故的发生。

请回答下列问题。

1. 电商仓库与制造企业仓库的差别是什么?
2. 如何提升电商仓库管理效率?

二、问答题

1. 普通货物在库期间可能发生哪些质量变化,主要影响因素是什么?
2. 在库货物盘点的方法及盘点步骤是什么?
3. 简述在库存控制中如何运用 ABC 分类法?
4. 简述 6S 管理的基本内容。

三、单证题

近期金德储运公司南城仓库业务较多,公司在 10 月 29 日发出编号为 PD001 的盘点指令,要求在 12 月 30 日对仓库进行一次大的盘点。李云作为仓库 CK02 的负责人在盘点过程中使用了 3 辆叉车,5 名仓管人员。

盘点结果发现仓库一区 A10204 货位上的台灯 NA 实际数量为 29 箱,而账面数量为 30 箱。仓库二区 B10204 货位上的台灯 MR 实际数量为 31 箱,而账面数量为 30 箱。仓管组长李云负责回单,复核人为仓库主管张军。

要求:请以仓管组长李云身份,根据以上信息完成表 4-8 盘点单的缮制。注:带 * 部分必填。

表 4-8 盘点单　　　　　　　　　编号：

下达日期			执行日期			
*目标仓库			负责人		回单人	
货品信息							

*区	*储位	*货品	型号	*账面数量	*实际数量	盈亏数量	*损坏数量	备注
*仓库负责人				复核人				

项目四　在库作业试题

项目五

出 库 作 业

知识目标

1. 能明确货物出库的要求,并在此基础上掌握货物出库的原则。
2. 能阐述货物出库作业的基本流程。

技能目标

1. 会结合出库任务合理选择及使用各种设施设备完成出库作业。
2. 会制作和填写出库相关单据。
3. 会结合出库作业的操作要领,解决货物出库中的实际问题。

出库是仓储作业中最后一道工序,也是最重要的一步,是仓储企业进行货物流转的终点站,它使仓储作业与运输部门、货物使用单位直接发生联系。因此,做好出库作业对改善仓储经营管理,降低作业费用,提高服务质量具有重要作用。出库作业要求货物必须准确、及时、保质保量地发给收货单位,包装必须完整、牢固、标记正确清楚,符合交通运输部门及使用单位的要求,防止出现差错。出库操作的一般流程如图5-1所示。

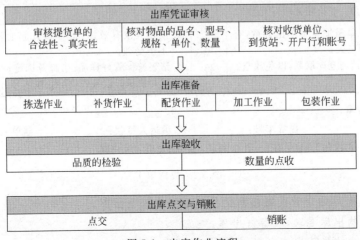

图5-1 出库作业流程

```
                    ⇩
┌─────────────────────────────────────────┐
│                 装载上车                 │
└─────────────────────────────────────────┘
                    ⇩
┌─────────────────────────────────────────┐
│                 物品发运                 │
└─────────────────────────────────────────┘
                    ⇩
┌─────────────────────────────────────────┐
│                  清理                    │
├──────────────────┬──────────────────────┤
│     清理现场      │       数据归档        │
└──────────────────┴──────────────────────┘
                    ⇩
┌─────────────────────────────────────────┐
│                 退货处理                 │
└─────────────────────────────────────────┘
```

图 5-1（续）

出库流程（交互）

任务一 出库作业要求

任务导入

杰鑫金属材料有限公司的购货单位冠业钢材有限公司到货物存储地东城仓库提货，提货单详情如图 5-2 所示。

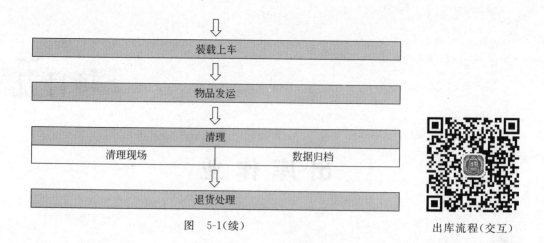

图 5-2 提货单 1

作为东城仓库的仓管员在接到提货单后完成以下任务。

（1）按货物出库要求，准备好出库。

（2）根据本次货物出库形式，做好相关交接记录。

货物出库是仓库根据业务部门或存货单位开出的货物出库凭证,按其所列货物编号、名称、规格、型号、数量等项目,组织货物出库的一系列活动。

一、货物出库的依据

货物出库是仓库依据出库凭证或货主开的"商品调拨通知单"进行。在任何情况下,仓库都不得擅自动用、变相动用或外借货主的库存商品。

货主的出库凭证或"商品调拨通知单"的格式不尽相同,不论采用何种形式,都必须是符合财务制度要求的有法律效力的凭证,应避免凭信誉或无正式手续发货。

二、货物出库的基本要求

货物出库要做到"三不、三核、五检查"。"三不",即未接单据不翻账,未经审单不备货,未经复核不出库;"三核",即在发货时,要核对凭证、核对账卡、核对实物;"五检查",即对单据和实物要进行品名检查、规格检查、包装检查、数量检查、重量检查。具体来说,货物出库要求严格执行各项规章制度,杜绝差错事故,提高服务质量,让客户满意。

1. 遵守仓库规章制度,出库手续必须符合要求

货物出库必须按照仓库规定程序进行,领料单、仓单等提货凭证必须符合要求,货物出库时,必须有正式凭证,保管人员应根据凭证所列明货物品种和数量发货。

2. 贯彻"先进先出,推陈储新"的原则

在保证货物价值和使用价值不变的前提下,坚持"先进先出"原则。还要考虑易腐易坏货物先出,接近失效期的货物先出。

3. 组织好货物发放工作

为使货物及时流通,合理使用,必须快速、及时、准确地发放。为此必须做好发放货物的各项准备工作。如准备好包装、复印资料、组织搬运人员、准备好出库的各种设施设备等。

4. 提高服务质量,满足用户需要

货物出库时要特别注重服务质量的提升,要提高出库作业效率,为客户和提货人员提货创造各种便利条件,主动帮助客户解决实际问题。

三、货物出库形式

1. 收货人自提

由收货人或其代理人持仓单,自备运输工具直接到仓库提取货物,仓库凭单发货,这种发货形式通常称为提货制。它具有"提单到库,随到随发,自提自运"的特点。为划清交接责任,仓库发货人与提货人在仓库现场,对出库货物当面交接并办理签收手续。

2. 送货

仓库根据货主预先送来的出库通知或出库请求,凭仓单通过发货作业,把应发货物交由运输部门送达收货人,这种发货形式通常称为送货制。它具有"预先付货,按车排货,发货等车"的特点。仓储部门与运输部门的交接手续是在仓库现场办理完毕的,而运输部门与收货人的交接手续是根据货主与收货人签订的协议,一般在收货人指定的地点办理。

3. 过户

过户是一种就地划拨的出库形式,货物虽未出库,但是所有权已从原存货户头转移到新存货户头。仓库必须根据原存货人开出的正式过户凭证予以办理过户手续。日常操作

时,往往是仓单持有人的转让,这种转让要经过合法手续。

4. 取样

取样是货主出于对货物质量检验、样品陈列等需要,到仓库提取货样而形成部分货物的出库。货主取样时必须持有仓单,仓库也必须根据正式取样凭证予发给样品,并做好账务登记和仓单记录。

5. 转仓

货主为了方便业务开展或改变储存条件,需要将某批库存货物自某仓储企业的A库转移到该企业的B库,这就是转仓的发货形式。转仓时货主必须出示仓单,仓库根据货主递交的正式转仓申请单,给予办理转仓手续,并同时在仓单上注明有关信息资料。转仓只是在同一仓储企业不同仓库进行。若需要将货物从甲企业的某仓库转移到乙企业的某仓库,应该办理正常的出库和入库手续。

任务二　货物出库作业

任务导入

杰鑫金属材料有限公司的购货单位冠业钢材有限公司到货物存储货地东城仓库提货,提货单详情如图5-3所示。

提 货 单

杰鑫金属材料有限公司

××市××区国际金属物流园区15号

电话:54321123　传真:54321122　　　　　　　　　　No.:20211105003

购货单位	冠业钢材有限公司		地址	××市××区新源街2号	客户电话	54311112
厂家	商品名称	规格型号	材质	单位	辅助计量		单价	金额	备注
					件数	吨数			
九江	高线	Φ8	HPB235	t	16	33.311	4 870	162 224.57	上车价(过磅)
合计金额(大写):壹拾陆万贰仟贰佰贰拾肆元伍角柒分 ￥ **162 224.57**									
注:A. 本提货单需加盖本单位公章,有效期为三天; B. 提货前请与仓库联系,以免放空。		敬告	A. 质量异议有效期,自提货日起七日内有效,逾期不予受理; B. 请妥善保管好样品、吊牌及标签; C. 撰写质量异议报告(批号、包装号、钢号、卷号等)。				

购货单位签章:

　　提货人:　　　　　提货车号:　　　　　承运人签收:　　　　　制单人:

本提货单一式四联,白联:存根;红蓝两联:保管;黄联:客户联。

图5-3　提货单2

作为东城仓库的仓管员在接到提货单后完成以下任务。

(1) 如何判断出库凭证内容完整无误？
(2) 如何进行货物的发货作业？

出库作业流程是出库工作顺利进行的基本保证，为防止出库工作失误，在进行出库时，需要严格执行规定的出库业务工作流程，使货物的出库作业有序进行。

一、出库前的准备

为保证货物能及时准确地发放，仓库管理人员应在货物出库的前一天，接到提货凭证后，按照流向整理和复审提货凭证，及时准确编制好有关班组的出库任务单、配车吨位、机械设备安排以及提货单等资料，分别送达相关工作人员，以便做好出库准备工作。

二、审核出库凭证

仓库接到出库凭证(仓单)后，仓库管理人员要对以下内容进行审核。
(1) 审核出库凭证的合法性、真实性、凭证日期，有无涂改与污损。
(2) 审核出库凭证手续是否齐全，内容是否完整。
(3) 核对出库货物的品名、型号、规格、单价、数量是否与库存货物相符。
(4) 核对收货单位、到货站、开户行和账号是否齐全和准确。
(5) 提货人身份核对、签章核对。

出库单通常一式四联，第一联存根，第二联保管员留存，第三联仓库记账，第四联提货人留存(随货同行)。

三、发货作业

根据出库业务流程，审核出库凭证之后，即开始按照出库单证所列项目将所拣取的货物按运输路线、自提或配送路线进行分类，再进行严格的出货检查，装入合适的容器或进行捆包，做好相应的标志，然后按车辆趟次或行车路线将商品运至发货区，最后装车发运，这一过程称为发货作业。

为了安全、准确、及时地做好货物出库工作，提高工作效率，在发货作业中主要做好以下几方面的工作。

1. 拣选作业

拣选作业是根据出库信息或订单，从储存场所拣出货物的作业。

2. 包装、刷唛

出库货物有的不需要包装，直接装运出库；有的则需要包装后才可装运出库。特别是发往外地的货物，为了适应安全要求，往往需要重新组装或加固原包装。在出库环节的包装，可分为个装、内装和外装三种形式。某些有特殊要求的货物，可能需要进行定牌包装甚至需要进行托盘包装。

刷唛即印刷唛头(运输包装标志)。唛头通常由一个简单的几何图形和一些字母、数字及简单的文字组成，其作用在于使货物在装卸、运输、保管过程中容易被有关人员识别，以防错发错运。唛头内容由买卖双方根据货物特点和具体要求商定，一般包括收货单位、收货人、到站、本品货物的总包装件数、批号、发货单位等。此外，有的唛头还包括原产地、合同号、许可证号和体积与重量等内容。字迹要清晰，书写要准确，并在相应位置上印刷或粘贴条码标签，重复利用的包装还应彻底清除原有标识，以免导致差错。

对于包装完毕的货物，仓库管理人员还要在其外包装上印刷或标打唛头，并根据需要在相应的位置印刷或粘贴条码。这些工作完毕后,就可以向接货人交货了。

3. 装载上车

装载上车是指车辆的配载。根据不同配送要求,在选择合适的车辆的基础上对车辆进行配载以达到提高车辆利用率的目的。

由于货物品种、特性各异,为提高配送效率,确保货物质量,首先必须对特性差异大的货物进行分类,并分别确定不同的运送方式和运输工具。特别要注意散发粉尘的货物不能与清洁货物混装;渗水货物不能与易受潮货物混合存放;另外为了减少或避免差错,也应尽量把外观相近、容易混淆的货物分开装载。

4. 点交

向接货人发货时,仓库管理人员应按出库凭证逐笔向接货人清点,然后将货物交给接货人。发货人在经过接货人认可后,在出库凭证上加盖"商品付讫"印戳,同时给接货人填发出门证,门卫按出门证核查无误后方可放行。

四、出库整理

1. 销账

当货物出库完毕后,仓管员应及时将货物从仓库保管账上核销,取下垛牌,以保证仓库账账相符、账卡相符、账实相符,并将留存的仓单(提货凭证)、其他单证、文件等存档。

2. 清理

货物出库后,仓库管理人员应对现场进行清理,包括清理库存商品、库房、场地、设备等。回收用过的苫垫材料,以待循环利用,同时保持仓库的整洁、干净。

五、退货处理

物流活动中尽可能避免退货,因为退货处理只会大幅度增加成本,减少利润。出现退货的原因一般包括货物有质量问题、搬运途中损坏、货物送错或过期等情况。常采取的退货处理方法有以下几种。

1. 无条件重新发货

对于因为发货人按订单发货发生错误,则应由发货人重新调整发货方案,将错发货物调回,重新按原正确订单发货,中间发生的所有费用应由发货人承担。

2. 货运部门赔偿

对于因为运输途中产品受到损坏而发生退货的,根据退货情况,由发货人确定所需的修理费用或赔偿金额,然后由货运部门负责赔偿。

3. 收取费用,重新发货

对于因为客户订货有误而发生退货的,退货所有费用由客户承担,退货后,再根据客户新的订货单重新发货。

4. 重新发货或替代

对于因为产品有缺陷,客户要求退货,仓库接到退货指示后,工作人员应安排车辆将没有缺陷的同种产品或替代品送交客户,并收回退货商品,将货物集中到仓库退货处理区进行处理。

5. 瑕疵品回收

对于变质、过期或者鼠虫咬坏的货物,以及搬运损坏无法回收的货物,有废物利用价值的,则当成废弃物回收,没有回收价值的,直接报废,同时在会计上登记相关费用;对于搬运损坏的货物,能够修复的修复,不能修复的当成废弃物回收,无回收利用价值的报废;对于部分损坏的,则将损坏部分处理,其余搬运入库。

项目检测

一、案例分析

专业、高效,九州通医药物流与武汉共渡难关

九州通医药集团股份有限公司(简称"九州通集团")旗下的九州通医药集团物流有限公司(简称"九州通医药物流")于2020年1月29日晚,接到武汉市新型冠状病毒感染肺炎防控指挥部(简称"防疫指挥部")的指令,协助武汉红十字会开展捐赠物资和药品的仓储管理工作。

九州通医药物流于2020年1月31日中午12点正式启用A2、A3馆,负责武汉红十字会捐赠物资的物流运营管理,所有产品的卸货由武汉城投负责,入库商品的分类堆码由九州通医药物流负责,商品质量和是否医用由武汉市场监督管理局派驻人员负责,产品数量由武汉市统计局派驻人员统计,待核验无误后,三方在入库单上签字确认。九州通医药物流应用自主研发的九州云仓管理软件进行商品货位库存管理,将药品、器械、重点器械产品类库存交武汉市卫健委,非药品类交武汉市发改委,进行货物的分配,九州通医药物流接受上述单位的调拨指令,在九州云仓系统中开具出库单并打印出库拣货单,现场拣选完成后,核减确认库存,将拣选商品按照配送单位投放出库暂存区,等待装车配送。在捐赠的物资和药品分类清晰、流向明确的前提下,九州通医药物流可以在"2个小时内,完成从入库到出库的全流程"。公司每天晚班人员会在24点进行扎账,对当天收发货完成的商品进行动销盘点,保证账务准确。

九州通集团是中国最大的民营医药商业流通企业,在全国31个省会城市、100多个地级市设有分、子公司,并建有230多万平方米的符合国家GSP标准的现代医药物流设施,拥有各种配送车辆1 700多辆,是目前中国拥有最大规模医药物流设施的公司。并且,九州通集团拥有全国领先的医药物流云仓管理系统,可实现医药物资的全国调度和实时监控。九州通集团在本次疫情中,不放假、不休息,有力地保障了武汉乃至全国的各种防疫物资和药品的供应工作,得到了各地政府的充分认可。

请回答下列问题。

1. 九州通医药物流通过哪些措施做到"2个小时内,完成从入库到出库的全流程"?
2. 九州通医药物流接受上级单位的调拨指令后,如何进行出库作业?

二、问答题

1. 货物出库的要求有哪些?
2. 出库准备主要做好哪几方面的工作?
3. 简述出库作业的流程。
4. 出库凭证的审核内容是哪些?
5. 如何理解先进先出?

项目五 出库作业试题

项目六

仓储成本与绩效管理

知识目标

1. 能说明仓储成本的构成,掌握降低仓储成本的措施。
2. 能认识仓储绩效评价的意义,掌握仓储绩效评价的主要指标体系。

技能目标

1. 会合理分析仓储收入与成本之间的关系,利于企业经营目标实现。
2. 会根据仓储绩效评价需要,选择适当的评价方法与指标,并提出合理化建议。

任务一 仓储成本管理

某公司 2020 年和 2021 年的仓储成本如表 6-1 所示。

仓储成本核算与控制

表 6-1 某公司 2020 年和 2021 年的仓储成本

仓储成本项目	2020 年实际额/万元	2021 年计划额/万元	2021 年实际额/万元
资金占用成本	9 046	8 000	9 356
仓储维护成本	221 340	210 000	198 629
仓储运作成本	146 712	135 000	117 728
物品损耗成本	15 835	14 000	11 817
仓储持有成本小计	392 933	367 000	337 530
订货成本	22 750	22 000	24 728
缺货成本	4 640	3 000	2 200
在途库存持有成本	2 100	2 000	492
合　计	422 423	394 000	364 950

请完成以下任务。

(1) 进行 2020 年、2021 年该企业仓储成本的结构变动分析。

(2) 进行 2021 年该企业仓储成本的计划完成情况分析。

一、仓储成本的含义与构成

仓储成本(warehousing cost)是指仓储企业在储存物品过程中,装卸搬运、存储保管、流通加工、收发物品等各个环节和建造、购置仓库等设施设备所消耗的人力、物力、财力及风险成本的总和。

本书不研究随存货水平变动而变动的库存持有成本。所指仓储成本是各类仓储作业带来的活劳动或物化劳动的消耗,主要包括以下几类。

1. 固定资产折旧

固定资产折旧主要包括库房、堆场等基础设施建设的折旧、仓储设施设备的折旧。仓储企业可依自己业务特点和策略,选择适宜的折旧方法,如平均年限折旧法、工作量折旧法、加速折旧法等。

2. 工资和福利费

工资包括仓储企业内部各类人员的工资、奖金和各种补贴,以及由企业缴纳的住房公积金、医疗保险、退休基金等。福利费可按实发工资的一定标准计算提取。计提的工资和福利费都要计入当期的仓储成本。其中仓储管理人员的工资和福利费列入管理费用,属于固定成本;一般人员的工资和福利费是直接人工费,属于变动成本。

3. 能源、水费、耗损材料费

这些费用包括动力、电力、燃料、加工耗材等,具体有仓库用水、装卸搬运使用工具、索具、绑扎、衬垫、苫盖材料的消耗等。

4. 设备维修费

设备维修费主要用于设备、设施和运输工具的定期大修理,每年可以按设备、设施和运输工具投资额的一定比率提取。

5. 管理费用

管理费用是指仓储企业为组织和管理仓储生产经营所发生的费用。包括行政办公费、公司经费、工会经费、职工教育经费、劳动保险费、待业保险费、咨询费、审计费、排污费、绿化费、土地使用费、业务招待费、坏账损失、存货盘亏、毁损和报废(减盘盈),以及其他管理费用。

6. 财务费用

财务费用是指仓储企业为筹集资金而发生的各项费用。包括仓储企业作业经营期间发生的利息支出、汇兑净损失、调剂外汇手续费、金融机构手续费以及筹资发生的其他财务费用。

7. 销售费用

销售费用包括企业宣传、业务广告、仓储促销、交易等经营活动的费用支出。

8. 保险费

保险费是仓储企业对意外事故或者自然灾害造成仓储物品损害所要承担的赔偿责任进行保险所支付的费用。一般来说,如事先没有协议,仓储物品的财产险由存货人承担,仓储保管人仅承担责任险投保。

9. 外协费

外协费是仓储企业在提供仓储服务时由其他企业提供服务所支付的费用。

10. 税费

由仓储企业承担的税费也可看作费用支出。包括仓储增值税或企业所得税在仓储中的分摊,以及仓库场地的房地产税。

二、仓储收入与成本分析

利润＝收入－成本,收入与成本的分析有利于挖掘仓储潜力、推动仓储技术革新,为仓储设施设备改造和提高管理水平提供依据,最终提高经济效益。

1. 仓储收入分析

仓储收入项目见表 6-2。

表 6-2　仓储收入项目

序号	收入项目	解　释
1	货物进出库的装卸费	根据装卸货物的数量(吨数或件数)、所使用的装卸机械设备使用费,以及考虑货物的装卸难易程度确定
2	货物存储费	一般根据货物储存的数量、体积、时间、货物的价值及保值的要求等因素确定
3	货物加工费与代办费	对货物进行挑选、整理、包装、贴标签等加工费应根据不同的规格要求确定其收费标准。可从事的加工业务:货物的分拣、整理、修补、包装、成组、熏蒸、代验、计量、刷唛、更换商品包装、货物的简单装配等;对客户代办业务包括代收发货、代办保险、代办运输等
4	集装箱辅助作业费	包括拆装箱费、存箱费、洗箱费及集装箱修理费等,还包括仓储企业自有集装箱供用户租用所收取的租金
5	其他收入	除以上收入以外的收入。例如,拥有铁路专用线或码头的仓储企业可收取用户使用这些设施的使用费,或将富余的或暂时闲置的仓库设施,甚至库房、技术条件租赁给用户并收取租金等

仓储收入通常会综合运用仓储费率来计算,仓储费率由存储费率、进出库装卸搬运费率、其他劳务费率构成。

存储费率一般以每吨天为单位,计费吨可分为重量吨、体积吨。存储费的收计天数从货物进仓之日起至货物出库的前一天为止。

装卸搬运费率包括设备使用费率和劳动力费率。计费项目包括:进出库场货物的装卸、搬运、过磅、点数、堆码、拆垛、拼垛等方面的设备使用费、修理费、折旧费和人工费用等。

其他劳务费率是保管的货物按货主要求进行的加工费率,其费率可以根据加工项目、数量以及加工等难易程度确定费率,有些特殊的加工,其费率还可采取协议方式确定。

仓储企业收取各种费用并及时结算是加速资金周转,提高资金使用效率的一个重要途径。

2. 仓储成本分析

仓储成本按性质可分为固定成本、变动成本。前者主要包括保险、大修理提存、固定资产折旧或长期租赁费用、固定工资及附加费等。后者主要包括保费、加班费、苫垫物料费用、设备运转费用(燃料、材料消耗、维修)等。

固定成本是指仓储作业过程中,在一定时间内不会随着仓库储存量的大小、仓库空间利用率的高低变化而变化的成本。对固定成本的分析要求：仓储企业必须有足够多的储存量(较高货位利用率)用来分摊固定成本。合理规划仓储空间,提高设备完好率,减少非生产人员,可有效地降低固定成本。

变动成本是指仓储作业过程中,在一定时间内随着仓库储存量的增加或减少而成正比例变化的成本,它是与业务量大小直接有关的成本,即随着储存量的变化而发生变化的成本。对变动成本的分析要求：需要加强管理,合理选择备货方式,合理选择流通加工的方式,做好商品养护工作,提高装卸搬运灵活性,提高劳动效率,提高仓储服务质量,降低机具物料的损耗和燃料的消耗,以有效地降低变动成本。

三、降低仓储成本的措施

仓储成本与物流成本的其他构成要素,如运输成本、服务质量和水平之间存在二律背反,因此降低仓储成本要在保证物流总成本最低和不降低企业总体服务质量和目标水平的前提下进行,常见措施有以下几种。

1. 采用"先进先出"方式,减少仓储物的保管风险

"先进先出"是储存管理的准则之一,能保证每件被储物的储存期不至过长。有效的方式主要有以下三种。

(1) 贯通式(重力式)货架系统。从货架一端存入物品,另一端取出物品,物品在通道中自行按先后顺序排队,不会出现越位等现象。

(2) "双仓法"储存。给每种被储物都准备两个仓位或货位,轮换进行存取,再配以必须在一个货位中出清后才可以补充的规定,则可以保证实现先进先出。

(3) 计算机存取系统。在存货时向计算机输入时间记录,编写一个简单的按时间顺序输出的程序,取货时计算机就能按时间给予指示,保证先进先出。这种计算机存取系统还能在保证一定先进先出的前提下,将周转快的物资随机存放在便于存储之处,以加快周转,减少劳动消耗。

2. 提高储存密度,提高仓容利用率

其主要目的是提高单位存储面积的利用率,以降低成本、减少土地占用。有效的方式主要有以下三种。

(1) 采取高垛的方法,增加储存高度。具体方法有采用高层货架仓库、集装箱等,这些方法比一般堆存方法能大大增加储存高度。

(2) 缩小库内通道宽度以增加储存有效面积。采用窄巷道式通道,配以轨道式装卸车辆,以减少车辆运行宽度要求,采用侧叉车、推拉式叉车,以减少叉车转弯所需的宽度。

(3) 减少库内通道数量以增加有效储存面积。采用密集型货架、不依靠通道可进车的可卸式货架、各种贯通式货架、不依靠通道的桥式起重机装卸技术等。

3. 采用有效的储存定位系统,提高仓储作业效率

储存定位系统能大大节约寻找、存放、取出的时间,节约不少物化劳动及活劳动,而且能防止差错,便于清点及实行订货点等管理方式。有效的方式主要有以下两种。

(1) "四号定位"方式。用一组四位数字来确定存取位置的固定货位方法。这四个号码是库号、架号、层号、位号。每一个货位都有一个组号,可对仓库存货区事先作出规划,

并能很快地存取货物,有利于提高速度,减少差错。

(2)电子计算机定位系统。利用其储存容量大、检索迅速的优势,入库时,将存放货位输入计算机,出库时向计算机发出指令,并按计算机的指示人工或自动寻址,找到存放货,拣选取货。

4. 采用有效的监测清点方式,提高仓储作业的准确程度

及时且准确地掌握实际储存情况,经常与账卡核对,确保仓储物资的完好无损,是人工管理或计算机管理都必不可少的。

(1)"五五化"堆码。储存物堆垛时,以"五"为基本计数单位,堆成总量为"五"的倍数的垛形,有经验者可过目成数,大大加快了人工点数的速度,而且很少出现差错。

(2)光电识别系统。在货位上设置光电识别装置,对被存物的条码或其他识别装置(如芯片等)扫描,并将准确数目自动显示出来,不需人工清点就能准确掌握库存的实有数量。

(3)电子计算机监控系统。用电子计算机指示存取,可避免人工存取容易出现差错的弊端。

5. 加速周转,提高单位仓容产出

现代储存是将静态储存变为动态储存。周转速度快的好处:资金周转快,资本效益高,货损货差小,仓库吞吐能力增加,成本下降等。如采用单元集装存储,建立快速分拣系统,都有利于实现快进快出,大进大出。

6. 采取多种经营,盘活资产

仓储设施和设备的巨大投入,只有在充分利用的情况下才能获得收益,如果不能投入使用或只是低效率使用,只会造成成本的加大。仓储企业应及时决策,采取出租、借用、出售等多种经营方式盘活这些资产,提高资产设备的利用率。

7. 加强劳动管理

工资是仓储成本的重要组成部分,劳动力的合理使用,是控制人员工资的基本原则。对劳动进行有效管理,避免人浮于事,出工不出力或者效率低下,这些也是成本管理的重要方面。

8. 降低经营管理成本

经营管理成本是企业经营活动和管理活动的费用和成本支出,包括管理费、业务费、交易成本等。加强该类成本管理,减少不必要支出,也能实现成本降低。

任务二　仓储绩效管理

任务导入

一仓库使用面积为 5 500 m²,有效面积为 3 000 m²。某年,平均库存额为 3 000 万元,出库额为 15 000 万元,存货货物完好额为 2 700 万元,出库差错额为 300 万元。请完成以下任务。

(1)计算仓库有效面积利用率、年货物周转次数、年存货完好率、年出库差错率等指标。

(2)结合计算出的指标,评价该仓库绩效,并提出建议。

绩效是指为了实现经营的整体目标及部门的工作目标而必须达到的经营成果。

一、仓储绩效评价的含义与方法

(一) 含义

仓储绩效评价是指仓储企业在一定的经营期间内利用相关指标对经营效益和经营业绩以及服务水平进行考核,以加强仓储管理工作、提高管理的业务和技术水平的一种经济分析活动。

(二) 方法

1. 对比分析法

对比分析法是将两个或两个以上有内在联系的、可比的指标(或数量)进行对比分析,从而认识仓储企业的现状及其发展规律的一种分析方法。这是使用最普遍、最简单和最有效的方法。运用对比分析法对指标进行对比分析时,一般都应首先选定对比标志来衡量指标的完成程度。根据分析问题的需要,主要有计划完成情况的对比分析、纵向动态对比分析、横向类比分析、结构对比分析等几种方法。

2. 因素分析法

因素分析法是分析影响指标变化的各个因素以及它们各自对指标的影响程度。做法是假定影响指标变化的诸因素中,在分析某一因素变动对总指标变动的影响时,假定只有这一个因素在变动,而其余因素都必须是同度量因素(即固定因素),然后逐个进行替代某一项因素单独变化,从而得到每项因素对该指标的影响程度。

3. 价值分析法

价值分析法是指通过综合分析系统的功能与成本的相互关系,寻求系统整体最优化途径的一项技术经济分析方法。这种方法是降低成本分析中比较有效的一种分析方法。采用价值分析的方法主要是通过对功能和成本的分析,力图以最低的寿命周期成本可靠地实现系统的必要功能。

(三) 步骤

仓储绩效评价步骤如图 6-1 所示。

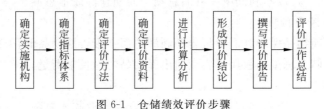

图 6-1 仓储绩效评价步骤

二、仓储绩效评价指标

(一) 反映仓储作业效率的指标

1. 物品吞吐量

物品吞吐量也叫物品周转量,即一定时期内入库和出库的仓储物品总量,用以衡量仓库生产规模大小,常以吨数表示。计算公式为

物品吞吐量＝一定时期内入库总量＋同期出库总量＋物品直拨量

2. 库存物品周转次数(率)

仓库的储存物品应在保证供应需求的前提下,尽量降低库存量,加快物品周转速度,提高资金和仓储效率。库存物品周转次数(率)可用周转次数、周转天数两个指标表示。

$$物品周转次数 = 年发货总量 \div 年货物平均储存量$$

$$物品周转天数 = 360 \div 物品周转次数$$

3. 全员劳动效率

全员劳动效率一般以年为单位,计算公式为

$$全员劳动效率 = 仓库全年吞吐量 \div 年平均员工人数$$

4. 平均收发货率

平均收发货率是指仓库收发每笔物品(每张出入库单据上的物品)平均所用时间,收发时间总和一般按天计算。其计算公式为

$$平均收发货率 = 收发时间总和 \div 收发货总笔数$$

5. 物品及时验收率

物品及时验收率表明仓库按规定时限执行验收物品的情况。其计算公式为

$$物品及时验收率 = 一定时期内及时验收笔数 \div 同期收货总笔数$$

(二) 反映仓储作业效益的指标

1. 利润总额

$$利润总额 = 报告期仓库总收入额 - 同期仓库总支出额$$

2. 资金利润率

资金利润率反映资金利用效果指标。

$$资金利润 = 利润总额 \div (固定资产平均占用额 + 流动资产平均占用额)$$

3. 成本利润率

成本利润率反映成本支出的获利程度。

$$成本利润率 = 利润总额 \div 同期仓储成本总额$$

4. 每吨物品保管利润

$$每吨物品保管利润 = 报告期利润总额 \div 报告期物品储存总量$$

报告期物品储存总量一般用报告期间出库物品的总量来衡量。

5. 收入利润率

$$收入利润率 = 利润总额 \div 仓库营业收入总额$$

(三) 反映仓库设施设备利用程度的指标

1. 仓库单位面积储存量

仓库单位面积储存量反映了仓库平面利用效率。

$$仓库单位面积储存量 = 日平均储存量 \div 仓库或货场使用面积$$

2. 仓库容积利用率

仓库容积利用率是衡量和考核仓库利用程度的指标。

$$仓库容积利用率 = 库存商品实际数量或容积 \div 仓库应存数量或容积$$

3. 设备利用率

设备利用率是考核运输、装卸搬运、加工、分拣等设备利用程度的指标,设备利用率越大,说明设备的利用程度越高,计算公式为

设备利用率＝全部设备实际工作时数÷同期设备日历工作时数×100％

（四）反映仓储作业消耗的指标

1. 材料、燃料和动力消耗指标

这类指标有多种,由于仓储企业设备不同,也就没有统一标准,各企业考核评价时,大多与企业同期相比较。常见的有机械设备耗油量、一定时期用电量、苫垫物料年消耗量、苫垫物料重复使用率、月摊销额等。

2. 平均储存费用

平均储存费用指保管每吨物品单位时间所需要的费用开支。时间长度可以是年、季、月、旬等。

平均储存费用＝储存费用总额÷同期平均储存量

（五）反映仓储作业质量的指标

1. 货损货差率

货损货差率＝收发货累计差错笔数÷收发货累计总笔数

2. 设备完好率

设备完好率＝设备完好台时数÷设备总台时数

3. 保管损耗率

保管损耗率＝物品损耗量÷同期物品库存总量

或者

保管损耗率＝物品损耗额÷物品保管总额

4. 账物差异率

账物差异率＝账物相符件数÷账面物品总数量

5. 收发货差错率

收发货差错率＝账货差错件数(重量)÷期内储存总件数(重量)

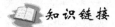

仓储服务评价指标（《仓储服务质量要求》(GB/T 21071—2007)）

序号	仓储服务评价指标	要 求
1	出库差错率＝累计差错件数÷发货总件数×100％	应≤0.1％
2	责任货损率＝期内残损件数÷期内库存总件数×100％	应≤0.05％
3	账货相符率＝账货相符的笔数÷储存物品总笔数×100％ [同一品种、规格(批次)为一笔]	应≥99.5％
4	订单按时完成率＝按时完成订单数÷订单总数×100％	应≥95％
5	单据与信息传递准确率＝传递准确次数÷传递总次数×100％	应≥99.5％
6	数据与信息传输准时率＝传输准时次数÷传输总次数×100％	应≥99％
7	有效投诉率＝有效投诉涉及订单数÷订单总数×100％ (有效投诉是指因仓储服务商引起,经查证确属仓储服务商过失的客户投诉)	应≤0.8％

项目检测

一、案例分析

月山啤酒集团的仓储管理

月山啤酒集团在几年前就借鉴国内外物流公司的先进经验,结合自身优势,制订了自己的仓储物流改革方案。

首先,成立了仓储调度中心,对全国市场区域的仓储活动进行重新规划,对产品的仓储、转库实行统一管理和控制。由提供单一的仓储服务,到对产成品的市场区域分布、流通时间等全面的调整、平衡和控制,仓储调度成为销售过程中降低成本、增加效益的重要一环。

其次,以原运输公司为基础,月山啤酒集团注册成立具有独立法人资格的物流有限公司,引进现代物流理念和技术,并完全按照市场机制运作。作为提供运输服务的"卖方",物流公司能够确保按规定要求,以最短的时间、最少的投入和最经济的运送方式,将产品送至目的地。

最后,筹建了月山啤酒集团技术中心。月山啤酒集团应用建立在 Internet 信息传输基础上的 ERP 系统,筹建了月山啤酒集团技术中心,将物流、信息流、资金流全面统一在计算机网络的智能化管理之下,建立起各分公司与总公司之间的快速信息通道,及时掌握各地最新的市场库存、货物和资金流动情况,为制定市场策略提供准确的依据,并且简化了业务运行程序,提高了销售系统工作效率,增强了企业的应变能力。

通过这一系列的改革,月山啤酒集团获得了可观的直接和间接经济效益。首先是集团的仓库面积由7万多平方米下降到不足3万平方米,产成品平均库存量由12 000t降到6 000t。其次,这个产品物流体系实现了环环相扣,销售部门根据各地销售网络的要货计划和市场预测,制订销售计划,仓储部门根据销售计划和库存及时向生产企业传递要货信息;生产厂家有针对性地组织生产,物流公司则及时地调度运力,确保交货质量和交货期。最后,销售代理商在有了稳定的货源供应后,可以从人、财、物等方面进一步降低销售成本,增加效益。经过一年多的运转,月山啤酒集团取得了阶段性成果。实践证明,现代物流管理体系的建立,使月山啤酒集团的整体营销水平和市场竞争能力大大提高。

请回答下列问题。

1. 结合案例分析仓储成本分析的意义所在。
2. 分析月山啤酒集团是如何控制仓储成本的。
3. 分析月山啤酒集团是怎样通过控制仓储成本,获得经济效益的。

二、问答题

1. 仓储成本的构成是怎样的?
2. 仓储收入与成本的分析有何意义?
3. 控制仓储成本的措施有哪些?
4. 简述仓储绩效评价的指标体系。

项目六　仓储成本与绩效管理试题

项目七

仓 库 规 划

知识目标

1. 能阐述仓库选址的原则、考虑因素与步骤。
2. 能说明仓库总体规划涉及的主要内容。

技能目标

1. 会运用重心法对单一仓库的选址进行分析,并形成选址报告。
2. 会运用仓库总体规划的相关知识,简单评价现实仓储企业的规划。
3. 会根据实情分析并提出提高仓库储存能力的建议。

任务一 仓库选址

任务导入

某物流公司拟建一仓库,负责向四个工厂提供物料,各工厂的具体位置与年物料需求量如表 7-1 所示。假设拟建的仓库对各工厂的单位运输成本相等,请为该物流公司确定拟建仓库的具体位置。

表 7-1 四个工厂位置坐标与物料需求量

工 厂	P_1	P_2	P_3	P_4
工厂位置坐标/km	(20,70)	(60,60)	(20,20)	(50,20)
年需求量/t	2 000	1 200	1 000	2 500

仓库的选址在整个物流系统中占据非常重要的地位,属于战略层面研究的问题。合理的选址可使商品通过仓库的汇集、中转、分发,达到需求点的全过程的效益最好。

一、仓库选址的含义

仓库选址是指在一个具有若干供应点及若干需求点的经济区域内,选一个地址建立仓库的规划过程。主要需确定以下三个问题:仓库的位置、仓库的数量、仓库的规模。仓库位置直接决定建设成本与物流成本的高低,而仓库数量与规模之间通常存在密切联系,如图 7-1 和图 7-2 所示。

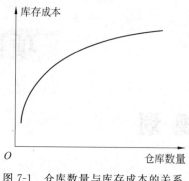

图 7-1　仓库数量与库存成本的关系

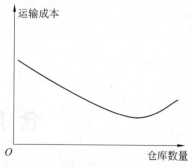

图 7-2　仓库数量与运输成本的关系

图 7-1 表明：仓库数量增多,会引起库存成本增加。所以,减少仓库数量、扩大仓库规模是降低库存成本的一个措施。这也是如今大量修建物流园、物流中心,实现规模化物流活动的原因。

图 7-2 表明：随着仓库数量增加,运输距离缩小,但仓库数量到一定量时,由于单个订单的数量过小,增加运输频次而造成运输成本增加。

仓库选址一般要遵循的原则如图 7-3 所示。

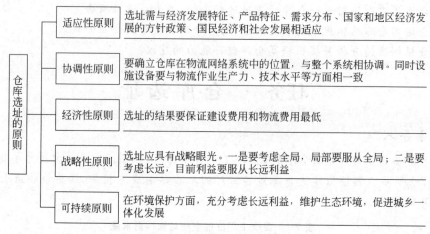

图 7-3　仓库选址的原则

二、仓库选址所考虑的因素

仓库选址时要列出其选址规划的要点,而规划要点的研究,一般从仓库有关的外部因素和内部因素两个方面考虑,具体见图 7-4。

在此基础上的选址步骤如图 7-5 所示。首先对物流系统的现状进行分析,制订物流系统的基本计划,确定需要了解的限制条件,这样可以大大缩小选址的范围。之后对所取得的资料进行充分的整理和分析,考虑影响选址的各种因素,并根据约束条件及目标函数建立数学公式,从中寻求费用最小的方案,这样就可以初步确定选址范围,即确定备选地址。有了备选地址,就要综合市场适应性、土地条件、服务质量等因素对备选地址进行评

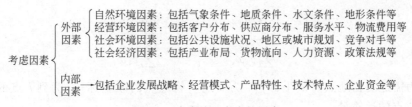

图 7-4 仓库选址考虑的因素

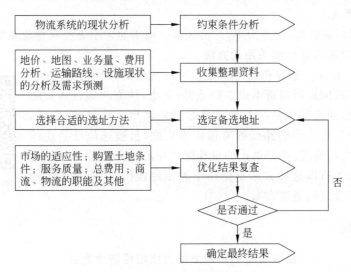

图 7-5 仓库选址步骤

价,看是否具有现实意义及可行性,即对计算结果进行复查。如果复查发现原分析结果不适用,则返回备选地址筛选阶段重新进行分析,直至得到最终结果为止;如果复查通过,则原计算结果为最终结果。

三、仓库选址的方法

影响仓库选址的因素很多,关系非常复杂,这就必须要运用合适的方法进行仔细评估。近年来,各种不同的选址方法层出不穷,特别是计算机的广泛应用,促进了选址问题的研究,为不同方案的可行性分析提供了强有力的手段。但不同方法体现实际情况的程度、计算的速度和难度、得出最优解的能力各不相同。

选址类型可分为单一仓库的选址和多个仓库的选址。下面介绍简单、实用的单一仓库选址的重心法。此方法是研究单个物流仓库选址的常用方法,这种方法将物流系统中的需求点和资源点看成是分布在某一平面范围内的物流系统,各点的需求量和资源量分别看成是物体的重量,物体系统的重心作为物流网点的最佳设置点。

1. 重心法原理

重心法首先要在坐标系中标出各个地点的位置,目的在于确定各点的相对距离,坐标系可以随便建立。然后,根据各点在坐标系中的横纵坐标值求出配送成本最低的位置坐标(X_0, Y_0),即为物流配送中心初始选址坐标。重心法使用的公式为

$$X_0 = \frac{\sum_{i=1}^{n} c_i w_i x_i}{\sum_{i=1}^{n} c_i w_i}, \quad Y_0 = \frac{\sum_{i=1}^{n} c_i w_i y_i}{\sum_{i=1}^{n} c_i w_i}$$

式中，x_i 为需送货物地点的横坐标；y_i 为需送货物地点的纵坐标；c_i 为到 i 点的运输费率；w_i 为 i 点的运输量。

为了使计算更加准确，通常采用迭代法进行计算，直至求出最优解为止。

2. 重心法优缺点

优点：数据容易收集，计算简单，容易理解。由于通常不需要对物流系统进行整体评估，所以在单一设施选址时常采用此方法。

缺点：首先，此法一般是根据可变成本进行选址的，没有区分在不同地点物流仓库或网点所需资本成本的差异；其次，该方法假设运费随距离呈线性变化，而实际生活中运费常常是随距离增大而递减；另外，仓库和其他网络节点之间的路线通常假定为直线，且被选地址是连续的，这都不符合实际情况，例如选出的最佳配送中心地点可能正好坐落在一个湖的中央。所以这种方法不是用于确定最佳位置，而是更多地用于剔除一些不合适的备选方案。

仓库选址重心法

知识链接

我国物流枢纽网络助力枢纽经济大发展

2019 年我国新设立 6 个自由贸易试验区，长三角区域一体化、粤港澳大湾区、西部陆海新通道等重大战略规划出台，区域协调发展新格局正在形成，也对物流基础设施网络升级更替提出了新要求。

目前，我国综合交通运输体系初具规模，高速铁路、高速公路里程数以及港口万吨级泊位数等指标均位居世界第一，机场数量和管道里程居于世界前列，"五纵五横"综合运输大通道基本贯通。2019 年全年完成交通固定资产投资 3.2 万亿元，新增铁路 8 000km、公路 33 万千米、高等级航道 385km、民用运输机场 5 个。据中国物流与采购联合会调查统计，我国规模以上物流园区超过 1 600 个，还有大量的物流中心、分拨中心和末端配送网络。物流枢纽凭借区位、产业、金融、信息等多方资源优势，与区域产业联动融合日益深化。

按照国家有关部门规划，到 2025 年计划布局建设 150 个左右国家物流枢纽，打造"通道＋枢纽＋网络"的现代物流运行体系。围绕城市群和城市圈建设，构建适应城市发展需要、沟通城乡、满足人民生活需要的城乡物流运行体系。2019 年，国家发改委和交通运输部首次确定 23 家国家物流枢纽建设名单，物流枢纽网络建设进入实质性推进阶段。

任务二　仓库总体规划

任务导入

走访调研当地的一家仓储企业，完成以下任务。

(1) 画出该仓储企业的仓库总体平面布局简图。
(2) 该仓储企业的库房、货棚、货场是如何设计的。
(3) 该仓储企业的仓库规划存在什么问题,提出解决建议。

一、仓库总体布局

(一) 仓库总体布局的含义

仓库总体布局是指根据仓库总体设计要求,对一个仓库的生产作业区、辅助生产区和行政生活区等场所,在规定范围内,进行平面和立体的全面统筹规划、合理安排,最大限度地提高仓库的整体效益。某仓库总体平面布局示例如图7-6所示。仓库的立体规划则指仓库建筑物高度的规划。

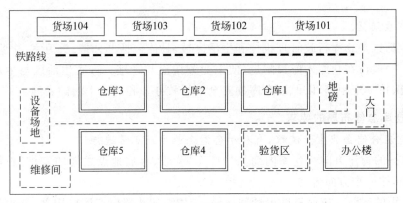

图7-6 仓库总体平面布局示例

1. 生产作业区

仓库的主体部分是储运活动的场所,主要包括储货区、铁路专用线、道路、装卸台等。

储货区是储存保管、收发整理商品的场所,是生产作业区的主体区域,具体分为库房、货棚、货场。储货区主要由保管区和非保管区两大部分组成。保管区主要用于储存商品,非保管区主要包括各种装卸设备通道、待检区、收发作业区、货物集结区等。各组成部分的构成比例通常为储存区面积占总面积的40%~50%、通道占8%~12%、待检区及出入库收发作业区占20%~30%、集结区占10%~15%、待处理区和不合格品隔离区占5%~10%。

铁路专用线、道路是库内外的商品运输通道。商品的进出库和库内商品的搬运都通过这些运输线路进行。专用线应与库内道路相通,保证畅通。道路分为主干道、次干道、人行道和消防道等。主干道采用宽度在6~7m的双车道;次干道为3~3.5m的单车道;消防道的宽度不少于6m,布局在库内的外周边。

装卸站台是卡车装卸商品的平台,也称月台,其高度和宽度应根据运输工具和作业方式而定。一般汽车站台高出路面0.9~1.4m,宽度不少于2m;铁路站台高出轨面1.12m,宽度不少于3m;另外还有可升降站台,见图7-7和图7-8。

2. 辅助生产区

辅助生产区是为仓储业务提供各项服务的设备维修车间、车库、工具设备库、油库、变电室等。

图 7-7 升降站台

图 7-8 卡车升降尾板

3. 行政生活区

行政生活区是仓库行政管理机构和生活区域,具体包括办公楼、警卫室、化验室、宿舍和食堂等。一般设在仓库入库口附近,便于业务接洽和管理。行政生活区与生产作业区应分开,并保持一定距离,以保证仓库的安全及行政办公和居民生活的安静。

(二)仓库总体布局的要求

1. 要适应仓储企业生产流程,有利于仓储企业生产正常进行

(1)单一的物流方向。仓库内商品的卸车、验收、存放地点之间的安排,必须适应仓储生产流程,按一个方向流动。

(2)最短的运距。应尽量减少迂回运输,专用线的布置应在库区中部,并根据作业方式、仓储商品品种、地理条件等,合理安排库房、专用线与主干道的对应。

(3)最少的装卸环节。减少在库商品的装卸搬运次数和环节,商品的卸车、验收、堆码作业最好一次完成。

(4)最大的利用空间。仓库总平面布置是立体设计,应有利于商品的合理存储和充分利用库容。

2. 有利于提高仓储经济效益

(1)要因地制宜,充分考虑地形、地质条件,满足商品运输和存放上的要求,并能保证仓库的充分利用。

(2)布置应与竖向布置相适应。所谓竖向布置,是指建立场地平面布局中每个因素,如库房、货场、转运线、道路、排水、供电、站台等,在地面标高线上的相互位置。

(3)总平面布置应能充分、合理地使用机械化设备。我国目前普遍使用的是门式、桥式起重机这类固定设备,合理配置这类设备的数量和位置,并注意与其他设备的配套,便于开展机械化作业。

3. 有利于保证安全生产和文明生产

(1)库内各区域间、各建筑间应根据"建筑设计防火规范"的有关规定,留有一定的防火间距,并设有防火、防盗等安全设施。

(2)总平面布局应符合卫生和环境要求,既满足库房的通风、日照等要求,又要考虑环境绿化、文明生产,有利于职工身体健康。

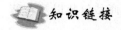

传统仓、电商仓的区别和云仓的发展

1. 传统仓与电商仓的区别

（1）仓储品类不同。传统仓储存的货物品类相对单一，而电商仓则是多品类的集中。它可以通过订单管理和机器、自动或人工拣选，形成最终包裹。

（2）管理方式与要求不同。传统仓的管控主要集中于库内的安全和库存的数量，而电商仓的管理方式和要求则要比传统仓精细很多，除了必须满足的库内安全和库存数量，电商仓更讲求仓内作业的时效以及精细化管理。

（3）装备与技术不同。和传统仓不同，电商仓由于其发货特点是多批次小批量，所以为了保证其整体的正确率，需要通过软件系统和硬件装备共同完成。软件方面，WMS仓储管理系统以及RFID的条码信息化处理；硬件方面，自动分拣机、巷道堆垛起重机等一系列自动化设备，都是电商仓的差异化优势。

2. 云仓的发展

什么是云仓？实际上云仓也是物流仓储的一种，云仓中"云"的概念来源于云计算，是利用云计算及现代管理方式，依托仓储设施进行货物流通的全新物流仓储体系产品。云仓与传统仓、电商仓相比，主要区别在于仓内作业的高时效及精细化管理，还有自动化装备和先进的信息化系统的使用。

例如，京东云仓是以整合共享为基础，系统和数据产品服务为核心，输出技术、标准和品牌，赋能商家，赋能合作伙伴，建设物流和商流相融合的云物流基础设施平台。据悉，京东云仓的作业流程中入库与出库速度非常快，而且准确率高达100%。如出库作业从接到订单，到拣货，到出库，基本只需要10min，并且每一步都在后台系统有显示，为消费者提供极佳的购物体验。

二、仓库储存能力的设计

仓库储存能力可用仓容定额表示，仓容定额是指仓库有效面积和单位面积储存量的乘积，即仓库的容量，其由仓库的面积与高度或载重量所构成，此值越大，仓库存放商品的能力越高。

（1）仓库建筑面积是指仓库内所有建筑物所占平面面积之和。

（2）仓库占地面积是指从仓库外墙线算起，整个围墙内所占的全部面积。

（3）仓库使用面积是指仓库可以用来存放商品所实有的面积之和，即包括库房、货棚、货场的使用面积之和。

（4）仓库有效面积是指在库房、货棚、货场内计划用来存放商品的面积之和，即使用面积减去必要的通道、垛距、墙距及进行验收、备料的区域等面积后所剩余的面积。

（5）单位面储存量是指在一定条件下库房或货场单位面积可以储存商品的最高数量，是每平方米储存面积的储存量标准。

决定仓容定额大小的主要因素是地坪承载能力和商品的允许堆放高度。地坪承载能力是库房或货场单位面积允许堆放商品的最大重量，地坪承载能力越大，单位面积可以储存的商品就越多。影响商品的允许堆放高度的主要因素有商品性能、商品包装以及仓储设备类型等。

提高仓容的主要途径有以下三种。

(1) 合理规划布局,扩大仓库有效面积。如尽量将非储存空间设置在角落、减少通道数量及所占面积、紧凑布局货位等。

(2) 向上发展,做到重容结合。结合商品性能、包装,根据可利用的库房高度与地坪载重量,做到重容结合。还可多利用货架,如驶入、驶出式货架可堆高 10m 以上,窄道式货架可堆高 15m 左右。

(3) 调整储存条件,提高仓容使用效能。按分区管理、分类存放原则,合理调整存放地点,使储存条件与商品性能相适应,提高仓容使用效能。

三、仓库结构的设计

(一) 仓库结构设计考虑的因素

仓库结构对实现仓库功能起着很重要的作用。因此,仓库结构的设计应考虑以下几个方面。

1. 平房建筑和多层建筑

仓库的结构,从出入库作业的合理化方面考虑,尽可能采用平房建筑。但城市昂贵的地价往往使之选择建设多层仓库,此时要特别重视对上下楼通道的设计,载货电梯的数量、体积、载重等是设计重点,否则易成为货物流转中的瓶颈。

2. 仓库出入口和通道

仓库出入口的位置和数量是由建筑的开间长度、进深长度、库内货物堆码形式、建筑物主体结构、出入库次数等因素决定。出入库口尺寸的大小是由卡车、叉车及保管的货物尺寸大小决定。载货汽车的仓库出入口,要求宽度与高度最低为 4m;叉车的仓库出入口,要求宽度与高度最低为 2.5m。

通道是保证库内作业顺畅的基本条件,通道应延伸至每一个货位,使每一个货位都可以直接进行作业,通道需要路面平整和平直,减少转弯和交叉。卡车的作业通道宽度应大于 3m,叉车的作业通道宽度为 2m 左右,人工作业通道宽度为 0.75~1m。

3. 地面

地面的构造主要是地面的耐压强度,地面的承载力必须根据承载货物的种类或堆码高度具体研究。一般平房普通仓库 $1m^2$ 地面承载力为 2.5~3t,其次是 3~3.5t;多层仓库随着层数加高,每层地面负荷能力递减。仓库的地面承载力还须保证重型叉车的正常作业。

4. 立柱间隔

库房内的立柱是出入库作业的障碍,会导致保管效率低下,因而立柱应尽可能减少。

5. 天花板的高度

由于实现了仓库的机械化、自动化,因此现在对仓库天花板的高度也提出了新的要求。通常,仓库的天花板高度最低应该是 5~6m。

(二)仓库堆场类型的设计

1. 集装箱堆场的设计

集装箱堆场是堆存和保管集装箱的场所。设置货场时应满足发送箱、到达箱、中转箱、周转箱和维修箱等的生产工艺操作和不同的功能要求,并尽可能缩短运送距离,避免交叉作业,便于准确、便捷地取放所需集装箱,利于管理。

2. 杂货堆场的设计

杂货是指直接以货物包装形式进行流通的货物,其有袋装、箱装、桶装、篓装、捆装、裸装等,也包括采用成组方式流通的货物。大多数杂货的货位布置形式均采用分区、分类布置,即对存储货物在"三一致"(性能一致、养护措施一致、消防方法一致)的前提下,把堆场划分为若干保管区域;根据货物大类和性能等划分为若干类别,以便分类集中堆放。其货区布置分为垂直式和倾斜式。

1) 垂直式布置

(1) 横列式。横列式是指货位的长度方向与仓库侧墙互相垂直,如图7-9所示。其优点是主通道长且宽,副通道短,有利于货物的取放、检查;通风和采光条件好;有利于机械化作业。主要缺点是主通道占用面积多,货场面积的利用率会受到影响。

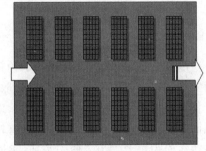

图7-9 横列式

(2) 纵列式。纵列式是指货位的长度与仓库侧墙平行,如图7-10所示。其优点是仓库平面利用率较高。其缺点是存取货物不方便,对于通风采光不利。

(3) 混合式。混合式是指货场横列式和纵列式布置兼而有之,是两种方式的结合,兼有上述两种方式的特点,如图7-11所示。

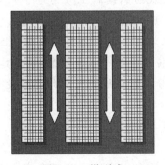

图7-10 纵列式

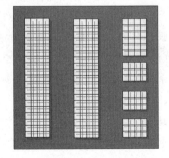

图7-11 混合式

2) 倾斜式布局

倾斜式布局是指货垛或货架与仓库侧墙或主通道成60°、45°或30°夹角。

(1) 货垛倾斜式布局是横列式布局的变形,它是为了便于叉车作业、缩小叉车的回转角度、提高作业效率而采用的布局方式,如图7-12所示。

(2) 通道倾斜式布局是指仓库的通道斜穿保管区,把仓库划分为具有不同作业特点的区域,如大量存储和少量存储的保管区等,以便进行综合利用。这种布局形式,仓库内形式复杂,货位和进出库路径较多,如图 7-13 所示。

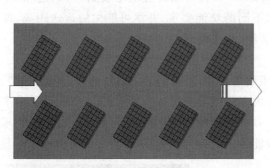

图 7-12　货垛倾斜式

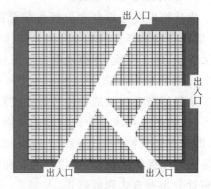

图 7-13　通道倾斜式

3. 散货堆场的设计

散货是指无包装、无标志的小颗粒直接以散装方式进行运输、装卸、仓储、保管和使用的货物。在仓储中不受风雨影响的散货一般直接堆放在散货货场上,如沙、石、矿等。散货货场根据所堆放货物的种类不同,地面的结构也不完全相同,可以是沙土地面、混凝土地面等。由于存量巨大,要求地面有较高的强度。由于散货都具有大批量的特性,散货货场往往面积较大。为了便于疏通,采取明沟的方式排水,并且通过明沟划分较大的面积货位。散装货场都采用铲车或者输送带进行作业,所堆的垛形较为巨大。

 同步案例

某 IT 国际化服务商仓库选择的要求

某 IT 国际化服务商,其公司在大的产品板块及组织结构上分为电子产品成品、备件服务及移动产品。其中,售后服务及备件体系是为各类客户提供涵盖售前、售中、售后的全程一体化服务体系。该公司的备件库房集中在北京、上海,备件从北京、上海发运到维修站,目前维修站有 441 个。为了实现全线产品售后服务 48h 内修复,需要建立快速有效的物流服务系统,准备在一些城市建立新的备件分库或在规模大的维修站设分库,其考虑与要求如下。

1. 库房地址

每个城市选择 2~3 个维修站,由于要保证市内 2h 送达,区域内次日送达,选择的库房地址应靠近市中心,且仓储成本适合,库存条件适合。地址应就服务商本身资源选择,或者就近选择租用仓库,外派服务人员。位置要求交通便利、道路顺畅,便于车辆出入、停放,满足区域内快速配送和对分库范围其他城市对外便捷运输要求。

2. 库房条件

1) 场地要求

(1) 400~500m² (库房及库内操作使用面积,办公场地除外)。

(2) 分库场地附近(100m 范围内)要求具有 DDN 专线数字光纤链路的信息接入点,

保证分库网络信息畅通。

(3) 分库要求防尘、防潮、防雨、防盗、防火、防鼠害,保证分库及库存备件绝对安全。

(4) 分库应温度、湿度可控,温度维持在10~30℃,湿度维持在50%~70%。

(5) 分库整体地面在同一水平面、平整光滑、无尘和便于备件出入,如果分库不在一层地面,必须有专用方便的货用电梯或升降平台。

(6) 分库外部环境应便于车辆出入和装卸货物,装卸货物必须有足够的防雨设施。

(7) 分库库内要求吊顶处理,吊顶净高不低于3.2m。

(8) 分库库内布局要求适合备件存储和内部出入库、包装发货操作,并体现整体性。

2) 信息系统要求

该公司拥有整个售后服务体系的实时库存系统和在途跟踪系统。每个备件库和维修站的信息录入要及时准确,实现公司全部信息的及时、完整和对物流供应商的考核。

另外还要求每个维修站定期将坏件及返品收集,定期返回分库备件库,再按时返回总库。实现正向、逆向物流的结合。

项目检测

一、案例分析

当当网和卓越网的仓库选址

当当网与卓越网都是我国著名的在线零售商,两者的仓库网络建设如下。

1. 当当网的仓库选址

当当网公司总部位于北京,目前在北京、上海、广州、郑州、深圳、武汉、成都、无锡、西安、沈阳建立了仓储中心,总面积超过10万平方米。货到付款服务可覆盖全国1 238个地区、近800个城市。

基于全国范围,当当网在四个城市的选址分析如下。

(1) 选址成都:当当网成都仓储中心位于大丰镇,计划使用面积达1万平方米以上,配送范围覆盖四川、云南、贵州以及重庆,直接满足整个大西南地区绝大部分用户的购物需求。

整个西南地区网购市场的爆发,使当当网在成都建立物流中心成为大势所趋,在此情形下当当网顺势而为,率先在这一新兴的电子商务企业的兵家必争之地稳稳占据了头把交椅。鉴于成都是西南地区的枢纽,成都库房启用后可极大缓解当当网在西南地区的物流配送压力,提升当当网的商品吞吐量和多订单处理能力,缩短周边地区订单的送货时间,进而激活整个西南市场。

(2) 选址郑州:郑州虽属华北,并与当当网已有的北京、武汉两大物流中心相距极近。当当网投建郑州仓储中心,主要是为了覆盖河南、陕西、山西、山东四省。

(3) 选址武汉:当当网武汉库房位于武汉经济开发区,基本满足湖北、湖南、江西、河南四省的物流配送需求。而在配送速度上,凡武汉库房覆盖的地区,送货时间将缩短1~2天。

（4）选址北京、上海、广州：三者有其独特的优势。首先，雄厚的经济基础，北京、上海、广州有很大的顾客量；其次，路、海、空的交通都很便利。

2．卓越网的仓库选址

在全国，卓越网有北京、苏州、广州、成都四个仓库。与许多电子商务企业仓库之间往往是总仓和分仓的关系不同，卓越网的仓库没有从属关系，全国任何一个消费者下的订单，系统会自动匹配给发货成本最低、到达效率最高的仓库。

这样的选址把中国划分为四个区域，分别以北京、江苏、广州、成都为中心，成为放射状的物流体系。北京、上海、广州，是经济较为发达的地区，电子商务的需求量也很大，所以从经济性原则考虑，在其周边修建仓库，是不错的选择。

北京仓库，为华南及华北地区提供了一个存储空间，方便了北京、沈阳、长春、哈尔滨、太原、济南、呼和浩特，以及环北京周边的物流区域。

苏州与上海很近，苏州仓库覆盖了华中地区。广州仓库供应了中国的南部地区。

成都仓库的建立，使包括四川、重庆、云南、贵州、陕西等在内的西部省市的消费者网购收货提前了1~3天。

请回答下列问题。

1．当当网与卓越网两家在线零售商在全国建设仓储网络时，在选址上有何异同？

2．两家在线零售商在仓储中心选址及建设中考虑了哪些因素？

二、问答题

1．仓库选址的原则、考虑的因素各是什么？请结合实际说明。

2．仓库总平面一般可以划分为哪些区域？各个区域的主要功能及布局重点各是什么？

3．什么是仓容定额？如何提高仓库的储存能力？

4．仓库总体布局的要求是什么？

5．集装箱堆场、杂货堆场、散货堆场的设计有何不同？

项目七　仓库规划试题

下 篇

配　送

项目八

配送与配送中心认知

知识目标

1. 能阐述配送的含义、在物流系统中的重要地位和作用,掌握配送的种类、模式,了解国内外配送发展的现状与趋势。
2. 能阐述配送中心的含义、功能、运作流程、种类。
3. 能阐述配送中心信息系统的功能与结构。

技能目标

1. 会理论结合实际分析现实中配送中心的种类、功能、流程、配送的网络体系及作用等。
2. 会根据配送中心的性质、功能设计作业流程。
3. 会结合配送中心功能、经营方式等设计信息系统。

任务一　配 送 认 知

近年快递配送发展迅速,目前,我国知名的快递企业有顺丰快递、中国邮政 EMS、圆通快递、申通快递、宅急送、韵达快递、中通快递、天天快递、汇通快递等。请完成以下任务。

(1) 查阅资料,完成我国快递业发展现状、存在问题及对策的调研报告。

(2) 选择上述两三家快递企业,详细分析其配送网络构建、运作模式、管理制度、服务范围等内容,并进行对比分析。

配送是物流中一种特殊的、综合的活动形式,几乎包括了所有的物流功能要素,是物流的一个缩影或物流在某小范围中全部活动的体现。近年,配送活动在现代企业经营和社会消费中起着越来越重要的作用。

一、配送的含义

《物流术语》(GB/T 18354—2006)关于配送的定义是:在经济合理区域范围内,根据用户要求,对物品进行拣选、加工、包装、分割、组配等作业,并按时送达指定地点的物流活动。

拣选是指按订单或出库单的要求,从储存场所拣出物品,并码放在指定场所的作业。

包装是指为在流通过程中保护产品、方便储存、促进销售,按一定技术方法而采用的容器、材料及辅助物等的总体名称。也指为了达到上述目的而采用容器、材料和辅助物的过程中施加一定技术方法等的操作活动。

分割是指按订单或出库单的要求,将大的包装分解为小包装的过程。

组配是指充分利用运输工具的载重量和容积并考虑运输路线合理性,采用科学的装载方法进行货物装载。

根据配送的定义,配送包含了以下的含义。

(1) 配送的实质是送货,但和一般送货有区别。一般送货可以是一种偶然、简单的行为。配送却是一种有确定组织、确定渠道,有一套装备和管理力量、技术力量,有一套制度的体制形式。

(2) 配送是一种"中转"形式。是一种"末端物流""二次物流"。

(3) 配送是"配"和"送"有机结合的形式。配送利用有效的分拣、配货等理货工作,使送货达到一定的规模,以利用规模优势取得较低的送货成本。

(4) 配送以用户要求为出发点。强调"按用户的订货要求",明确了用户的主导地位,配送企业的地位是服务地位而不是主导地位。

(5) 配送是"以最合理方式"的方法进行的,过分强调"按用户要求"是不妥的。用户要求受到用户本身的局限,有时实际会损失自身或双方的利益。对于配送者来讲,必须以"要求"为据,但是不能盲从,应该追求合理性,进而指导用户,实现共同受益的商业原则。

所以,配送发展至今,其作用体现为:有利于物流活动实现合理化,完善了运输和整个物流系统,提高了末端物流的效益,通过集中库存使企业实现低库存或零库存,简化事务和方便用户,提高供应保证程度,为电子商务的发展提供了基础和支持。

二、配送的种类

根据不同的分类标准,配送服务有不同的种类,见表 8-1 和表 8-2。

表 8-1 按配送时间和数量分类

配送类别	特　点	优　点	缺　点	适用范围
定时配送	按规定的时间间隔进行配送(根据送达时限,分为小时配、日配、快递等形式)	时间固定,易于安排工作计划,易于计划使用车辆,也易于用户安排接货	数量和品种发生较大变化时,会使配送运力出现困难	一般适用于消费配送
定量配送	按照规定的批量,在指定的时间范围内进行配送	数量比较固定,备货工作较为简单,运输组织容易,配送效率高	难以实现准时要求、难以对多个用户实行共同配送	有一定的仓储能力,服务水平中等的生产配送
定时定量配送	按照规定的时间和规定的数量进行配送	兼有定时配送和定量配送的优点	服务要求比较高,管理和作业难度较大,计划难度较大;成本高,难以实现共同配送、联盟配送	产品批量较大的生产制造企业和大型连锁商场的部分商品配送

续表

配送类别	特 点	优 点	缺 点	适用范围
定时定线路配送	根据运输路线达到站点的时间表沿着规定的运行路线进行配送	易于有计划地安排运送和接货工作,有利于配送企业实行共同配送,易于管理,成本较低	灵活性差	消费者集中的地区配送
即时配送	完全按照用户提出的时间要求和商品品种、数量要求配送	灵活性高,可实现真正的零库存	对配送企业要求高、成本高	各种应急配送
JIT准时配送	按照双方协议时间,准时将货物送达	准确及时,便于实现"零库存"管理	配送成本较高	适用于生产配送

表8-2 按配送品种和数量分类

配送类别	特 点	优 点	缺 点	适用范围
单品种大批量配送	单独一个品种或者几个品种就可以达到大的运输量	由于批量较大,整车运输成本较低	必须是运输能力很强的配送组织进行配送	工业配煤等
多品种小批量配送	符合现代社会高水平的消费方式、高技术的配送方式,是发达国家大力推崇的配送方式	可以很好地满足用户的个性化需要	作业难度大,技术要求高,使用设备复杂,组织难度大,操作要求高,成本高	大多数消费品配送
配套、成套配送	一般是按照生产企业的需要,将零部件定时送达生产企业	配送组织承担了生产企业的大部分供应,使生产企业专注于生产	配送企业的专用性比较强,不利于配送企业向外发展	装配型企业的配送组织

其他的配送分类,如按实施配送的节点不同可分为配送中心配送、仓库配送、商店配送、生产企业配送;按配送企业专业化程度不同可分为综合配送、专业配送;按配送功能可分为供应型配送、销售型配送、供应销售一体化型配送;按配送的组织形式不同可分为集中配送、共同配送、分散配送、加工配送。

服装邮购的配送过程

三、配送业务流程与基本模式

(一)配送业务流程

大多数配送活动流程如图8-1所示。

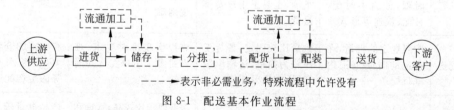

------→表示非必需业务,特殊流程中允许没有

图8-1 配送基本作业流程

对于有些配送活动而言,由于配送的商品特性和配送要求不同,采用的流程不尽相同,如几种特殊的配送流程:无储存业务的配送,包含流通加工的配送,无分拣、配货环节

的配送等。

(二) 配送基本模式

1. 按照配送主体的经营权限和服务范围划分

(1) 商流、物流一体化的配送模式。这种模式又叫作配销模式，配送主体不仅从事商品流通的物流过程，而且将配送活动作为一种营销手段和营销策略，既参与商品所有权的让渡，又提供高效优质的物流服务，如图8-2所示。

配送活动的基本形式

(2) 商物分离的配送模式。这种模式是配送主体不直接参与商品的交易活动，不经销商品，只负责提供储存保管、分拣配货、流通加工、送货等相关物流活动。业务比较单一，有利于提高专业化的物流服务水平，占用资金少，经营风险较小，如图8-3所示。

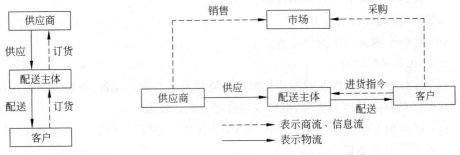

图8-2 商物一体化配送模式　　　图8-3 商物分离配送模式

2. 按照配送主体划分

(1) 自营配送。自营配送是指企业物流配送的各个环节由企业自身筹建并组织管理，实现对企业内部及外部货物配送的模式。自营配送有利于企业产供销一体化，不足之处是可能会影响企业的核心业务。

(2) 共同配送。共同配送是由多个企业联合组织实施的配送活动(《物流术语》(GB/T 18354—2006))，是物流企业之间为提高配送效率以及实现配送合理化而建立的一种功能互补的配送形式。企业间通过横向联合、集约协调，以求达到求同存异和效益共享。开展共同配送要坚持功能互补、平等自愿、互惠互利、协调一致的原则。其本质是通过作业活动的规模化降低作业成本，提高物流资源的利用效率。

(3) 互用配送。互用配送是几个企业为了各自的利益，以契约的方式达成某种协议，互用对方配送系统进行的配送模式。优点在于企业不需要投入较大的资金和人力，就可以扩大自身的配送规模和范围，但需要企业有较高的管理水平以及与相关企业的组织协调能力。

(4) 第三方配送。交易双方把自己需要完成的配送业务委托给第三方来完成的配送运作模式。随着物流发展和第三方配送体系的不断完善，第三方配送模式成为许多工商企业和电子商务配送的首选，其优点是容易实现个性化的配送和降低成本。

 同步案例

百胜餐饮集团的配送模式

全球餐厅网络最大的百胜餐饮集团，在美国境内的配送模式是外包给专业的物流公司 Meclane Food Service 来做。而在中国境内,由于一直找不到理想的第三方物流公司,因而百胜餐饮集团创造了业内公认的"灵活而实用"配送模式:自我服务＋供应商提供服务＋第三方物流服务。

四、配送合理化

从整体上来讲,配送的合理化就是成本与服务水平均衡。

1. 配送合理化的判断标志

(1) 库存总量和周转速度合理。

(2) 资金的占用和周转合理。

(3) 企业经营成本较低、效益较高。

(4) 配送的保证能力和灵活性好。

(5) 节约社会人力、运力。

(6) 使整个物流系统更加完善。

2. 配送合理化的措施

(1) 推行一定综合程度的专业化配送。通过采用专业化设备、设施及操作程序,降低综合化配送的复杂程度及难度,继而取得良好的配送效果。

(2) 推行加工配送。充分满足客户的个性化要求,进行配送加工活动,提高服务水平并取得较高的服务增值。

(3) 推行共同配送、送取结合等配送方式的有机结合。不受固定模式的限制,灵活地选择配送方式,什么样的配送方式更加适合就选择使用。

(4) 推行准时配送系统。准时制配送对于配送企业的要求比较高,但是对于用户来说却是较好的选择,有利于用户实现低库存或者零库存,并且从实践来看也是许多配送企业追求合理化的重要手段。

五、国内外配送的发展与新趋势

(一) 配送发展现状

随着消费者多样化与个性化的需求、信息技术的日新月异、经济发展的客观要求,配送已经成为以高新技术手段(特别是信息化技术)的系列化、多功能的供货活动。配送的集约化程度明显提高,配送方式日趋多样化。

1. 商流与物流越来越紧密地结合或者更彻底地分离

综合配送中商物紧密结合,体现配送职能的整体化;电子商务环境下商物又彻底地分离,以提高配送效率。

2. 配送组织的社会化、共同化、网络化程度高

配送初期,以单独的配送企业为主体,出现了配送车辆利用率低、不同配送企业间交叉配送、交通紧张等不合理现象。通过一定的发展,为了提高配送效率,企业必然会使用社会车辆或者加强相互的协调合作,以获取更大的利益。同时随着企业市场竞争的需要,大型企业在其经营区域内开始配置配送网络,形成总部配送中心、区域配送中心和城市配送中心的三级甚至更多级的配送网络,进行立体配送。

日本菱食公司的配送网络体系

20世纪90年代,日本连锁商业突飞猛进地发展,食品批发商——菱食公司抓住了这个机遇,建立了由区域性配送中心(RDC)和前端性配送中心(FDC)结合而成的配送网络体系。FDC承担整箱商品的配货、配送任务,RDC具备拆零、分包装等流通加工功能。客户发来的订单,由计算机按照是否满整一箱进行分档。以箱为单位的配货作业由FDC进行。不满整箱的由RDC处理,经拆零拣选、拼箱后,按不同的客户进行理货,用大型载货汽车送至各FDC,在那里与FDC配好货的整箱商品一起配送到各门店。目前,该公司在日本境内已经形成了拥有9个RDC和55个FDC的配送网络。

3. 配送规模化、区域扩大化

随着交通运输条件的改善,配送已经不限于一个城市或者某一个经济圈。城市配送、区域配送的辐射范围都比原来大,形成省际、经济圈之间甚至全国范围的配送。例如,三九药业的全国配送、汽车行业的全国配送等。

UPS和FedEx全球化的配送规模

美国联合包裹运送服务公司(UPS),目前在全球设有5个货物分拨公司,拥有飞机238架、货车1.5万多辆。在美国,UPS网络能在2h内将产品送达88%的地区。在全球,UPS有430多个现代化仓储设施,可为客户提供每天24h的库存管理服务,并在4h内提供关键货品的配送服务。另外,美国联邦快递公司(FedEx),现共有飞机643架,能飞到世界各地210个国家、366个机场,能为全球用户提供24~48h门到门的运输服务。

4. 配送方式多样化、经营个性化

由于流通过程、流通对象及流通手段复杂,在各自领域出现了多种多样经过优化的配送组织方式。例如,准时供应配送、快递配送等异军突起,满足了人们个性化的要求。

5. 配送运输的专业化

随着配送的发展,大量集装箱车和专用车辆投入运营,形成了综合配送和专业配送分别使用不同的车辆,促进了配送运输效率的提高。

快行线食品物流有限公司的冷链配送

快行线食品物流有限公司专门从事速冻食品的存储、分拣、配送业务。网络遍及全国20多个城市,拥有冷库50 000多平方米,专用冷藏货运车辆500余部。服务于湾仔码头、龙凤、哈根达斯、蒙牛等20余家业内优秀企业。以"今日订单次日达,加急订单4h内送达"的统一服务标准,实现全国30 000多家卖场、超市、酒店的冷链配送。

6. 配送服务的信息化

随着信息技术的发展,配送运作速度、准确性和可视化程度都得到极大提高。配送中心将众多技术运用于配送的全过程,在每台叉车、牵引车、托盘车上安装使用信息技术,从而大大减少了人员的开支,提高了工作效率和准确率,保证了配送的速度。

同步案例

GPS 技术在配送路径优化中的应用

一些大型的配送中心在配送中利用全球卫星定位系统(GPS)技术指挥调度每一台在公路上运行的车辆。各个配送中心统一接受公司总部指令,运用数学模型软件决定配送的最优路径。

7. 物流配送管理法制化

宏观上,要有健全的法规、制度和规则;微观上,新型物流配送企业要依法办事,按章行事。随着配送的发展,相关的法律、法规和制度规则将更加健全。

(二) 配送发展新趋势

2019 年,我国人均 GDP 超过 1 万美元,消费对经济增长的贡献率超过 60%。强大的国内市场刺激内需扩大、消费升级,也带动内需型、消费型物流快速增长。冷链物流、电商物流、即时物流、同城速递等与居民消费生活相关的领域成为市场增长热点。同时物联网、云计算、大数据等新一代信息技术在物流领域加快应用,物流业务实现全链路在线化和数字化,为企业智能化转型奠定重要基础。无人机、无人车、无人仓、无人驾驶、无人码头等智能装备使用场景增多,人工智能技术在物流领域逐步落地。所以,"物流需求结构持续优化+科技应用引领数智化转型"使即时配(也叫即时物流)发展迅速。

1. 即时配的含义

即时物流的概念由点我达创始人赵剑锋在 2009 年提出,指货物不经过仓储和中转而直接性地端到端送达,且送达时效为两小时以内的物流服务。随着外卖 O2O 而兴起,实现了一段时间的爆发式增长。近年随着外卖市场的增速放缓,订单量增长率小幅下降,即时物流企业寻求除餐配以外新的业务方向,利用自家运力的空闲时间段来承接快递的最后一公里配送,如快递末端配送市场以及新零售市场,目前商超宅配、快递揽派、生鲜配送、鲜花配送、跑腿等服务领域正逐步兴起,行业整体规模仍保持上升态势。

端到端的送达产生了许多业务场景的需求和更丰富多元的场景,如图 8-4 所示,送达一定要基于数据且靠技术驱动方能实现"极速",所以即时物流含义变为基于数据,通过实

图 8-4 即时配服务范畴划分

时全局调度的方式以匹配实时需求与实时运力的配送服务。

2. 即时配的发展

中国实物商品网上零售额由2018年的7万亿元,增加到2019年的85 239.5亿元,消费者网络购物的类型越来越多样化,以往三日达的时效已经不能满足消费者的需求,且部分产品的即时属性也使其需要被迅速地送到消费者手中,特别是以餐饮外卖为代表,其对于配送时效、配送服务品质都有比较高的要求。因此,随着网络购物、零食居家、生鲜、鲜花、跑腿等这类需求越来越多,即时物流企业随之发展并壮大起来,行业规模也不断扩大(图8-5),产业链逐渐形成并完善(图8-6)。

图8-5　2013—2020年中国即时物流行业规模

图8-6　2019年中国即时配产业链图谱

(1)各平台对于用户线上购物习惯的培养,使线上消费方式已被大部分用户所接受,并应用到各个消费场景中,如餐饮外卖、商超宅配、生鲜配送、鲜花配送等。

(2)受到仓储、运力等影响,网络购物末端配送环节中即时物流企业的参与度越来越高,有利于网络购物配送速度的提升。

(3)时间、精力和交通的成本耗费使越来越多的人选择使用跑腿服务来满足同城物品递送及同城物品代购的需求。

（4）线上消费频次高，用户规模大，黏性强，推动即时物流发展。

3. 即时配的模式

在即时配的发展过程中，不同的需求类型会催生不同的存在形式，如图 8-7 所示的众包和自建两种运力组织形式，以及并单配送和专人专送两种配送模式。

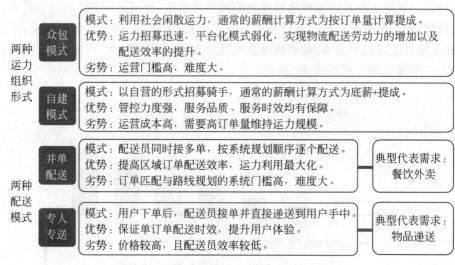

图 8-7　即时配运力组织形式及配送模式

可见，可承担成本压力及订单规模影响运力的组织形式，用户需求类型决定配送的模式。也正是由于多种不同需求类型的存在，才使即时物流市场更加多元化且即时物流服务方式更加多样化。

4. 即时配的技术

对于即时物流企业而言，如何匹配骑手最快接单、最快送达，从而实现用户体验的目标，要依赖大数据分析技术，目前已实现的技术包括实时订单分配技术（使订单得以正确分发）和订单智能打包技术（确保配送效率的提升从而实现成本节省），见图 8-8。在即时

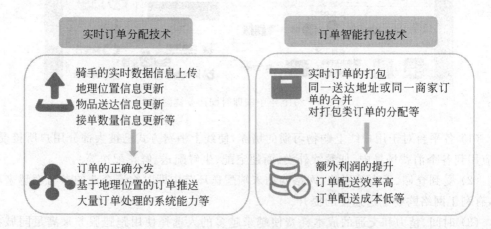

图 8-8　即时物流行业技术分析

物流行业,技术的进步多是为了提升运输效率,利用大数据分析能力实现路线、人员配置、运输网络的优化,从而提高整个行业的能力和效率。

同步案例

顺丰速运:天网+地网+信息网——"三网合一"开放生态系统

快递企业电商业务具有高频次、大批量的特征,因此巨大的订单量势必会导致服务质量和产品品质的下降。对快递企业而言,需要通过网络布局的建设和自我管理水平的提高,来最大限度地提升服务水平,提高消费者满意度。

2015年顺丰调整内部架构体系,成立仓配事业群,实质是为电商类客户服务。通过用户对产品和服务的差异化选择牵引内部资源配置,实现电商类业务的发展。"三网合一"生态系统的建设为电商类业务提供了更多的资源配置选择,在保证用户体验的基础上提升承运能力,2018年年底数据如下。

1. 地网

(1) 服务网点:国内业务覆盖全国336个地级市、2775个县区级城市,近1.56万个自营网点,以及0.26万个顺心快运的加盟网点;国际业务中国际标快/国际特惠业务覆盖54个国家,国际小包业务覆盖225个国家及地区。

(2) 收派员:各种用工模式收派员约29.14万人,其中自有员工4.5万人。

(3) 中转分拨:9个枢纽级中转场,49个航空、铁路站点;143个片区中转场,330个集散点(含顺心快运)。

(4) 陆运网络:自营及外包干支线车辆合计约3.5万辆,末端收派车辆合计7.6万辆;开通干、支线合计超过9.7万条;开通高铁线路82条,普列线路127条。

(5) 仓储网络:各类仓库合计170个,面积近177万平方米,业务覆盖国内100多个地级市。

(6) 终端客服网络:4个独立呼叫中心,约4500个座席,每天提供108万人次的话务服务。

(7) 最后一公里:与3.2万个合作代办点及约600个物管公司网点合作,丰巢智能快递柜约15万个,覆盖100个城市。

2. 天网

空运能力:航空线路2134条,2018年航班总数153.2万次,日均4196班次,覆盖43个国内主要城市(含港澳台)及金奈、新加坡、纽约等11个国际站点;航空发货量123.8万吨;全年航空运输快递件量为8亿票。

3. 信息网

(1) 智慧网仓:构建完整的顺丰云仓信息系统体系,支持电商仓、冷运仓、医药仓、食品仓、海外集运仓、微仓等多种仓储业务形态。

(2) 终端收派智能化:2018年全网数码运单使用率99.74%。

京东亚洲一号

京东智慧物流

任务二　配送中心认知

任务导入

走访调研当地一家配送中心，完成以下资料收集的任务。
(1) 该配送中心的性质、规模、地理位置、周边交通情况。
(2) 该配送中心的功能、流程、配送商品的种类、数量。
(3) 该配送中心服务的客户及客户分布。
(4) 该配送中心的软件、硬件设备情况。
(5) 该配送中心的部门设置、岗位及职责。
(6) 该配送中心在整个公司物流系统中的地位、作用等。

配送中心是基于物流合理化和发展市场两个需要而发展的，是以组织配送式销售和供应，执行实物配送为主要功能的流通型物流节点。配送中心很好地解决了用户多样化需求和厂商大批量专业化生产的矛盾，实现了物流的系统化、精细化运行。因此，逐渐成为现代化物流的标志。

一、配送中心的含义

由图 8-9 可知，配送中心是基于降低运输成本和提高便捷性等各方面的要求而产生的。它将运输的支线和干线联结起来变成了"线"，把分散的物流节点联结起来变成了"网"。它的出现减少了交叉运输，提高了运输的规模化程度，使物流活动更加有序。可以说配送中心的出现是物流产业的一大跨越，是物流系统化和大规模化的产物。

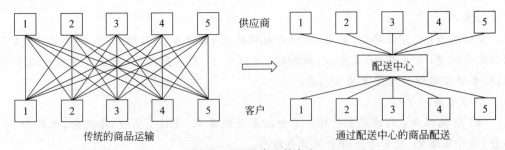

图 8-9　配送中心的产生

我国《物流术语》(GB/T 18354—2006)中对配送中心的定义是，配送中心(distribution center)是从事配送业务且具有完善信息网络的场所或组织。应基本符合下列要求。

(1) 主要为特定的用户服务。
(2) 配送功能健全。
(3) 辐射范围小。
(4) 多品种、小批量、多批次、短周期。
(5) 主要为末端客户提供配送服务。

大型配送中心
运作模式

总之,配送中心就是专门从事配送业务的物流基地,是通过转运、分类、保管、流通加工和信息处理等作业,然后根据用户的订货要求备齐商品,并能迅速、准确和廉价地进行配送的基本设施;或者是一个可以满足某些个性化需要的仓库。

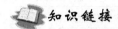

配送中心与物流中心的区别

《物流术语》(GB/T 18354—2006)中对物流中心(logistics center)的定义是,从事物流活动且具有完善信息网络的场所或组织。应基本符合下列要求。
(1) 主要面向社会提供公共物流服务。
(2) 物流功能健全。
(3) 集聚辐射范围大。
(4) 存储、吞吐能力强,能为转运和多式联运提供物流支持。
(5) 对下游配送中心客户提供物流服务。

可以看出,物流中心与配送中心两者辐射范围、服务对象、服务方式等方面均不同,物流中心更强调吞吐能力和物流功能,而配送中心则更强调高频率、小批量、多批次的服务方式和配送功能。

二、配送中心的功能及特征

1. 配送中心的功能

配送中心的功能如图 8-10 所示。

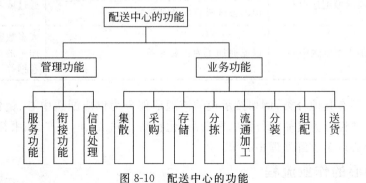

图 8-10 配送中心的功能

2. 配送中心的特征
(1) 反应速度快。

(2) 功能集成化。
(3) 作业规范化、自动化。
(4) 服务功能的外延更加丰富。
(5) 设施设备先进。

三、配送中心的分类

由于建造背景不同,配送中心的功能、构成和运营方式有很大的区别,其具体分类如表 8-3 所示。

表 8-3 配送中心分类

分类方法	配送中心类别	特 点	适 用 对 象
按配送中心的设立者分类	制造商型配送中心	以制造商为主体,现代化、自动化程度高	大型生产企业
	批发商型配送中心	以批发商为主体,社会化程度高	大型批发企业
	零售商型配送中心	由零售商向上整合所成立的配送中心,以零售业为主体	大型零售企业
	专业物流配送中心	以第三方物流企业为主体,现代化程度高	大型第三方物流企业
按归属及服务范围分类	自有型配送中心	隶属于某一个企业或企业集团	通常只为本企业服务
	公用型配送中心	以营利为目的,服务范围广泛	面向社会开展服务
按配送范围分类	城市配送中心	以城市范围为配送范围的配送中心,往往和零售经营相结合,由于运距短,反应能力强,因而从事多品种、少批量、多用户的配送较有优势	消费配送
	区域配送中心	以较强的辐射能力和库存准备,向省(州)际、全国乃至国际范围的用户配送,规模大、配送批量大	供应配送(向生产企业或者下一级城市配送中心配送)
按功能分类	储存型配送中心	很强的储存功能、库存量较大	买方市场下企业成品销售、买方市场下原材料采购
	流通型配送中心	没有长期储存的功能,仅以暂存或随进随出的方式进行配货和送货	通过或者转运
	加工型配送中心	以流通加工为主要业务	大多数需要简单配送加工的商品,如玻璃、卷钢等

配送中心还有其他分类,例如按承担的流通职能分为供应配送中心、销售配送中心;按配送货物的属性分为食品、日用品、医药品、化妆品、家电品、电子产品、书籍、服饰、汽车零件等配送中心以及生鲜处理中心等。

四、配送中心的作业流程

不同配送模式的配送中心,都会根据自身及客户特点设计出对本企业最适合的配送流程,针对所需完成的功能,按照信息流引导的原则,一般配送中心的作业流程如图 8-11 所示。

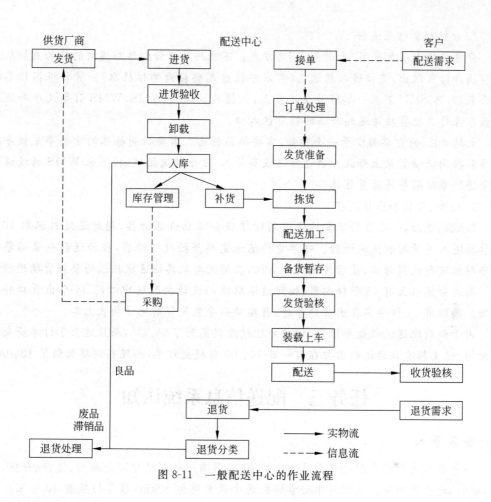

图 8-11　一般配送中心的作业流程

同步案例

荷兰办公快递公司的作业流程

荷兰办公快递公司是全球最大的计算机、办公家具、日常办公用品和促销品提供商。公司配送中心新增了 WMS 系统和先进的分拣、输送等设备，其新设计的作业流程如下。

1. 集货和入库储存作业流程

配送中心有 12 个接货门，货物抵达月台时，叉车和托板车将其从卡车上卸下来办理入库。大多数入库货物的尺寸在抵达前已经确定，有助于 WMS 进行合理调度，最大限度地利用配送中心的存储面积。如果有新的存货单元（SKU）进入配送中心，电子测量系统会自动测量。

流量大、流通速度快、体积大的货物（如复印纸）在配送中心底层的大宗散装区储存，不能用传送带的货物也在大宗散装区储存。其他的整个托盘 SKU 在托盘式货架储存，每个托盘都有指定的条码核准号，叉车入库作业时扫描确认传至 WMS，WMS 在预留储存区为其安排一个货位，并尽可能把类似的产品放在一起，叉车司机再对货架储位上的条码进行扫描，确认托盘货物入库。

2. 分拣补货作业流程

分拣补货大多数采用"先进先出"的方式。不能用传送带和体积庞大的货物直接从大宗货物存储区取出，直接进入拣选区（可以整托盘或整箱为单位拣取）。货物根据标签拣取出来后，各 SKU 混在一起堆放在托盘上，扫描确认传至 WMS，WMS 引导叉车和液压托盘车操作员把货物运送到合适的拣货区入口。

大约 80% 的订单都少于一个整箱，需要拆箱拣选。需要拆箱拣选的货物事先被导入在多层指向流动货架上存放。通过传送设备导入 32 个拣选区域，接下来 WMS 通过语音指令拣选系统引导拣选员拣选。

3. 检查、包装和出货流程

经过拣选后，一些货物还要被输送到增值服务站贴价格标签，同时还随机抽取 10% 的货物进入质量控制区域检验。每单货物拣选完毕并经过检验后，被传送到包装站添加气垫衬板进行纸箱封口，最后传送到分类机，在那里与从其他区域拣选的整箱货物进行合并。高速分拣机上有 45 个转向器，按照运输路线的设计向配送中心的 38 个出货口补给货物。每组有 72 辆卡车在出货口等待，有辅助引导装置帮助把货物装上车。

由于新的配送流程效率很高，订单处理精度提高到了 99.9%，而且延长了订单提交截止时间，过去想次日运达的需要在前一日 14：00 前提交订单，而现在则延长到了 18：00。

任务三　配送信息系统认知

任务导入

一个面向连锁超市配送日用品的配送中心，具有一般配送中心的采购、储存、分拣、加工、配装、送货等功能。该配送中心常规配送半径大致为 50km，服务门店有 40 多家。结合该配送中心的功能，完成以下任务：在充分考虑经营策略、配送模式、服务项目及水平等的基础上，设计该配送中心的信息系统。要求有设计目标、功能模块及结构的描述，并用框图画出。

一、配送信息系统的含义

配送信息系统是指实现对配送业务的信息进行采集和管理的应用系统。通常包括订单管理、配车计划、线路优化、货物跟踪管理等功能模块。

配送信息系统是指以配送中心信息流为处理对象，以为配送管理系统的各功能模块提供信息支持为目的，并根据订货查询库存及配送能力，发出配送指令，发出结算指令及发货通知，汇总及反馈配送信息的人机一体化的信息处理系统。配送信息系统是对配送管理系统的支持，是配送作业高效完成的重要保证，设计合理的配送信息系统关系到整个配送工作的时效性和准确性。

二、配送信息系统的功能

配送信息系统的功能以配送中心信息流为处理对象，以为配送管理系统的各功能模块提供信息支持为目的。其主要功能有以下三个方面。

1. 配送作业与日常事务处理功能

首要功能。支持配送中心的配送作业的开展,如接单、采购、进货、存货、出货、订单拣取、运输配送等,并配合完成日常事务,如财务会计、人事管理、现场管理等的正常进行。

2. 配送管理与控制

重要功能。配送中心日常配送事务是极为烦琐复杂的,例如订单跟踪、库存控制、货位指派、流通加工、日程安排、车辆行程和调度等,所有这一切都要按计划、按步骤进行。

3. 配送规划与决策支持

配送管理信息系统还需要为企业对市场的分析提供可靠信息支持。如分析市场机会、选择目标市场、制订企业发展战略和发展规划等。

三、配送信息系统结构

配送信息系统一般由四部分组成:采购入库管理系统、销售出库管理系统、财务会计管理系统、经营绩效管理系统。其系统结构如图8-12所示。

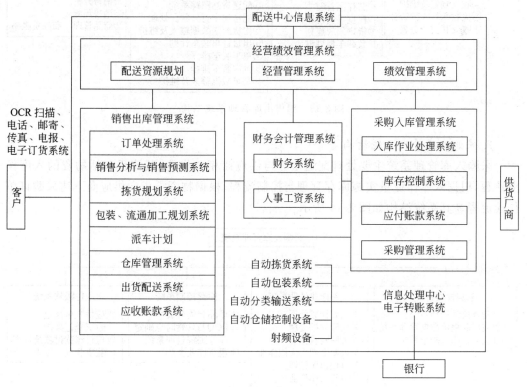

图8-12 配送中心信息系统结构

1. 销售出库管理系统结构

销售出库管理系统涉及的对外作业主要包括从客户获取订单、进行订单处理、仓库管理、出货准备到实际将商品运输至客户手中为止,均以客户服务为主。其系统结构如图8-13所示。

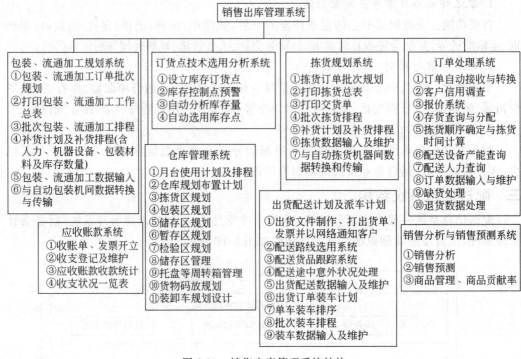

图 8-13 销售出库管理系统结构

2. 采购入库管理系统结构

采购入库管理系统主要处理配送中心与供应商相关作业，其流程包括物资的入库作业流程，根据入库作业量实施库存管理与控制流程、根据物资需求向供应商下达采购订单作业流程。其系统结构如图 8-14 所示。

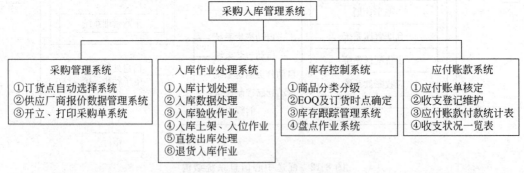

图 8-14 采购入库管理系统结构

3. 财务会计管理系统结构

财务会计部门主要以采购部门上传的商品入库数据核查供货厂商送来的催款数据，并据此向厂商付款；或由销售部门取得出货单来制作应收账款单并收取账款。财务会计管理系统主要由两部分组成：人事工资管理系统、财务系统。其结构如表 8-4 所示。

表 8-4 财务会计管理系统的构成及功能要求

功能系统	实现功能	要　求
人事工资系统	人事数据维护 制作工资报表 打印工资单 与银行联网的工资转账系统	① 能提供凭证处理、账簿查询打印、期末结账等核算功能 ② 能提供个人、部门、客户、供应商、项目、产品等专项核算和考核 ③ 支持决策者在业务处理过程中随时查询所有账表 ④ 提供发票和应收或应付账单的录入 ⑤ 能对客户的有关信息进行设定,如对客户信用额度、客户收款处理、现金折扣处理、呆账核销、坏账、客户利息等进行处理 ⑥ 能进行应收票据的管理,处理应收票据的核算与追踪 ⑦ 能提供资产管理、折旧计算、统计分析等功能 ⑧ 能运用各种财务分析软件对财务数据进行处理和价格,并从中取得有用信息,为决策提供正确的依据 ⑨ 能提供在账务处理的基础上自定义生产各种财务报表的自由报表功能。如资产负债表、利润表、现金流量表等
财务系统	制作会计总账 形成分类账 生成财务报表 现金管理 支票管理 对接银行联网转账系统	

4. 经营绩效管理系统结构

经营绩效管理系统从各分系统中以及流通企业取得信息,制订各种经营政策,然后将政策内容及执行方针告知各经营部门,并将配送中心的数据提供给流通企业;同时与配送管理系统中其他三大子系统互相协调对企业内部展开绩效考核评估。其结构如图 8-15 所示。

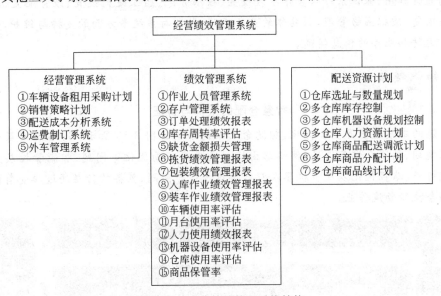

图 8-15 经营绩效管理系统结构

同步案例

吉野家配送信息系统的改进

餐饮企业吉野家发现自有配送信息系统不足,决定以采购业务和配送业务流程为基础,以高效快捷的采购、配送、线路优化、实时动态数据管理为主线,将系统的逻辑结构改革重新规划为五个方面。

（1）门店联络中心（门店客户部）实现物流配送工作人员与门店客户进行联络、交互的功能。公司总部采购可以通过Web/VPN交互式服务确认身份和服务请求,通过对供货商管理、合同管理和商品管理模块的处理,及时生成详细的采购订单需求,传送给其他子系统,完成各项功能,答复相关部门的请求。

（2）加工配送中心（加工管理部与运输管理部）每天根据每个门店所需要的货品,下达加工生产任务,把配送计划工作分配给各个配送部门,并且根据门店领料单生成的门店配送单和配送线路汇总单,结合自身和外部公司的运输配送能力进行有效的物流服务,并提供运送服务平台。

（3）仓储物流中心（物流管理部和仓储管理部）的配送信息系统是一个多层次的管理系统,帮助仓库管理人员对库存物品的入库、出库、调拨移动和库存盘点、成本核算、报表分析等操作进行全面的控制和管理,以降低库存,减少资金占用,杜绝物料积压与短缺现象。

（4）营销管理中心（总部采购部）总部采购管理是整个系统的核心控制所在,汇聚了公司各部门的数据并以此对其他各部门进行控制和监督。根据公司营运部门店发展计划和门店的每周、每月材料用量建立有效的库存管理。同时建立起市场门店开发筹备计划、财务管理、分析报表、绩效考核管理等辅助决策的支持。

（5）信息管理中心（总部信息部）作为整个系统的管理部门,对于系统的正常维护、使用起到关键作用,保证系统从整体参数设置、权限分配、组织架构设置、经营配置、数据的备份与恢复、虚拟网络管理,到具体的业务运作,做到对系统多方面的支持与维护,保证系统正常运转和业务的信息畅通。

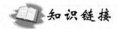

智慧仓配的架构与特征

物流的本质是资源整合优化,智慧仓配系统架构如图8-16所示：网络规划层主要解决仓网规划、物流全链条选址、网络路由规划及库存布局优化等问题；智能管控层主要解决智能排产、路径优化以及多机器人智能调度优化等问题；装备执行层通过接受智能管控层的指令执行物流作业。

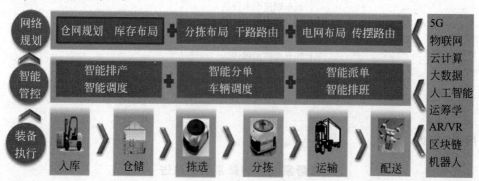

图8-16　智慧仓配架构图

实现智慧仓配的三大特征如下。

泛连接：基于5G+IoT技术实现人和人、人和物、物和物之间的连接，万物互联，连接无所不在。

数字化：物联网作为物理世界和数字世界的连接器，将数百亿的连接对象连接起来，实现数据的量变和质变。

智能化：基于高质量的海量数据，通过人工智能、数据智能、机器智能等智能技术的加持，提升物流生产效率，降低物流成本。

项目检测

一、案例分析

美国孟买家具及配件公司的配送模式

美国得克萨斯州的沃斯堡孟买家具及配件公司（以下简称"孟买公司"），想成立一家服务于成千上万家零售店和网上商店的批发分公司，原计划利用其原有的物流网络组织新的商业物流。但是孟买公司的物流副总裁很快就意识到：孟买批发分公司要想成功，就必须采用全新的物流方式。因为孟买公司配送中心的设计是专门符合家具的存储和分拣配送，而新成立的批发分公司所销售的产品的性质与零售渠道和家具是完全不同的，它们必须有能力履行位于不同地方的成千上万个客户的订单。由于服务的集约化以及运量的不同，它们几乎需要使用所有的运输方式，很多客户同时还要求采用特殊的条码和标签。

由于孟买配送中心初期并不具有灵活处理订单的能力，因此，它们打算寻求物流业务外包，但是新的批发分公司刚刚起步，未来发展如何还不能确定，因此与第三方物流公司签订长期的个体租用合同对其来说是一种冒险，因此孟买公司的总裁说："在我们不知道业务会做到多大时，我们需要更多的柔性。"于是综合各方面的因素，共同配送成为孟买批发分公司的首选。当年10月，孟买批发分公司选择了USCO物流公司作为其物流服务商，共享其物流设施。它们之间的协议是一月一签约，并且采用按件计费的收费方式。这使孟买批发分公司避免了支付人工、设备和设施等高额的管理费用，同样也给孟买公司更大的发展空间，并为它们的服务能力带来了更大的柔性。

随着客户订单的快速增长，对不同客户订单的自动处理能力对于孟买公司的成功至关重要。而该能力恰恰是孟买公司的物流系统所不具备的，因此孟买批发分公司依靠USCO物流公司来帮助公司实现订单履行程序的自动化，帮助该公司解决为顾客定制条码和标签的技术问题。孟买批发分公司同样也把公司所有的外向运输交给了USCO物流公司，这在一定程度上要比孟买公司自己与运输公司谈判签约所付的运费要低。

孟买公司物流经理相信：共同配送与高的交付率和订单履行能力将一起帮助孟买公司为客户提供优于其竞争对手的服务，更重要的是，这种更具竞争力的优势将帮助孟买批发分公司树立良好的服务品牌。

请回答下列问题。

1. 孟买公司为什么要采用共同配送的配送服务模式？
2. 如果孟买公司的业务量进一步增长，它应该做出怎样的配送安排？

二、问答题

1. 简述配送的含义、模式及发展趋势。
2. 什么是共同配送？共同配送为何是配送的发展方向？
3. 简述配送中心的产生、定义和种类。
4. 配送中心对整个物流系统有何作用？
5. 配送中心信息系统的结构是怎样的？其功能是什么？

项目八　配送与配送中心认知试题

项目九 订单处理作业

知识目标

1. 能阐述订单处理作业的流程,掌握订单确认的要素与不同形态订单的处理方法。
2. 能说明客户档案所包含的内容、存货分配与缺货处理的原则。
3. 能阐述订单处理作业管理的分析指标和订单处理状态跟踪及改善的管理方法。

技能目标

1. 会通过手工或配送管理信息系统对订单信息进行有效确认。
2. 会根据客户需求与企业实际对存货进行合理分配与缺货处理。
3. 会根据业务需要,快速、准确地建立客户档案。
4. 会设计及填写拣货单、送货单、缺货单。
5. 会分析订单处理作业的状况、制订订单处理异常的应变计划和对订单处理作业进行有效的管理。

任务一 订单处理作业流程

任务导入

某配送中心今天9:00收到两张客户订单。A客户需要飘柔400mL润肤洗液20箱、娃哈哈350mL矿泉水100箱;B客户需要飘柔400mL润肤洗液15箱、海天700g蚝油30箱。经确认此两张订单有效,而且上述三种产品在该配送中心是分区存放,库存能满足需求。请完成以下任务。

(1)确定此两张订单的存货分配模式,并输出订单处理的相关单据。

(2)画出此两张订单处理的流程图。

(3)思考:①如果该配送中心的库存不能满足此三种商品的需要,该怎么办?②如果该配送中心今天上午接到的订单是几十张,甚至上百张,订单如何处理才能提高效率?

订单处理(order processing)是指有关客户和订单的资料确认、存货查询和单证处理等活动(《物流中心作业通用规范》(GB/T 22126—2008)),具体指从接到客户订货开始到准备着手拣货为止的作业阶段,对客户订单进行品项数量、交货日期、客户信用度、订单金额、加工包装、订单号码、客户档案、配送货方法和订单资料输出等一系列的技术工作。

订单处理是配送活动与信息流的起点,贯穿配送业务的始终,是关键的核心业务。订单处理不仅把上下游企业紧密地联系在一起,而且处理输出的各种信息指导着配送中心内部的采购管理、库存管理和储存、拣货、分类集中、流通加工、配货核查、出库配装、送货及货物的交接等各项作业有序高效地展开。规范订单处理流程,可提高配送效率与实现配送服务的"7R"要求。一般的订单处理作业流程如图9-1所示。

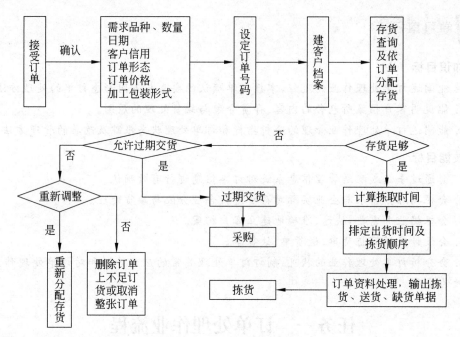

图9-1 订单处理作业流程

一、接受客户订单

订单是配送中心开展业务的依据,因客户类型不同,常见的订单有工业订单、零售订单、消费者订单,三者在格式与内容方面有一些差别,表9-1是超市零售订单示例。订单设计要针对配送中心业务及管理的需要,实用、简洁。

接单为订单处理作业的第一步,配送中心接受客户订货的方式主要有传统订货方式和电子订货方式两大类。随着流通环境及科技的发展,接受客户订货的方式也逐渐由传统的人工下单、接单,演变为计算机间直接送收订货信息的电子订货方式。

1. 传统订货方式

传统订货方式可分为七种,如表9-2所示。

表 9-1　××超市订单

No.：×××××××

订货单位：××超市××店							电话：×××××××××			
地址：××市××区××街××号							订货日期：2021年6月18日			
序号	品　名	规　格	数量	重量	体积/cm³（长×宽×高）		单价/元	总价/元	备注	
1	福光柴鸡蛋	60枚礼盒	20箱	3kg	30×18×15		55	1 100		
2	蒙牛酸牛奶	18袋百利包	10箱							
3	金龙鱼色拉油	4桶，5L	25箱							
⋮	⋮	⋮								
合　　　计										
交货日期：2021年6月19日下午4：30前					交货地点：					
订单形态：□一般交易　□现销式交易　□间接交易　□合约交易　□寄库交易　□其他										
加工包装：					配送方式：□送货　□自提　□其他					
付款方式：					用户信用：□一级　□二级　□三级　□四级　□五级					
特殊要求：										
制单：							审核：			

表 9-2　传统订货方式

传统订货方式	具 体 操 作
厂商补货	供应商将商品放在车上，一家家去送货，缺多少补多少。周转率较快或新上市的商品较常使用
厂商巡货、隔日送货	供应商派巡货人员前一天先至各客户处巡查需补充的货品，隔天再进行补货
电话口头订货	订货人员将商品名称及数量通过电话口述方式向厂商订货
传真订货	客户将缺货资料整理成书面资料，利用传真机传给厂商
邮寄订单	客户将订货表单邮寄给供应商
客户自行取货	客户自行到供应商处看货、取货，此种方式多为以往传统杂货店因地域较近所采用
业务员跑单接单	业务员至各客户处推销产品，而后将订单带回或紧急时以电话先联络公司通知客户订货情况

以上订货方式需人工输入资料且经常重复输入，在输入、输出间经常出现时间耽误及错误，造成无谓的浪费。现今客户更趋向于多品种、小批量、高频度的订货，要求快速、准确地送货，传统订货方式已逐渐无法满足客户的需求，电子订货应运而生。

2. 电子订货方式

电子订货，通过电子传递方式取代传统人工书写、输入、传送的订货方式，即将订货资料转为电子资料形式，再由通信网路传送进行订货。此系统即称电子订货系统（electronic order system，EOS，不同组织间利用通信网络和终端设备进行订货作业与订货信息交换的系统，《物流术语》（GB/T 18354—2006））。做法可分为三种，如表9-3所示。

表 9-3　电子订货方式

电子订货方式	具体操作
订货簿或货架标签配合手持终端机及扫描器	订货人员携带订货簿及手持终端(handy terminal,H.T)及扫描器巡视货架,若发现商品缺货,则用扫描器扫描订货簿或货架上的商品标签,再输入订货数量,利用计算机将订货资料传给总公司或供应商
point of sale 销售时点管理系统(POS)	客户设定安全存量,每当销售一笔商品时,计算机自动扣除该商品库存,当库存低于安全存量时,即自动产生订货资料,将此订货资料确认后即可通过网络传给总公司或供应商
订货应用系统	客户信息系统里若有订单处理系统,可将应用系统产生的订货资料,经由特定软件转换功能转成与供应商约定的共通格式,在约定时间里将资料传送出去

电子订货方式是一种传送速度快、可靠性与准确性高的订单处理方式,可大幅度提高客户服务水平,有效缩减库存及相关成本费用,但其投资及运营费用较为昂贵。

二、客户订单确认

订单确认,不仅能明确订单有效与否,而且也能确定订单的具体处理方法。

1. 确认货物名称、数量及日期

订单资料的基本检查。尤其当要求送货时间有问题或出货已延迟时,更需要再次与客户确认订单内容或更正期望运送时间。

2. 确认客户信用

查核客户的财务状况,确定其是否有能力支付该件订单的账款,其做法多是检查客户的应收账款是否已超过其信用额度。可通过输入客户代号(名称)、订购货品资料两种途径进行查询。

3. 确认订单形态

配送中心面对众多的交易对象,由于客户的不同需求,其做法也有所不同,反映到接受订货业务上,则具有多种的订单交易形态及相应的处理方式,如表 9-4 所示。

表 9-4　订单形态与处理方式说明

订单类别	含义	具体处理方法
一般交易订单(常见订单)	接单后按正常作业程序拣货、出货、配送、收款结账的订单	接单后,将资料输入订单处理系统,按正常的订单处理程序处理,资料处理完后进行拣货、出货、配送、收款、结账等作业
现销式交易订单	与客户当场直接交易、直接给货的交易订单	订单输入前就已把货物交给了客户,故订单不需再参与拣货、出货、配送等作业,只需记录交易资料,以便收取应收款项
间接交易订单	客户向配送中心订货,但由供应商直接配送给客户的交易订单	接单后,将客户的出货资料传给供应商由其代配。客户的送货单是自行制作或委托供应商制作,应对出货资料(送货单回联)加以核对确认

续表

订单类别	含义	具体处理方法
合约式交易订单	与客户签订配送契约的交易。如签订在某期间内定时配送某数量的商品	约定送货日到时,将该资料输入系统处理以便出货配送;或一开始输入合约内容并设定各批次送货时间,在约定日到时系统自动处理
寄库式交易订单	客户因促销、降价等市场因素而先行订购某数量商品,以后视需要再要求出货的交易	当客户要求配送寄库商品时,系统检核是否确实,若有,则出货时要从此项商品的寄库量中扣除。注意此项商品的交易价格是依据客户当初订购时的单价计算
兑换券交易订单	客户通过兑换券所兑换商品的配送出货	配送客户兑换券的商品时,系统应查核是否确实,若确实,依兑换券兑换的商品及兑换条件予以出货,并扣除兑换量和回收兑换券

4. 确认订货价格

不同客户有不同的订购量,可能有不同的售价,输入价格时系统应加以核对。

5. 确认加工包装

客户对于订购的商品,是否有特殊的包装、分装或贴标签等要求,或是有关赠品的包装等资料都需要详细加以确认记录。

6. 设定订单号码

每一张订单都要有其单独的订单号码,所有配送工作说明单及进度报告均应附此号码。

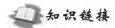 知识链接

减缓高峰订单拥挤,订单确认作业平均化的方法

(1) 截止订货时间。在订货截止时间的前一小时通常会出现大量订单,为避免这种巨额的订单在某一时刻涌入可将客户分类,每类客户分别设定其订货截止时间,以分散高峰订货量。

(2) 账款结算日。结算日的后一天,常有大量订单出现,可设定多种结算日期,以分散高峰时段的拥挤。

(3) 节日或假日。节日或假日的前后时间,通常也是订货量较多的时段,不过这种因季节性或因消费者需求形态引起的高峰订货量较不易控制,只能由人员调用或系统功能加强来加以调控。

三、建立客户档案

将客户信息详细记录,不仅助力此次交易顺利进行,且有利于以后合作机会的增加。客户档案有各种形式,配送中心可根据订单处理系统的要求自行设计。常见的客户档案应包含订单处理需要用到的与配送作业相关的资料,具体如下。

(1) 客户姓名、代号、等级形态(产业交易性质)。

(2) 客户信用额度。

(3) 客户销售付款及折扣率的条件。

(4) 开发或负责此客户的业务员。

(5) 客户配送区域。例如,地区、省、市、县及城市各区域等,基于地理位置或相关特性将客户分类于不同区域将有助于提升管理及配送的效率。

(6) 客户收账地址。

(7) 客户点配送路径顺序。按照区域、街道、客户位置,为客户分配适当的配送路径顺序。

(8) 客户点适合的车辆形态。客户所在地点的街道对车辆大小有所限制。

(9) 客户点卸货特性。由于建筑物本身或周围环境特性(如地下室有限高或高楼层),可能造成卸货时有不同的需求及难易程度,在车辆及工具的调度上需加以考虑。

(10) 客户配送要求。客户对于送货时间有特定要求或有协助上架、贴标签等要求。

(11) 过期订单处理指示。若客户能统一决定每次延迟订单的处理方式,则可事先将其写入资料档案,以省去临时询问或需紧急处理的不便。

四、存货查询与分配

(一) 存货查询

确认是否有库存能够满足客户需求,又称事先拣货。存货档案的资料一般包括货品名称、代码、产品描述、库存量、已分配存货、有效存货及期望进货时间。查询存货档案资料,看此商品是否缺货,若缺货则应提供商品资料或是此缺货商品是否已经采购但未入库等信息,便于接单人员与客户协调是否改订其他替代品或是允许延后出货等权宜办法,以提高人员的接单率及接单处理效率。

(二) 分配存货

订单资料输入系统,确认无误后,最主要的处理作业在于如何将大量的订货资料做最有效的汇总分类、调拨库存,以便后续的物流作业能有效地进行。存货分配的两种模式为单一订单分配和批次分配。

1. 单一订单分配

此种情况多为线上即时分配,即在输入订单资料时,就将存货分配给该订单。

2. 批次分配

累积汇总数笔已输入的订单资料后,再一次分配库存。配送中心因订单数量多、客户类型等级多,且多为每天固定配送次数,因此通常采行批次分配以确保库存能作最佳的分配,但需注意订单分批灵活处理的原则与方法,如表 9-5 所示。

表 9-5 订单批次分配的处理原则与方法

批次划分原则	处理方法
按接单时序划分	将整个接单时段划分成几个区段,若一天有多个配送批次,可配合配送批次,将订单按接单先后分为几个批次处理
按配送区域或路径划分	将同一配送区域或路径的订单汇总一起处理
按流通加工需求划分	将需要加工处理或相同流通加工处理的订单汇总一起处理
按车辆需求划分	若配送商品需要特殊的配送车辆(如低温车、冷冻车、冷藏车)或客户所在地卸货特性,特殊形态车辆可汇总合并处理

以批次分配选定参与分配的订单后,若订单的某商品总出货量大于可分配的库存量,

又该如何分配这有限的库存？可依据以下四个原则来决定客户订购的优先性。

（1）具有特殊优先权者先分配。上次拣货允诺交货的订单，如缺货补货订单、延迟交货订单、紧急订单或远期订单，或客户提前预约或紧急需求的订单，应有优先取得存货的权利。

（2）依客户等级取舍。重要性程度高的客户进行优先分配。

（3）依订单交易量或交易金额取舍。将对公司贡献度大的订单作优先处理。

（4）依客户信用状况取舍。将信用较好的客户订单作优先处理。

存货分配方式决定了下一步的拣货作业，如果是单一订单分配，则采用单一顺序拣选；如果是批次分配，则采用批量拣选方式。

订单处理的优先原则

五、拣货顺序确定与拣货时间计算

拣货顺序直接影响拣货效率，它决定了拣货人员行走距离的长短，即拣货时间长短。拣货顺序可依据仓储货位的状况及货物存放的位置确定。

由于要有计划地安排出货进程，应对每一张订单或每批订单可能花费的拣取时间进行粗略计算：首先计算每一单元（一托盘、一纸箱、一件）的拣取标准时间；其次依据每种商品的订购数量（多少单元），再配合每种商品的寻找时间，计算出每种商品拣取的标准时间；最后根据每一订单或每批订单的订货品种并考虑一些纸上作业的时间，算出整张或整批订单的拣取标准时间。

六、缺货处理

若现有存货数量无法满足客户需求，且客户不愿以替代品替代时，则依客户意愿与公司政策来确定应对方式。存货不足的处理说明如表9-6所示。

表9-6 存货不足的处理说明

情况类别	约束条件	处理说明
客户不允许过期交货	公司无法重新调拨	删除订单上不足额的订货，甚至取消订单
	公司无法重新调拨	重新分配存货
客户允许不足额订单	公司政策不希望分拣送货	删除订单上不足额的部分
	等待有货时再补送货	等待有货时再补送
	处理下一张订单时补送	与下一张订单合并配送
	有时限延迟交货，并一次配送	客户允许一段时间的过期交货，且希望所有订单一同配送
	无时限延迟交货，并一次配送	不论需等多久客户皆允许过期交货，且希望所有订货一同送达，则等待所有订货到达后再出货
客户希望所有订货一次配送，且不允许过期交货	—	将整张订单取消
根据公司政策	—	允许过期分批补货；由于分批出货的额外成本高，不愿分批补货，宁可客户取消订单，或与客户商议延迟交货日期

七、订单资料处理输出

订单资料经由上述的处理后,即可输出或打印出货单据,主要单据有拣货单、送货单、缺货单,通过这些单据指导后续的作业。

1. 拣货单(出库单)

拣货单可提供商品出库指示资料,并作为拣货的依据。拣货单需配合配送中心的拣货策略及拣货作业方式来加以设计,以提供详细且有效率的拣货信息,便于拣货的进行。拣货单按存货分配方式可分为分户拣货单、品种拣货单。例如,有两家超市订单如表9-7和表9-8所示。

表9-7 乐凌超市订单

序号	商品名称	规格	单位	数量	单价/元	金额/元	备注
1	加多宝凉茶	310mL×24罐	箱	20	80	1 600	
2	康师傅冰红茶	600mL×12瓶	箱	40	32	1 280	
3	统一鲜橙多饮料	450mL×12瓶	箱	50	35	1 750	
	合 计			110	—	4 630	

表9-8 乐轩超市订单

序号	商品名称	规格	单位	数量	单价/元	金额/元	备注
1	加多宝凉茶	310mL×24罐	箱	50	80	4 000	
	合 计			50	—	4 000	

两家超市都订购310mL×24罐的加多宝凉茶,订单处理时可汇总批次处理,输出品种拣货单,如表9-9所示。只有乐凌超市订购康师傅冰红茶、统一鲜橙多饮料,处理订单时单独处理,输出分户拣货单,如表9-10所示。

表9-9 品种拣货单

拣货单号	20211007110006		包装单位			储位号码	
商品名称	加多宝凉茶		托盘	箱	单件		
规格型号	310mL×24罐	数量		70		01080603	
商品编码	4891599338393		生产厂家	加多宝(中国)饮料有限公司			
拣货时间	2021.10.08				拣货人	张三	
核查时间	2021.10.08				核查人	李四	
序号	订单编号	客户名称	单位	数量		出货货位	备注
1	A003	乐凌超市	箱	20		3	
2	A008	乐轩超市	箱	50		8	

表 9-10 分户拣货单

拣货单编号	2021100712018		用户订单编号		A003	
用户名称	乐凌超市					
出货日期	2021.10.08		出货货位号		3	
拣货时间	2021.10.08		拣货人		王五	
核查时间	2021.10.08		核查人		郑六	

序号	储位号码	商品名称	规格型号	商品编码	数量(包装单位)			备注
					托盘	箱	单件	
1	01081202	康师傅冰红茶	600mL×12 瓶	6921317996364		40		
2	01080602	统一鲜橙多饮料	450mL×12 瓶	6925303721039		50		

2. 送货单

物品交货配送时,通常需附上送货单据给客户清点签收。因为送货单主要是给客户签收、确认的出货资料,其正确性及明确性很重要。送货单如表 9-11 所示。

表 9-11 送货单

收货单位			送货人员	
送达地点			送货时间	
发运物品详细内容				
商品名称	规格型号	生产厂家	单位	单价/元	数量	金额/元	备注
合　　计							
收货方验收情况	验收人员		收货方负责人签字	负责人	(公章)
	日　期			日　期	

说明:此送货单可一式三联,第一联为货到目的地后用作签收,并由送货人员带回交给部门主管;第二联送仓储部提货用;第三联送财务办理结算用。

3. 缺货资料

库存分配后,对于缺货的商品或缺货的订单资料,系统应提供查询或报表打印功能,以便人员处理。

(1) 库存缺货商品,提供依据商品类别或供应商类别进行查询的缺货商品资料,以提醒采购人员紧急采购,如表 9-12 所示。

表 9-12 商品缺货表

编号:					日期:	年　月　日	
商品名称	规格型号	生产厂家	商品编码	缺货数量	储存位置	安全库存	备注

(2)缺货订单,提供依据客户类别或外务人员类别查询的缺货订单资料,以便相关人员处理,如表9-13所示。

表9-13 缺货订单表

编号: 日期: 年 月 日

订单号	客户名称	缺货商品名称	规格型号	生产厂家	商品编码	缺货数量	备注

随着拣货、储存设备的自动化,利用计算机、通信等方式处理显示拣货信息的方式已取代部分传统的拣货表单,如配有电子标签的货架、拣货台车以及自动存取的自动化立体仓库等。采用这些自动化设备进行拣货作业时,需注意拣货信息的格式与设备显示器的配合以及系统与设备间的信息传送及处理。

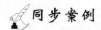同步案例

京东海量订单处理系统

2019年京东6·18活动,从6月1日0点到6月18日24点,累计下单金额达2 015亿元。在此期间,京东物流智能仓处理单量同比增长达99%,从容应对亿级订单,尽管单量暴增,但京东物流仓配一体服务订单中当日达和次日达的占比仍创新高,超过91%。

客户在京东网上提交订单后,需要经历多个环节和各个系统的处理才能把货送到客户手中。京东订单履约中心(order fulfillment center,OFC)是连接用户下单并转换用户订单为各终端系统生产单和按要求送达到相应终端系统的部门。目前,OFC是连接亿级用户和全国已超过150个终端库房的重要通道枢纽,需要处理大量数据。其目标是在保证客户体验的同时,更多地通过在成本和流程上优化来降低成本。库存分配将在保证订单履约的前提下,打破现在先下单先占库存的规则,提高商品库存周转率和现货率,同时给客户提供更早的收货时间选择。

OFC订单处理业务分为3个模块:订单拆分、订单转移、订单下传和回传。以"订单履约率"为核心指标的业务涉及11个系统:订单交易系统、订单管道系统、拆分系统、转移系统、订单任务系统、OFC相关系统、预分拣系统、面单系统、增值税资质服务、发票系统、WMS系统。近年来,京东的业务领域不断拓展,订单量飞速增加,这些系统关键在于如何处理海量数据以及保障数据的一致性和不断提高系统的扩展能力。下面介绍拆分系统、转移系统。

拆分系统中除了需要根据商品的不同属性进行拆分外,还需要对订单中使用的金额、优惠、运费等信息进行分摊处理。为改变拆分信息的混乱,京东以金额信息处理为逻辑基础,专门做了一个在线计费系统(OCS)。拆分只需要对其调用就可以,同时对

OCS 分摊结果的数据进行持久化数据存储,使其成为其他系统使用和处理业务逻辑的数据基础来源。到现在为止,直接使用 OCS 数据的平台就有 20 多个,其重要性不言而喻。

转移系统为了进一步保证订单及时准确地转移到下游的库房系统,在业务和技术架构上进行了一系列的改进:业务和数据处理异步化,即将可以异步化处理的业务和数据放入分布式队列,由对应的模块处理,使主流程业务简单快速流转;数据处理并行化,将数据切割成多个业务单元,并行处理业务单元;针对变化少、实时性要求不严格的热点数据,使用缓存并配以更新机制,以提高性能;对于业务洪峰,通过平滑控制保护后续系统不被洪峰压垮。

任务二 订单处理作业管理

任务导入

某配送中心 5 月共收到订单 1 200 份,总出货量为 2.4 万吨,其中按订单要求发货时间的交货有 894 份,由于种种原因延迟发货量 1 280t。客户为解决货物的短缺,又要求该配送中心补充紧急订单 98 份,配送中心组织人力在 12h 内发出了 58 份货物。客户对该配送中心订单处理跟踪查询的信息透明度觉得不满意。请完成以下任务。

(1) 设计反映该配送中心订单处理作业管理的评价指标。

(2) 针对该中心的订单处理作业情况,提出合理的改进方向与措施。

(3) 结合当今客户需求,说明响应紧急订单的意义,怎样才能快速响应?

有专家称 20 世纪 60 年代企业靠成本取胜,80 年代靠质量取胜,21 世纪则靠速度取胜,这里的速度是指对订单的反应速度,即订货周期(order cycle time),也称为订单处理周期。订货周期是指从客户发出订单到客户收到货物的时间(《物流术语》(GB/T 18354—2006))。客户希望订货周期短而且稳定,从而降低自己经营的风险与成本。国外研究机构的调研结果表明,与订单准备、订单传输、订单录入、订单履行相关的物流活动占到整个订单处理周期的 50%~70%。所以,配送中心要认真管理订单在配送过程中的执行情况,才能获得竞争优势。

一、订单处理流程的跟踪

订单的执行必须适时跟踪,如图 9-2 中,第一栏订单的状态随着第二栏作业流程相应地发生变动。对订单进行跟踪,不仅能更好地管理订单的处理及执行,还可满足客户希望了解订单处理状态的要求。

二、异常情况下的订单处理

掌握订单的状态变化并详细记录各阶段档案资料后,对于订单变动的处理则能更顺手,只要了解此订单异常时所处的状态,再针对其对应的档案加以修正处理。异常订单处理方法见表 9-14。

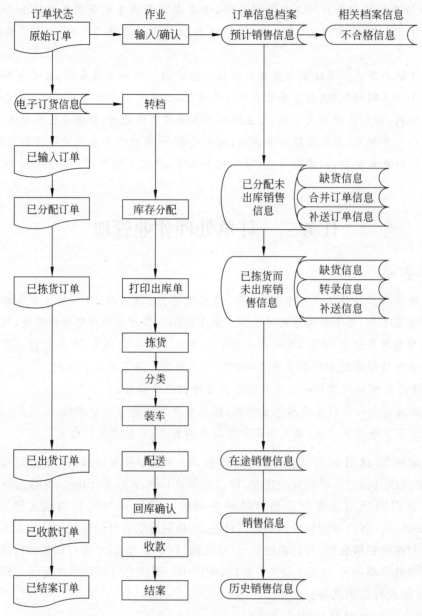

图 9-2 订单处理流程跟踪

表 9-14 异常订单处理方法

异常订单	处 理 方 法
客户取消订单	客户取消订单常常会造成许多损失，因此在业务处理上需要与客户就此问题进行协商。若目前订单处于已分配未出库状态，则应从已分配未出库销售资料里找出此订单，将其删除，并恢复相关品项的库存资料（库存量/出库量）；若此订单处于已拣货状态，则应从已拣货未出库销售资料里找出此笔订单，将其删除，并恢复相关品项的库存资料（库存量/出库量），且将已拣取的物品按拣货的相反顺序放回拣货区

续表

异常订单	处 理 方 法
客户增订	如果客户在出货前临时打电话来增加订购某物品,那么作业人员要先查询客户的订单目前处于何种状态,是否还未出货,是否还有时间再去拣货。 若接受增订,则应追加此笔增订资料;若客户订单处于已分配状态,则应修改已分配未出库销售资料文件里的这笔订单资料,并更改物品库存档案资料(库存量/出库量)
拣货时发生缺货	拣货时发现仓库缺货,则应从已拣货未出库销售资料里找出这笔缺货订单资料,加以修改。若此时出货单据已打印,则必须重新打印
配送前发生缺货	当配送前装车清点时才发现缺货,则应从已拣货未出库销售资料里找出此笔缺货订单资料,加以修改。若此时出货单据已打印,则必须重新打印
送货时客户拒收/短缺	配送人员送货时,若客户对送货品项、数目有异议予以拒收,或是发生少送或多送,则回库时应从在途销售资料里找出此客户的订单资料加以修改,以反映实际出货资料

三、订单处理作业的改善

从客户角度,订货周期的稳定性与时间长短、送货的准确性、订单处理状态跟踪等因素是实现价值与客户满意的重要保证。从配送中心的角度,运用先进的技术手段和对业务流程的重组与改善,在提高顾客服务水平的同时降低配送总成本,获得竞争对手难以模仿的竞争优势,是企业的一项至关重要的经营战略。

改善订单处理过程的动因主要来自顾客角度和企业角度两个方面。改善订单处理过程主要考虑四方面因素,如图9-3所示。

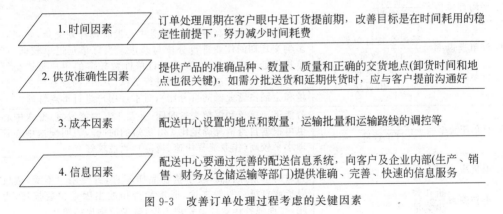

图9-3 改善订单处理过程考虑的关键因素

改善订单处理关键因素的分析,不仅能提高顾客服务水平、降低配送总成本,还能获得客户的认知和理解,在服务价格、结款方式与时间等方面占主导地位。

例如,某物流有限公司以成都为中心为松下家电与电工产品提供近16个省的配送服务业务。该物流企业非常重视订单业务的分析,通过仓储、配送运输业务的详细分析,在满足客户订单服务需要的同时,努力改善订单处理过程以降低配送总成本,不仅获得同业竞争优势,而且在准确数据的基础上获得业务议价权,配送服务价格的上涨得到松下的同意。

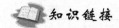

改善订单处理的技巧

(1) 提高订单履行的准确度。如果能够准确无误地完成客户订单的处理周期,不产生任何错误,那么订单处理是最关键的,因此要尽量减少出错的概率。

(2) 合理分配订单处理的先后顺序。从企业的发展角度出发,把有限的时间、生产能力及人力资源配置到最有利可图的订单上,享有优先级的订单被优先处理,而其他订单则稍后进行处理。

(3) 灵活选择订单处理的方法。把订单收集成组批处理可降低处理成本,将几个小订单集中组成较大运输批量可降低运输成本,但都延长了订单处理时间。因此,在减少处理成本与运输成本的同时,要进行综合平衡。

四、订单处理作业分析指标

订单处理作业的优劣直接影响配送中心的经济效益,从改善订单处理效率的因素考虑,应对订单处理作业提出分析评价指标。订单处理分析指标及改善方法见表 9-15。

表 9-15 订单处理分析指标及改善方法

分析指标种类	指标分析及改善方法
1. 平均每日订单数 = $\dfrac{\text{订单数量}}{\text{工作天数}}$ 2. 平均客单数 = $\dfrac{\text{订单数量}}{\text{下单客户数}}$ 3. 平均客单价 = $\dfrac{\text{营业额}}{\text{订单数量}}$	平均每日订单数、平均客单价指标数值不高,表明配送中心业务量不多,有待拓展业务,谋求较大的效益。改进方法是强化经营体制,加强促销,提高产品质量,经营用户欢迎的货物
4. 订单延迟率 = $\dfrac{\text{延迟交货订单数}}{\text{订单数量}}$ 订单货件延迟率 = $\dfrac{\text{延迟交货量}}{\text{出货量}}$	当订单延迟率较高时,表示配送中心没有按计划交货,必须对影响交货期的作业进行分析与改进。当订单延迟率较低,订单货件延迟率较高时,表示对订件数较多的用户延迟交货率较高。解决方法是对用户进行 ABC 分析(调查各用户订购量和金额占营业额的百分比),对重点用户进行重点管理
5. 订单速交率 = $\dfrac{\text{12h内的发货订单}}{\text{订单数量}}$	若能迅速接单和缩短交货时间,并在 12h 内能发货(配送中心也可根据自身情况确定比 12h 更短的时间),说明配送中心管理水平较高(作业流程快速、规范),效益较好
6. 退货率 = $\dfrac{\text{退货数}}{\text{出货量}}$ 折扣率 = $\dfrac{\text{折扣数}}{\text{出货量}}$ (也可用金额表示)	当这两个指标较高,表示货物品质不良,致使用户不满,造成退货或打折。一般来说,退货和折扣的主因是包装损坏,为此,要加强各作业环节管理工作,减少货物损坏率
7. 取消订单率 = $\dfrac{\text{取消订单数}}{\text{订单数量}}$ 用户意见率 = $\dfrac{\text{意见次数}}{\text{订单数量}}$	当这两个指标较高时,其原因为货物品质不良、服务态度不好、未按时交货、同业竞争激烈
8. 订单满足率 = $\dfrac{\text{实际交货数量}}{\text{订单货物需求数量}}$ 缺货率 = 1 − $\dfrac{\text{订单满足率或缺货数量}}{\text{订单货物需求数量}}$	订单满足率是衡量订货实现程度及其影响的指标《物流术语》(GB/T 18354—2006))。据此可知库存控制决策是否正确。缺货率是衡量缺货程度及其影响的指标《物流术语》(GB/T 18354—2006)),若缺货率太高,则易使客户失去信心而流失。缺货率高的原因:库存量控制不佳、购货时机不当、上级供应商交货延误等

续表

分析指标种类	指标分析及改善方法
9. 短缺率 = $\dfrac{\text{出货品短缺量}}{\text{出货量}}$	短缺率太高,也会流失客户。其主因:接单时登录出错、拣货单打印出错、拣货时造成短货、拣货分类时出错、包装货品时出错、检查作业时失误、搬运装车时出错、配送过程中物品损耗。必须针对上述出错环节逐一整改,加强管理,提高配送中心信誉度

同步案例

基于客户订单分析的物流业务改进措施

国内某知名物流企业为"喜之郎"系列产品提供仓储、运输、配送等服务。公司基于服务水平与成本因素对不同地区的客户订单进行详细分析后,提出了下列改进措施。

(1) 当地物流市场 10:00 左右为调车高峰期,较易调派到车辆。若 15:00 以后接单,而要求当晚装货,此段时间调车成本相对较高。公司对接单时间统计得出,下午接单量占当日接单总量 58%,其中 15:00 以后接单占当日接单总量的 34%。公司决定每日订单截止时间控制在 12:00 之前,若 15:00 之后的订单,尽量将派车时间安排在次日。

(2) 根据"喜之郎"系列产品特点及当地物流市场以 9.6m 的长途车居多,其车厢尺寸为(长×宽×高)为 $9.6m \times 2.4m \times 2.4m$,为尽量使车满载,降低运输成本,单笔订单整车计划下达量控制为 $51 \sim 54 m^3$。

(3) 根据业务数据分析,每月的第四周发货量较大,占总发货量的 40% 左右;每月的第一周发货量较小,占 17%。所以公司决定加强均匀发货管理,尽量避免月底集中大量发货。

(4) 由于回单签收、审核矛盾突出,公司运用了电子签名进行回单签收,并制定了电子签章标准流程:制章→签章→验证,不仅提高了客户满意度,还提高了作业效率、降低了成本。

(5) 建立 EDI 系统,使数据准确性与操作效率大幅提升,工作流程规范、有序,并实现订单执行过程的全程可视化监控。

(6) 发货品项有 201 个品种之多,根据产品的外包装标识很难辨认产品类别,致使货物分拣速度较慢。公司采取了外包装箱上加注醒目的识别标志、建立产品自动分拣系统、实施条码管理等改进措施。

通过以上的改进措施的实施,该公司的服务水平及成本都得到改善。所以订单处理作业的规范、有效分析与管理是十分必要的。

项目检测

一、案例分析

美国南方公司的订单处理系统

南方公司因拥有 7 800 家快捷式便利店而闻名于世。每家便利店内绝大部分空间都要用于销售,所有货架上的商品必须频繁得到补给。因此公司配送中心的订单处理系统必须做到方便、快捷、准确，以保证店里的货源不断。

每家分店都有一份针对该店印就的库存清单或称订货指南，其上列明授权各分店销售的商品。店铺经理或工作人员用一个手持电子订单录入器读出订货指南或货架上的条码，接着输入每种商品所需的数量。该信息随后通过电话线传到南方公司的配送中心，在那里进行订单录入及履行。

配送中心的订单录入和订单履行系统把全天收到的订货及调整信息按商品、仓库汇总起来。在全部订单都收讫后，系统按商品、按各仓库供货区的订购量生成一张拣货清单。同时，系统还监控各货架上的货量，一旦某货架上的库存量低于预先设定的临界点，系统就会生成一张大宗货物拣货单，示意仓库的工作人员从托盘货物存储区提取一整箱货物，送到单品拣货区。在这份大宗货物拣货单上，还标明应附在商品上的零售价格，并指明贴过价签后的商品应摆放在哪个拣货区。在单品拣货区，商品是从货架的后部补充进来的，从货架的前部被放入塑料拣货箱或纸板物品箱里。当大宗货物或托盘货物储存区的库存不足时，系统就会根据经济订货批量向采购人员提出理想的订货量。采购人员在审核订货量订视情况对订货规模做出调整后，系统即开始准备针对供应商的采购订单。系统还可以根据各分店订购货物的体积，每天利用可变的运输调度法安排货车装货，调整送货路线。通过对各货车车厢的合理配货，系统可以保证最大限度地利用载货空间，并使每条路线的行车里程最短。然后，系统按照与装货次序相反的顺序打印交付收据，以方便各分店或货车司机清点货物。

南方公司通过这个订单处理系统获益匪浅，订单平均履行率在 99% 以上，仓库库存每 22 天周转一次。

请回答下列问题。

1. 南方公司的配送中心订单处理系统有何特点、作用？
2. 南方公司的配送中心订单处理系统的作业流程是怎样的？

二、问答题

1. 简述订单处理作业的流程，并思考如何提高订单处理效率。
2. 针对不同的客户类型，业务要求与重点会有差别，工业、零售、消费者等的订单应该怎样设计？
3. 不同订单形态的订单内容应如何设计？
4. 分析订单的有效性要考虑哪些因素？
5. 异常情况下的订单处理方法有哪些？

项目九　订单处理作业试题

项目十

分拣与补货作业

知识目标

1. 能阐述分拣作业的流程。
2. 能说明分拣作业的分析指标,熟悉影响分拣效率的因素和解决对策。
3. 能阐述补货作业的概念和流程,掌握各种补货方式和选择补货时机的方法。

技能目标

1. 会根据配送中心经营目标和客户订单确定分拣作业流程。
2. 能根据订单特性及配送中心的实际情况,选择合适的拣货方法,低成本、高效率地完成拣货任务。
3. 会根据实情制订补货方案并实施。

任务一 分拣作业

任务导入

某配送中心接到了来自三个不同门店的订单,订单的具体内容如表 10-1~表 10-3 所示。假设你是配送中心的分拣人员,请根据这三个门店的订单制作分拣单并为这些客户进行货物分拣。

表 10-1 门店一的订单

货品代码	货品名称	单位	规格	数量	条码
31031101	青岛啤酒 640mL	瓶	1×12	3	6926027711061
31030708	兰得利蓝特爽啤酒	瓶	1×12	4	6926026526461
03091705	怡宝纯净水 3800mL	桶	1×12	3	6926026552261
03010302	可口可乐 600mL	瓶	1×12	2	6926026535311
13010380	来一桶酸菜牛肉面 137g	碗	1×12	7	6925303773038

表 10-2　门店二的订单

货品代码	货品名称	单位	规格	数量	条码
03091705	怡宝纯净水 3800mL	桶	1×12	7	6926026552261
03010302	可口可乐 600mL	瓶	1×12	5	6926026535311
13010380	来一桶酸菜牛肉面 137g	碗	1×12	4	6925303773038
31030708	兰得利蓝特爽啤酒	瓶	1×12	2	6926026526461
53171101	双船卷纸 500g	卷	1×10	1	6925623107845
13010952	农心大碗面 117g	碗	1×12	8	6922343185145

表 10-3　门店三的订单

货品代码	货品名称	单位	规格	数量	条码
31031101	青岛啤酒 640mL	瓶	1×12	5	6926027711061
31030708	兰得利蓝特爽啤酒	瓶	1×12	3	6926026526461
03010302	可口可乐 600mL	瓶	1×12	5	6926026535311
13010380	来一桶酸菜牛肉面 137g	碗	1×12	4	6925303773038
13070709	龙口粉丝香辣排骨 63g	碗	1×12	2	6928537100045
53171101	双船卷纸 500g	卷	1×10	1	6925623107845
13010952	农心大碗面 117g	碗	1×12	8	6922343185145

请快速、准确、低成本地按三个门店的要货要求,把商品拣选出来。

分拣作业(order picking)是按订单或出库单的要求,从储存场所拣出物品,并放置在指定地点的作业(《物流术语》(GB/T 18354—2006))。具体是指依据客户的订货要求或配送中心的送货计划,迅速、准确地将商品从其储位或其他区域拣取出来,并按一定的方式进行分类、集中,等待配装送货的作业过程。

随着商品经济逐步深入,社会需求呈现出向小批量、多品种方向发展的趋势,配送商品的种类和数量急剧增加,这使分拣作业在配送作业中的比重越来越大。所以,配送中心必须分析客户订单,采用适当的拣选设备,按拣选作业过程的实际情况,运用一定的方法策略组合,采取切实可行且高效的拣选方式提高拣选效率、防止差错。

一般的分拣作业流程如图 10-1 所示。

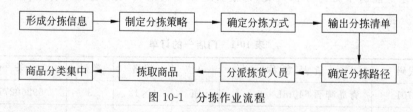

图 10-1　分拣作业流程

一、形成分拣信息

分拣信息的主要目的是指示拣货操作如何进行。分拣信息来源于顾客的订单或配送中心的送货计划,再根据配送中心储存与分拣的货物包装单位、分拣与信息传递设备、配送中心平面布置等,在保证拣货正确、快速、低成本的原则上形成。

(一)分拣单位

分拣单位是指分拣作业中拣取货物的包装单位。分拣单位是根据客户订单分析出来的结果而决定的,如图 10-2 所示。订货单位合理化主要是避免过小单位出现在订单中,减少作业量与误差。

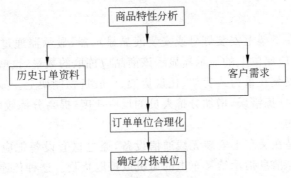

图 10-2 分拣单位的确定

配送作业中分拣包装单位通常有以下四种。

(1) 单件。单件商品包装成独立单元,以该单元为拣取单位,是分拣的最小单位。

(2) 箱。由单件装箱而成,分拣过程以箱为拣取单位。

(3) 托盘。由箱堆码在托盘上集合而成,经托盘装载后加固,每托盘堆码数量固定,分拣时以整托盘为拣取单位。

(4) 特殊物品。体积过大,形状特殊,或必须在特殊情况下作业的货物,如桶装液体、桶装颗粒、冷冻食品等,分拣时以特定包装形式和包装单位为准。

通常储存单位必须大于或等于分拣单位,详见表 10-4 中所示的七种模式。

表 10-4 储存单元与分拣单位组合

模式	储存单位	分拣单位	记录	模式	储存单位	分拣单位	记录
Ⅰ	托盘	托盘	P→P	Ⅴ	箱	箱+单品	C→C+B
Ⅱ	托盘	托盘+箱	P→P+C	Ⅵ	箱	单品	C→B
Ⅲ	托盘	箱	P→C	Ⅶ	单品	单品	B→B
Ⅳ	箱	箱	C→C				

注:P=托盘(pallet);C=箱(case);B=单品,散装(bulk)。

(二)分拣信息的传递方式

分拣信息除了可以通过手工单据进行传递外,目前更多的是通过电子设备和自动拣货系统传输。

1. 订单传票

直接利用客户的订单或以配送中心送货单作为分拣指示凭据。这种方法适用于订单订购品种较少,批量较小的情况,经常配合订单类别拣取方式。订单在作业过程中易受到污损，可能导致作业过程发生错误，且订单上未标明货物储放的位置，靠作业人员的记忆拣货，分拣效率低。

2. 分拣单传递

把原始的客户订单输入计算机，进行分拣信息处理后生成并打印出分拣单，作业人员据此分拣。在分拣单上可标明储位，并按储位顺序排列货物编号，缩短分拣路径，提高作业效率。

3. 显示器传递

显示器传递是在货架上安装灯号或安装液晶显示器，显示器通过数位控制系统传递过来的分拣信息，相应储位上的显示器显示该商品应拣取的数量，也就是采用数位拣取系统。这种系统可以安装在重力式货架、托盘货架、一般货物棚架上。显示器传递方式可以配合人工拣货，防止分拣错误，增加分拣人员的反应速度，提高分拣效率。

4. 无线通信传递

无线通信传递是在叉车上安装无线通信设备，通过这套设备把应从哪个储位拣取何种商品及拣取数量等信息指示给叉车上的司机以拣取货物。这种传递方式通常适用于大批量出货时的分拣作业。

5. 计算机随行指示

计算机随行指示是指在叉车或台车上设置辅助分拣的计算机终端机，拣取前先将拣货信息输入计算机，分拣人员依据叉车或台车上计算机屏幕的指示，到正确位置拣取货物。

6. 自动分拣系统传递

自动分拣系统传递是指分拣过程全部由自动控制系统完成。通过电子设备输入订单后形成分拣信息，在分拣信息指导下由自动分拣系统完成分拣作业，这是目前物流配送技术发展的主要方向之一。

同步案例

京东研发国内首套 IoT 分拣系统

目前，人工智能、区块链、云计算、大数据、5G 移动技术加速与物流和供应链融合，已经成为保障物流运行高效、稳定和安全的利器。

2019 年 3 月，京东物流推出了国内首套 IoT(internet of things，物联网)分拣系统，每小时能够完成 4 000 个集包袋的分拣任务，相当于识别分拣一个集包袋仅需 0.9s，与此同时，其分拣准确率达到了 99.99%。

IoT 分拣系统的使用解决了物流行业内集包袋不能实现直接自动识别以及分拣的难题。集包袋是一种用于分拣过程中收纳多个包裹的编织袋或麻袋，便于对快递包裹进行打包、装卸和运输。装满商品后，一个集包袋的高度约为 1m，重量为 10～50kg。这样的集包袋体积大、形状不规范、表面不平整，贴在表面的条码标签容易发生褶皱，不论是激光扫描装置还是相机识别装置都很难识别出集包袋的条码信息。IoT 分拣系统恰恰解决了这个难题，相比传统的作业方式，IoT 分拣系统的作业效率提升了 5 倍以上。

该 IoT 分拣系统基于物联网技术，集多项智能技术于一体，主要包括以下智能技术。

（1）智能排队系统。该系统作为分拣系统的主要部分之一，是影响包裹控制的关键因素，其优劣直接影响全程的分拣进程和效率。智能排队系统通过规则、方式、过程等，运用物理运动学对上件频率进行逐步的分析和推算，并得到优化结果，合理地进行供件控制；同时在基于排队论的基础上建立模型分析供件过程，优化供件机的数量及供件的先后顺序，使分拣系统达到最佳状态，提高分拣执行过程的准确率，同时降低分拣误差率。

（2）超高频 360°读码技术。超高频是指工作频率在 902～928MHz，这种情况下的电子标签，一般采用电磁发射原理，简称为微波射频标签、UHF 及微波频段的 RFID。超高频作用范围广，现在最先进的物联网技术都是采用超高频电子标签技术。

（3）柔性分拣系统。根据国内物流现状，利用柔性运输技术，设计出计算机控制独立完成包裹的装卸、运输、搬运、分发等全过程的包裹分拣及包裹信息管理系统，该系统主要涉及包裹的收寄、运输、分拣、存储、投递等主要过程的物流和信息流两个方面。

一个更加智能、高效、精确的管理时代正在到来。

二、制定分拣策略

分拣策略是影响分拣作业效率的重要因素。在拣货前应先考虑对不同的订单需求采取不同的分拣策略。决定分拣策略的四个主要因素：分区、订单分割、订单分批、分类，而这四个因素之间存在互动关系，在确定运用何种分拣策略时，必须按一定的顺序，才能使其复杂程度降到最低。图 10-3 是分拣策略运用的组合示意，从左至右是分拣策略运用时所考虑的一般次序，可以相互配合的策略方式用箭头连接，所以任何一条由左至右可通的组合链就表示一种可行的分拣策略。

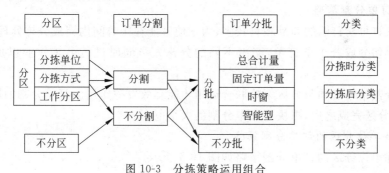

图 10-3 分拣策略运用组合

（一）分区策略

分区就是将拣取作业场地做区域划分，每一个作业员负责拣取固定区域内的商品。

1. 按货物特性分区

根据货物原有的性质，将需要特别储存搬运或分离储存的货物进行区隔，以保证货物的品质在储存期间保持稳定。可按商品性质、储存要求、搬运要求等分区。

2. 按分拣单位分区

在同一储存区内分区时，要将储存单位与分拣单位分类设置，以方便拣取与搬运作业单元化。如 AS/RS 自动仓储系统及托盘货架都是以托盘为储存单位的，AS/RS 自动仓储系统又以托盘为取出单位，而托盘货架则以箱作为分拣单位，因此可按分拣单位的差异再作分区设计。

3. 按分拣方式分区

分拣方式除有批量分拣和按单分拣的区别外,还包括搬运、分拣机器设备等差异。如想在同一分拣单位分区之内采取不同的分拣方式或设备,就必须考虑分拣方式的分区,如电子标签货架拣选区、RF拣选区、台车拣选区等。

4. 按工作分区

由一个或一组固定的拣货人员负责拣货区域内的货物,如图10-4所示。优点是能减少拣货人员所需记忆的存货位置及移动距离,短时间内共同完成订单的拣取,但必须要注意工作平衡的问题。例如接力式分拣,先决定出分拣员各自分担的产品项目或料架的责任区域范围后,各个分拣员只拣取分拣单中自己所负责的部分,然后以接力的方式交给下一位分拣员。

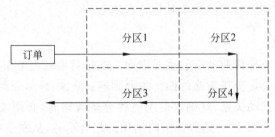

图10-4 按工作分区拣取示意

(二)订单分割策略

当一张订单所订购的商品项目较多,为了使其能在短时间内完成分拣处理,可利用此策略将订单切分成若干子订单,交由不同的分拣人员同时进行分拣作业以加快分拣的速度。

订单分割策略必须与分区策略联合运用才能有效发挥作用。订单分割的原则按分区策略而定,分区完成之后,再决定订单分割的大小范围。

1. 分拣单位分区的订单分割策略

按分拣单位分区的订单分割策略如图10-5所示。

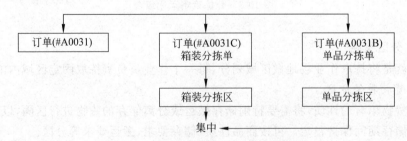

图10-5 分拣单位分区的订单分割策略

2. 分拣方式分区的订单分割策略

按分拣方式分区的订单分割策略如图10-6所示。

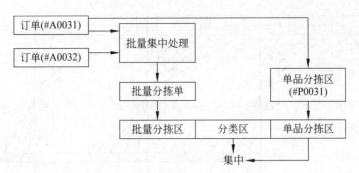

图 10-6　分拣方式分区的订单分割策略

3. 工作分区的订单分割策略

按工作分区的订单分割策略如图 10-7 所示。

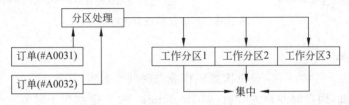

图 10-7　工作分区的订单分割策略

(三) 订单分批策略

为了提高分拣作业效率,把多张订单集合成一批,进行批次分拣作业。订单分批的原则和批量的大小是影响分拣效率的主要因素。一般可以根据表 10-5,按配送客户数、订货类型及需求频率三项条件选择合适的订单分批方式。

表 10-5　订单分批方式与适用情况

分批方式适用情况	配送客户数	订货类型	需求频率
总合计量分批	数量较多且稳定	差异小而数最大	周期性
固定订单量分批	数量较多且稳定	差异小且数量不大	周期性或非周期性
时窗分批	数量多且稳定	差异小且数量小	周期性
智能型分批	数量较多且稳定	差异较大	非即时性

1. 总合计量分批

总合计量分批较为简单,只需将所有客户需求的货物数量统计汇总,由仓库中取出各项货物需求总量,再进行分类作业即可。

2. 固定订单量分批

$$分批次数 = 订单总数 \div 固定量$$

采取先到先处理的基本原则,按订单到达的先后顺序作批次安排,当累计订单数到达设定的固定量时,再开始进行分拣作业,如图 10-8 所示。较先进的方法是利用智能分批的原则,将订货项目接近的订单同批处理,以缩短分拣移动的距离。

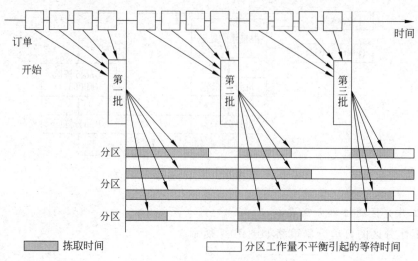

图 10-8　固定订单量分批拣选

3. 时窗分批

$$\text{分批次数} = \text{作业总时间} \div \text{时窗}$$

按时间分批,固定时间称为时窗(如 1h、30min 等)。重点在于时窗大小的确定,确定的主因是客户的预期等候时间及单批订单的预期处理时间,如图 10-9 所示。此分批方式较适合密集频繁的订单,且较能应付紧急插单的要求。

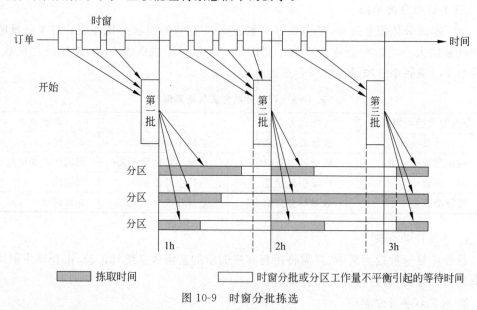

图 10-9　时窗分批拣选

4. 智能型分批

智能型分批是技巧性较高的一种分批方式,适合仓储面积大、储存货物项目多的分拣区域。订单通常在前一天汇集之后,经过计算机系统处理,将订货项目相近或分拣路径一致的货物分为同批,求得最佳的订单分批,以缩短分拣寻找的时间及移动的距离。

要做到智能型分批,最重要的就是货物储放位置和货位编码的相互配合,使输入货物编号后就可凭借货物货位编号了解订单货物储放位置的情况,再根据分拣作业路径的特性,找出订单分批的法则。

(四)分类策略

采取批量分拣作业方式时,拣选完成后还必须进行分类,而且不同的订单分批方式其分类作业的方式也有所不同。也就是说,决定分类方式的主要因素是订单分批的方式。分类方式有以下两种。

1. 分拣时分类

(1)在分拣的同时将货品按各订单分类。

(2)常与固定量分批或智能型分批方式联用。

(3)需使用计算机辅助台车作为拣选设备,加快分拣速度。

(4)较适用于少量多样的订单。

2. 分拣后集中分类

一般做法:①以人工作业为主,将货品总量搬运至空地上进行分发;②利用分类输送系统进行集中分类。

适用情况:①适用于整箱拣选;②拣选货品较重、体积较大。

分类方式除了受订单分批方式的影响外,表 10-6 也可作为选择分类方式的参考依据。

表 10-6 各种分类方式的特性

分类方式	特性	处理订单数量	订购货物品项数	货物重复订购频率
分拣时分类		多	少	较低
分拣后分类	分类输送机	多	多	变化较大
	人工分类	少	少	较高

以上各种不同的分拣策略效果与各种储存策略有关,如表 10-7 和表 10-8 所示。

表 10-7 拣取策略与储存策略配合情形

储存策略	拣货策略							接力式拣取	订单分割拣取
	单一顺序拣取		批量拣取		分类式拣取				
	分区	不分区	分区	不分区	分区	不分区			
定位储存	○	○	○	○	○	○		○	○
随机储存	×	×	△	×	×	×		×	○
分类储存	○	○	○	○	○	○		○	○
分类随机储存	△	×	○	△	○	△		△	○

注:○——适合;△——尚可;×——不适合。

表10-8 各种分拣策略对比

拣货策略		优点	缺点
分区	拣货单位分区	可依各区不同的商品特性,设计储存、搬运方式,自动化的可行性增加	与入库储存单位不同时,补货作业需求增高,设备费用可能增加,空间需求加大
	拣货方式分区	可依商品需求的频率,设计分区拣货作业方式,使商品拣货处理趋于合理化	拣货信息处理较为复杂,系统设计困难度增加
	工作分区	缩短拣货人员移动距离和寻找时间,增加拣货的速率	分区工作平衡必须时常检讨,拣货信息处理必须加快
订单分割		与分区策略配合,各区同时进行拣货,缩短完成时间。分区工作平衡性,对系统效率影响较接力式拣取小	集货作业需求增高
订单分批	总合计量分批	以总合计量一次拣出商品总量,可使平均拣货距离最短,提高拣货效率	必须经过功能较强的分类系统完成分类作业,订单数不可过多
	时窗分批	将密集频繁的订单利用时窗分批处理,在拣货效率与前置时间中求得平衡点	时窗内订单数量变化不宜过大,订单品项数(EN)最好在个位数
	固定订单量分批	维持稳定的拣货效率,使自动化的拣货、分类设备得以发挥最大功效	每批订单的商品总量变化不宜太大,当单项品项总量(IQ)过大时,形成分类作业的不经济性
	智能型分批	分批时考虑到订单的类似性及拣货路径的顺序,使拣货效率进一步提高	智能型分批的软件技术层次较高不易达成,且信息处理的前置时间较长
分类	拣取时分类	节省拣货后再分类的识别及取放时间	每批订单订货数量(EQ)及单项品项总量(IQ)小较为适合,同时必须利用计算机辅助来降低错误发生
	集中后人工分类	作业弹性较大,较不受订单商品总量(GIQ)变化的影响	若无适当的作业设计或核对,错误率可能较高,且费时、费人、费力
	集中后输送机分类	替代人工操作,正确及稳定性较高	设备费用昂贵,较不具弹性,当订单、订货数量(EQ)差异大时效率减低

三、确定拣货方式

配送中心分拣作业的方法随着科学技术的发展也在不断地演变,分拣作业的种类也越来越多。分拣方式可以从以下不同的角度进行分类。

按订单的组合,可以分为按单分拣和批量分拣。

按人员组合,可以分为单独分拣方式(一人一件式)和接力分拣方式(分区按单分拣)。

按运动方式,可以分为人至货前分拣和货至人前分拣等。

按分拣信息,可以分为分拣单分拣、贴标签分拣、电子标签辅助分拣、RF 辅助分拣、IC 卡分拣等。

(一)按订单组合分类

1. 按单分拣

按单分拣又称"摘果式""人到货前式""订单别"或"单一顺序"拣选等,是指分别按每份订单拣货,即分拣完一个订单后,再分拣下一个订单。其作业原理是分拣人员或分拣工具巡回于各个储存点,按订单所列商品及数量,将客户所订购的商品逐一由仓库储位或其他作业区

拣取方式

中取出，然后集中在一起的一种传统拣货方式，如图 10-10 所示。工作流程如图 10-11 所示。

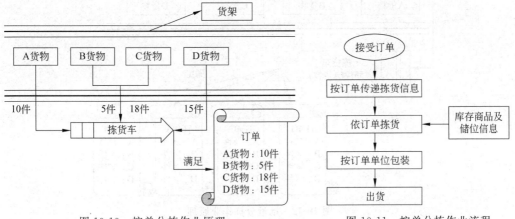

图 10-10　按单分拣作业原理　　　　　图 10-11　按单分拣作业流程

按单分拣作业方法的特点及应用范围如表 10-9 所示。

表 10-9　按单分拣作业方法特点及应用范围

特　点	应用范围
易于实施，配货准确度高，不易出错； 各客户分拣相互没有约束； 分拣完一个货单，货物便配齐，货物不再落地暂存，可直接装车配送； 客户数量不受限制，可在很大范围内波动； 对机械化、自动化没有严格要求，不受设备水平限制	不能建立相对稳定的用户分货位的情况； 用户之间共同需求差异较大的情况； 用户需求种类较多，增加统计和共同取货难度的情况； 用户配送时间要求不一的情况。传统的仓库改造为配送中心，或新建的配送中心初期运营时

2．批量分拣

批量分拣又称"播种式"，是把多张订单集合成一批次，按商品品种类别将数量加总后再进行分拣，分拣完后再按客户订单进行分类处理的拣货作业方式，其原理、工作流程分别如图 10-12 和图 10-13 所示。

批量分拣作业方式特点及应用范围如表 10-10 所示。

表 10-10　批量分拣作业方法特点及应用范围

特　点	应用范围
集中取出众多用户需要的货物，再将货物分放到事先规划好的用户货位上，该工艺难度较高，计划性强； 有利于车辆的合理调配，规划配送路线，可以更好地利用规模效益； 对到来的订单无法做出及时反应，必须等订单达到一定数量时才能进行一次处理，因此会有停滞的时间	用户稳定，且用户数量较多的情况； 各用户需求具有很强的共同性，差异较小，在需求数量上有一定的差异，但需求的种类差异很小； 适用于用户需求种类有限，易于统计和不至于分货时间太长的情况； 用户配送时间要求没有严格限制或轻重缓急的情况

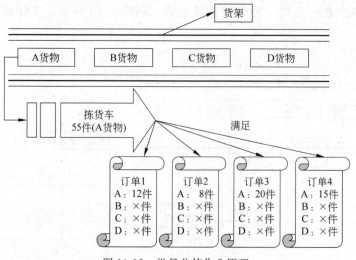

图 10-12 批量分拣作业原理

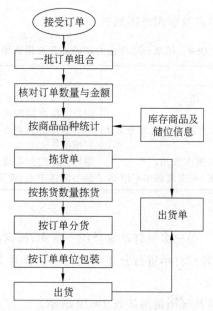

图 10-13 批量分拣作业流程

3. 整合按单分拣方式

整合按单分拣方式主要应用在每个订单只有一种品项的场合,为了提高输配送的效率,将某一地区的订单整合成一张拣货单,做一次分拣后,集中捆包出库。它属于按单分拣的一种变形方式。

4. 复合分拣方式

复合分拣是按单分拣与批量分拣的组合运用,按订单品项、数量和出库频率决定哪些订单适合按单分拣,哪些订单适合批量分拣。

以上四种拣货方式的比较见表 10-11。

表 10-11 按订单组合的分拣方式比较

分拣方式	优　点	缺　点	适 用 场 合
按单分拣	作业方法简单； 订单处理前置时间短； 导入容易且作业弹性大； 作业员责任明确，作业容易组织； 拣货后不必再进行分类作业	货物品种多时，分拣行走路径过长，分拣效率降低； 拣取区域大时，搬运系统设计困难； 拣货必须配合货架货位号码	适合多种品种、小批量订单的场合
批量分拣	合计后拣货，效率较高； 盘亏较少	所有种类实施批量分拣困难； 增加出货前的分货作业； 必须全部作业完成后才能发货	适合少品种批量出货，且订单的重复订购率较高的场合
整合按单分拣	—	—	一天中每张订单只有一种品项的场合
复合分拣	—	—	订单密集且订单最大的场合

（二）按人与货物的位置关系分类

1. 人至货前的分拣

从字面意思即可得知，人至货前分拣是指物品位置固定，拣货人员至物品存放位置处将物品拣出的作业方式，通常用各种货架做存储设备，用各种台车、牵引车、堆高机等做搬运设备。

2. 货至人前的分拣

货至人前分拣与人至货前分拣相反，拣货人员只需停在固定位置，等待设备将需要的货品送至面前，然后拣货人员进行拣货作业。在自动信息化程度高的企业通常采用各种自动化仓库、机器人等智能设备进行分拣。

位于上海嘉定地区的京东无人仓称得上是目前全国自动化程度最高的仓库，有操控全局的智能控制系统。在无人分拣区域，共有 300 个负责分拣的"小红人"，运行速度为 3m/s，"小红人"所有的路线都由计算机控制自行选择，"小红人"会互相避让、自动充电。

（三）按分拣信息与应用设备分类

1. 贴标签分拣

贴标签分拣是使用不干胶标签进行拣货的一种方式。标签上不仅打印出货品名称及存放货品的位置，若连条码也一起打印出来时，利用扫描器来读取货品上的条码，即使是同一产品，但交货厂商不同时也能有所区分，使货品的跟踪能够有效进行，如图 10-14 所示。

作业过程：订单处理信息人员通过标签打印机打印出一串标签，每个标签代表一件商品，并且是按照货位排序打印的；拣货员根据标签上打印的货位顺序从相应的货位上拣取出货品，将对应标签粘贴在货品外包装上并放置到拣货车上，直到拣货员手上的标签全部粘贴完毕。贴标签分拣的优缺点等如表 10-12 所示。

图 10-14 贴标签分拣

表 10-12 贴标签分拣方式的总结

特点	流程简单,拣货员容易掌握,多用于摘果式拣货作业
优点	结合拣取与贴标签的动作,缩短整体作业时间。 可实现拣取时即清点拣取量,拣取完成则标签也应该贴完,提高了拣货的正确性。 能够比较及时地和信息系统进行库存同步,非常方便统计拣货人员工作量
缺点	若要同时印出价格标签,必须与下游的销售商统一商品的价格及标签形式。 价格标签必须贴在单品上,对于单品以上的包装作业则比较困难
要求及适用	要求仓库场地或拣选场地能够有效地规划(良好的拣货路线规划非常重要)。 这种方法投资较低、应用简单,比较适合单个客户需要的货物品种分散,并且每个品种都有要货的拣货作业

2. 电子标签辅助分拣

电子标签辅助分拣是一种计算机辅助的无纸化分拣系统,其原理是在每一个货位上安排数字显示器,利用计算机的控制将订单信息传输到数字显示器,分拣人员根据数字显示器所显示的数字分拣,拣完货之后按确认按钮即完成分拣工作,如图 10-15 所示。

图 10-15 电子标签辅助分拣

这种分拣方式适合货物品项不太多时,否则会使成本提高,因此常被应用在 ABC 分类的 A、B 类上。它可以即时处理,也可以分批次处理。电子标签分拣的分拣生产力每小时约为 500 件,分拣的前置时间约为 1h,其优点如下。

(1) 沿特定分拣路径,看电子标签灯亮就停下来,并按显示数字分拣,不容易拣错货,错误率可减少到 0.01% 左右。

(2) 可省去来回寻找待拣货物的时间,分拣速度可提高 30%~50%。

(3) 只要寻找到电子标签灯亮的货位,并按显示数字分拣即可,即使不识货物的新手也能分拣。

电子标签辅助拣货系统根据两种不同的作业方式，可分为摘果式拣货系统和播种式拣货系统，并都可以采用接口方式和 WMS 系统进行对接。其作业过程如下。

(1) 摘果式拣货系统：电子标签安装在货架储位上，一个储位放置一种产品，即一个电子标签代表一种产品，以一张拣货单为一次处理的单位，系统会将拣货单中所有拣货商品所代表的电子标签逐一亮起，拣货人员依照灯号与显示的数字将货品从架上取出放进拣货箱内。

(2) 播种式拣货系统：每一个电子标签代表一个客户或是一个配送对象，以每一种货品为一次处理的单位，拣货人员先将货品的应配总数取出，并将商品信息输入，系统会将代表有订购此项货品的客户的电子标签点亮，配货人员只要依电子标签的信号与显示数字将货品分配给客户即可。

3. RF 辅助分拣

RF 辅助分拣的原理是利用掌上计算机终端、条码扫描器及 RF 无线电控制装置的组合，将订单资料由计算机主机传输到掌上终端，分拣员根据掌上终端所指示的货位，扫描货位上的条码，如与计算机的分拣资料一致就会显示分拣数量，根据所显示的分拣数量分拣，分拣完成之后按确认按钮完成分拣工作；分拣信息利用 RF 传回计算机主机，同时将库存扣除（图 10-16）。它是一种无纸化的即时处理系统。

这种分拣方式可以利用在按单分拣和批量分拣方式中，成本低且作业弹性大，尤其适用于货物品项很多的场合，故常被应用在多品种少量订单的分拣上，与分拣台车（图 10-17）搭配使用最为常见。RF 分拣的分拣生产力每小时为 300 件左右，而分拣错误率为 0.01% 左右，拣货的前置时间为 1h 左右。

图 10-16　RF 辅助分拣

图 10-17　分拣台车

4. 智能分拣

智能分拣的方式需要通过智能分拣设备完成。常见的智能分拣设备有自动分拣系统、分拣机器人等不同类型的设备，如图 10-18 所示。

自动分拣系统能连续、大批量地分拣货物。采用流水线自动作业方式，自动分拣系统不受气候、时间、人的体力等的限制，可以连续、高效运行。如路辉滚珠模组带自动分拣系统，可持续、大批量工作，分拣效率高、准确率高。

图 10-18 智能分拣

分拣机器人一般具备传感器、物镜、图像识别系统和多功能机械手，可根据图像识别系统"看到"物品形状，用机械手抓取物品，然后放到指定位置，实现货物快速分拣。

AGV 即自动导引车，是具有高度柔性化和智能化的物流搬运设备，被称为移动机器人。它具备传感器技术、导航技术、伺服驱动技术、系统集成技术等核心技术，在汽车、烟草、印钞、新闻纸等行业得到大规模应用，亚马逊 Kiva 机器人是 AGV 的典型代表。然而 AGV 暂时仍需人工或其他输送设备供货，且算法复杂、维护难度高，效率有待提升。

码垛机器人主要包括直角坐标式机器人、关节式机器人和极坐标式机器人，每一台码垛机器人都有独立的控制系统，适用于袋装、罐装、瓶装等各种形状的包装物品码垛、拆垛作业，不仅能搬运重物，且作业速度与质量远远高于人工，极大保证了作业精准度。

智能仓储机器人

物流智能分拣设备的存在可以让物流仓库 24h 不间断地作业，让更快速、更准确地作业成为可能，有效提高了作业效率，减少了人工操作和人力成本。合理使用自动化、智能化物流分拣设备，是未来物流分拣作业的趋势。

配送中心采用哪种分拣方式，主要考虑服务时间要求、准确率要求、成本要求等方面。表 10-13 是以上几种分拣方式优势的对比情况。

表 10-13 四种分拣方式的优势对比

对比项	分拣方式			
	纸制单据分拣	贴标签分拣	电子标签辅助分拣	无线手持终端分拣
所需设备	普通打印机	标签打印机、ID 卡设备	全套电子标签分拣系统	全套无线网络和手持终端设备
分拣效率	较低	较高	较高	一般

续表

对比项	分拣方式			
	纸制单据分拣	贴标签分拣	电子标签辅助分拣	无线手持终端分拣
分拣差错	高	很低	低	极低
信息及时性	差	较好	较好	好
工作量统计	不方便	方便	较方便	方便
投资情况	低	较低	高	高
仓库规划要求	分拣动线规划	分拣动线规划；安装标签打印机	分拣流水线规划；安装电子标签；使用流利货架或搁板式货架	拣货动线规划；安装无线局域网
应用场合	没有限制，适用于所有类型物流仓库	超市、便利店物流仓库整件分拣	超市、批发物流仓库整件拣货	超市、批发物流仓库整件分拣
拣货员使用	分拣员手脚得不到解放；对分拣员要求低，上手快，培训简单；需要分拣员能够熟练运用各种分拣策略	分拣员双手得到部分解放；对分拣员要求低，上手快，培训简单	分拣员双手得到完全解放；对分拣员要求较低，只需一般培训即可	分拣员双手得不到解放；对分拣员要求高，需要经过专业的培训

四、输出分拣清单

分拣清单是配送中心将客户订单资料进行计算机处理，生成并打印出分拣单。分拣单上标明储位，并按储位顺序来排列货物编号，作业人员据此分拣可以缩短分拣路径，提高分拣作业效率。

五、确定分拣路径及分派分拣人员

配送中心根据分拣单所指示的商品编码、储位编号等信息，能够明确商品所处的位置，确定合理的分拣路线，安排分拣人员进行分拣作业。

合理的分拣路径必须满足操作方便、行走路线短、准确快速、低成本等要求，常用的拣选路径有两种。

1. 无顺序路径

由拣选人员根据分拣单自行决定在物流配送中心各储货区内的分拣顺序。这种类型适用于品种单一、量大的货物拣选，但缺点是拣选人员可能会花费大量时间寻找货物，增大分拣行走距离，降低分拣效率。

2. 有顺序路径

分拣人员按分拣单所示货物存放的货位号或储区出入口顺序来确定分拣路径。按这种路径，分拣人员可以单向循环行走全程，一次性将所有货物拣出。这样缩短反复行走路径和分拣时间，减少拣货误差率，提高拣选效率。

六、拣取商品

拣取的过程可以由手工或机械辅助作业或自动化设备完成。必须确认被拣货物的品名、规格、数量等内容是否与分拣信息传递的指示一致，这种确认可通过人目视读取信息和无线传输终端机读取条码由计算机进行对比,后一种方式可大幅降低拣货的错误率。拣货信息被确认后,拣取的过程可以由人工或自动化设备完成。

手工方式拣取:通常小体积、少批量、搬运重量在人力范围内、拣出货频率不是特别高的,可以采取手工方式拣取。

机械辅助作业:对于体积大、重量大的货物可以利用升降叉车等搬运机械辅助作业。

自动拣货系统:对于出货频率很高的可以采取自动拣货系统。

七、商品分类集中

经过拣取的商品根据不同的客户或送货路线分类集中。有些需要进行配送加工的商品还需根据加工方法进行分类,加工完毕再按一定方式分类出货。多品种分货的工艺过程较复杂,难度也大,容易发生错误,必须在统筹安排形成规模效应的基础上,提高作业的精确性。在物品体积小、重量轻的情况下,可以采取人力分拣,也可以采取机械辅助作业,或利用自动分拣机自动将拣取出来的货物进行分类与集中。分类完成后,货物经过查对、包装便可以出货、装运、送货了。

分拣作业完成后,要阶段性地对其效率、错误等进行分析改进,可以从对分拣人员、设备、方式、时间、成本、质量等方面的检查和考核来进行评价。分析评价的目的是找出存在的问题,改进系统设计与管理,进而提高效率。分拣作业分析指标及改善方法见表10-14。

表10-14 分拣作业分析指标及改善方法

分析指标种类	分析指标	指标分析及改善方法
分拣人员作业效率	① 每人时分拣品种数=分拣单总数÷(分拣人员数×每日分拣时数×工作天数) ② 每人时分拣件数=累积分拣总件数÷(分拣人员数×每日分拣时数×工作天数) ③ 每笔货物分拣移动距离=总分拣行走(移动)距离÷总分拣笔数	① 人工分拣或机械化程度较低时,或出货多属于少批量多种的配送作业时,可采用"每人时分拣的品种数"来评价人员分拣效率 ② 自动化程度较高或出货多属大批量少品种的配送作业时,多采用"每人时分拣件数"来衡量分拣效率 ③ "每笔货物分拣移动距离"指标反映目前分拣区布局是否合理,分拣作业策略与方式是否得当,如果指标太高,则表示分拣消耗的时间和精力太多,可以从改进拣货区布局及分拣策略与方式等方面入手,来提高分拣作业效率
分拣设备使用效率	① 分拣人员装备率=分拣设备投资成本÷分拣人员数 ② 分拣设备成本产出率=出货商品总体积÷分拣设备成本	① "分拣人员装备率"指标衡量配送中心对分拣设备的投资情况,装备率越高说明配送中心机械化、自动化程度越高,但装备率高并不等于设备使用效率越高 ② "分拣设备成本产出率"指标反映单位分拣设备成本所拣取的商品体积数,因此,设备成本产出率越高,说明设备的使用效率越高
分拣时间与速度	① 单位时间处理订单数=订单数量÷(每日分拣时数×工作天数) ② 单位时间分拣品种数=(订单数量×每张订单平均商品品种数)÷(每日分拣时数×工作天数)	反映单位时间处理订单份数和拣取商品品种数的能力,其指标数值越高,说明分拣系统处理订单的能力越强,作业速度越快

续表

分析指标种类	分析指标	指标分析及改善方法
分拣成本核算	① 每份订单投入的平均分拣成本＝分拣投入成本÷订单份数 ② 订单每笔货物投入分拣成本＝分拣投入成本÷订单上货物的总笔数	两项指标反映处理一份订单和处理一笔商品需消耗的分拣成本,其数值越高,投入成本越多,因此当这一指标上升时,说明效益正在下降,必须采取措施控制成本上升
分拣质量控制指标	分拣错误率＝分拣作业错误笔数÷同期订单累计总笔数	当这两个指标较高时,其原因为:货物品质不良、服务态度不好、未按时交货、同业竞争激烈

任务二 补货作业

任务导入

某医药配送中心有托盘货架区和托盘就地堆放区两个保管区域,以及一个拆零分拣区域。客户订单处理后,以整箱为单位的货物直接从托盘就地堆放区出货,以件、盒、瓶、管等为单位的货物要从拆零分拣区出货。该配送中心通常每天早上8:00开始拣货、配货,9:00准时发车,10:30之前送货到客户指定地点,下午处理一些紧急客户订单与送货。请完成以下任务。

(1) 确定此配送中心的补货时机。

(2) 设计此配送中心的补货方式。

与分拣作业直接相关的就是补货作业。补货作业(replenishment)是指从保管区将物品移到拣货区域,并作相应信息处理的活动(《物流中心作业通用规范》(GB/T 22126—2008))。具体指配送中心拣货区的存货低于设定标准的情况下,将货物从仓库保管区域搬运到拣货区的作业活动。通常又把拣货区称为动管储区。

补货作业的目的是将正确的货物在正确的时间,以正确的数量和最有效的方式送到指定的拣货区,保证拣货区随时有货可拣,能够及时满足客户订货的需要,以提高拣货的效率。

一、补货作业流程

一般以托盘为单位的补货流程见图10-19,如是以箱为单位的补货流程也大致相同。

表10-15是一补货单示例,目的储位指拣货区的储位,而源储位则指保管区的储位。

二、补货作业时机

补货作业的发生与否应视拣货区的货量是否符合需求,因而究竟何时需检查拣货区存量,何时需将保管区的货补至拣货区,以避免拣货中途缺货,还要临时补货影响整个出货时间的情形。对于补货时机的掌握有如下三种方式,至于该选用哪种应视配送中心决策方向而定。

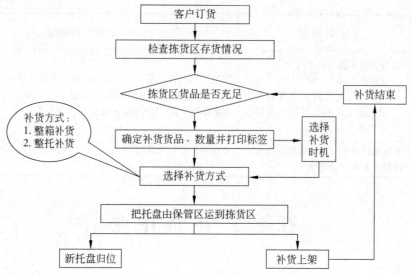

图 10-19 补货作业流程

表 10-15 补货单示例

货品类别			补货日期/时间			本单编号:		
项次	品名	单位	货品代码	源储位	目的储位	最低/最高存货量	补货量	实际补货量

1. 批次补货

批次补货是指于每天或每一批次拣取前,由计算机计算所需物品的总拣取量,再相对查看拣货区的物品量,于拣取前一特定时点补足物品。此为"一次补足"的补货原则,较适合一日内作业量变化不大,紧急插单不多,或是每批次拣取量大需事先掌握的情况。

2. 定时补货

定时补货是指将每天划分为数个时点,补货人员于时段内检查拣货区货架上物品存量,若不足即马上将货架补满。此为"定时补足"的补货原则,较适合分批拣货时间固定,且处理紧急时间也固定的配送中心。

3. 随机补货

随机补货是指指定专门的补货人员,随时巡视拣货区的物品存量,有不足随时补货的方式。此为"不定时补足"的补货原则,较适合每批次拣取量不大,紧急插单多以至于一日内作业量不易事前掌握的情况。

4. 智能补货

智能补货依靠智能化库房管理软件自动生成的补货单作为补货依据,借助自动仓库和自动补货系统完成,能够避免手工补货的随意性,节约人力成本,减少库存积压,提高资金周转率。同时它有助于供应链上下游结成战略联盟,运用信息技术手段,实现供应链管理。

三、补货作业方式

补货作业的策划要满足两个前提,即"确保有货可拣"和"将待拣货物放置在存取方便的位置"。通常,配送中心主要采用下列几种补货方式。

1. 整箱补货

整箱补货是指由货架保管区补货到流动式货架的拣货区的补货方式,见图10-20。其补货方式为作业员至货架保管区取货箱,以手推车载箱至拣货区。比较适合体积小且少量多样出货的物品。

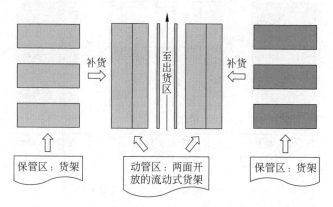

图10-20　货架保管区补货到流动式货架动管区的整箱补货

2. 整托补货

整托补货是以托盘为单位进行补货。根据补货的位置不同,又分为两种情况,一种是地板至地板;另一种是地板至货架。

(1) 地板至地板的整托盘补货。如图10-21所示,托盘直接堆放于地板上。保管区的面积较大,存放物品量较多,而拣货的动管储区面积较小,存放物品量较少。作业人员用叉车以托盘平置堆叠的保管区搬运托盘至同样是托盘平置堆叠的拣货区。比较适合体积大或出货量多的物品。

(2) 地板至货架的整托盘补货。如图10-22所示,保管区是以托盘为单位地板平置堆叠存放,拣货的动管储区则为托盘货架存放。作业人员使用叉车从地板平置堆叠的保管区搬取托盘,送至动管区托盘货架上存放。比较适合体积中等或中量(以箱为单位)出货的物品。

3. 货架之间的补货

如图10-23所示,保管储区与动管储区属于同一货架,也就是将货架上的两手方便拿取之处(中下层)作为动管储区,不容易拿取之处(上层)作为保管储区。进货时

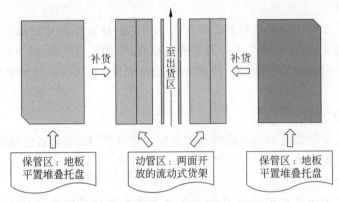

图 10-21　地板至地板的整托盘补货

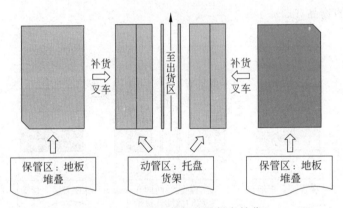

图 10-22　地板至货架的整托盘补货

便将动管储区放不下的多余货箱放至上层保管储区。对动管拣取区的物品进行拣货，而当动管储区的存货低于水准之下则可利用叉车将上层保管储区的物品搬至下层动管储区补货。比较适合体积不大，每品项存货量不高，且出货多属中小量（以箱为单位）的物品。

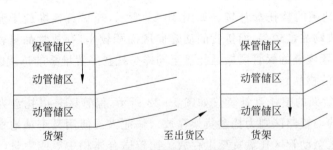

图 10-23　货架之间的补货

四、补货注意事项

补货注意事项如表 10-16 所示。

表 10-16 补货注意事项

取货注意事项	补货上架注意事项	其他注意事项
核对取货位、货品代码、名称； 发现包装损坏，内装不符、数量不对，应及时反馈给信息员处理； 维护好周转区的货品； 按规定动作开箱； 轻拿轻放，取货完成后整理货位上的货品； 作业标准及时、准确	从周转区取货品时核对取货位、货品代码、名称； 一种货品对应一个拣货位； 尽量全部补到拣货位上； 把货品整齐放到拣货位上	主动补货； 及时查询，及时补充； 结束后清洁卫生； 作业标准及时、准确

项目检测

一、案例分析

顺丰速运智能物流自动分拣系统的魅力

自动分拣系统是先进配送中心所必备的设施条件之一，具有很高的分拣效率，通常每小时可分拣商品 6 000~12 000 箱，是提高物流配送效率的一项关键因素，能够真正实现无人化作业。

自动分拣系统一般由控制装置、分类装置、输送装置及分拣道口组成，这四部分装置通过计算机网络联结在一起，配合人工控制及相应的人工处理环节，构成一个完整的自动分拣系统。

为不断尝试缩减人力投入，世界发达国家的物流行业都在试图提高仓储效率，努力开发新项目。在中国，顺丰、京东、亚马逊、阿里等，也纷纷采取措施实现"人工智能＋快递"的战略布局。

顺丰速运设在深圳的一处货运枢纽及自动分拣中心按照全自动化分拣设备进行设计（图 10-24），1h 至少处理 7.1 万件货物。按照人工每小时分拣 500 件货物的速度，分拣 7.1 万件大概需要 150 人同时工作 1h 才能完成。从入库、在库到分拣、装车的完整过程，都无须人力参与。库房显示出极高的效率和出色的灵活性。

图 10-24 顺丰华南运营枢纽

顺丰自动分拣系统能够实现高效管理以至于实现包裹的"极速达",它的优势具体表现在以下方面。

1. 入库之前小件分类包装

货物入库,到达小件分拣机入口时,供包员将小件混包装分出来。因为在入库之前,分点部已经将小件全部包装,货物入库时,分拣员就不用一件一件地选,效率会高很多。

2. 上线前规范、限制小件包裹的尺寸、重量

解包台上,解包员将小件包解开,将快件倒入供件台前的滑槽中。所有快件的尺寸是有统一规范的。例如,可上线的快件尺寸不得超过465mm,重量不得小于0.1kg(例如报纸一张)等。这些规范要求就避免了分拣机因货物的重量、尺寸不规范而导致的停机或错分,以此降低差错率,提高分拣效率。

3. 供件台安排人工辅助导入

由于包裹内包含了一些运单朝下或者订单重叠的包裹,分拣机无法识别。因此需要人工辅助完成。供件台上,快递员将包裹导入分拣机时,将不容易被识别的包裹的条码展示出来,让包裹被快速识别。

4. 前期收件员规范操作

龙门激光读码器会在几秒内扫描条码,并将货物信息录入分拣服务器系统。运单条码被遮盖或运单条码被褶皱的包裹,依旧需要人工处理,浪费时间。因此,顺丰快递员在前期收件时一律要求操作员规范操作,这些后期"不被识别"的情况就完全可以避免。

5. 分拣全流程的数字化、信息化

分拣设备背后有着强大的中央分拣系统做支撑。所有的快件在到自动分拣机上之后,都要经过扫描实现条码识别。然后再由中央分拣系统进行分拣派送,让各自不同的快件按照不同的目的地,流向它该去的地方。

请回答下列问题。

1. 顺丰速运智能物流自动分拣系统有什么特点?实现了哪些功能?
2. 目前常用的智能分拣设备有哪些?物流企业利用这些设备的意义是什么?

二、问答题

1. 分拣作业流程包括哪些环节?
2. 分拣信息传递方式有哪些?
3. 如何确定分拣包装单位?
4. 简述你所知道的分拣方式。
5. 分拣策略有哪些?如何运用才能提高分拣效率?
6. 补货方式有哪些?怎样选择补货时机?

项目十 分拣与补货作业试题

项目十一

配送加工作业

知识目标

1. 能阐述配送加工的概念、作用及发展。
2. 能阐述配送加工合理化的配置与措施。

技能目标

1. 会结合实际,熟悉并分析常见的一些配送加工形式。
2. 会对配送加工作业进行合理的管理。

任务一 配送加工作业认知

任务导入

某配送中心接到了来自超市果蔬部和油脂厂两个不同客户的订单,要求配送中心将货物加工后进行配送。货物信息及要求如下。

货品一:从超市果蔬部进货时收到的是未拣选过的批量较大的苹果、番茄、青椒等蔬果,需按客户要求将损坏或质量不合格的货品拣选出后,按500g/袋的规格进行包装。

货品二:从油脂厂进货时收到的是100kg/桶的成品菜籽油,需按客户需求用环保包装材料将大桶改为2kg/桶和5kg/桶两种规格的包装,并贴上标签。

请按货物加工要求完成以上任务。

一、配送加工概念

配送加工作业是指为了提高物流速度和物品的利用率,在物品进入流通领域后,按客户的要求进行的加工活动,即在物品从生产者向消费者流动的过程中,为了促进销售、维护商品质量和提高物流效率,对物品进行一定程度的加工。主要作业内容包括贴标签、换价签、改换包装、计量、分拣、组装等简单作业,如图11-1所示。

配送加工与生产加工既有一定的联系,又存在着明显的区别,二者的差别如表11-1所示。

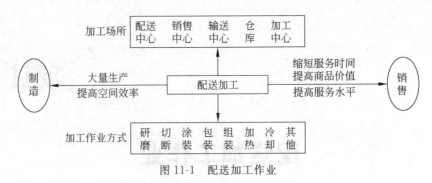

图 11-1 配送加工作业

表 11-1 生产加工与配送加工区别

类别	生产加工	配送加工
加工对象	形成产品的原材料、零配件、半成品	进入流通过程的商品
加工程度	复杂的形成产品主体的加工	简单的、辅助性的补充加工
附加价值	创造价值和使用价值	完善其使用价值并提高附加价值
加工责任人	生产企业	流通企业
加工目的	交换、消费	促进销售、维护产品质量、实现物流高效率

二、配送加工的作用

1. 弥补生产加工的不足，提高加工效率

有许多产品在生产领域的加工只能到一定程度，这是由于许多存在因素限制了生产领域不能完全实现终极的加工。例如，钢铁厂的大规模生产只能按标准规定的规格生产，以使产品有较强的通用性，使生产能有较高的效率和效益；木材如果在产地完成成材加工或制成木制品，就会造成运输的极大困难，所以原生产领域只能加工到原木、板方材这个程度，进一步的下料、切裁、处理等加工则由配送加工完成。这种配送加工实际是生产的延续，是生产加工的深化，对弥补生产领域的加工不足有重要意义。

2. 进行初级加工，方便用户，适应多样化需求

配送加工不但方便了用户购买和使用，还降低了用户成本。用量小或临时需要的使用单位，缺乏进行高效率初级加工的能力，依靠配送加工可使使用单位省去进行初级加工的投资、设备及人力，从而搞活供应，方便了用户。

目前发展较快的初级加工有将水泥加工成生混凝土、平板玻璃按规格开片、将原木或板方材加工成门窗、冷拉钢筋及冲制异型零件、钢板预处理、整形、打孔等加工，如图 11-2 和图 11-3 所示。

3. 提高原材料利用率

利用流通加工环节进行集中下料，是将生产厂直运来的简单规格产品，按使用部门的要求进行下料。例如，将钢板进行剪板、切裁；钢筋或圆钢裁制成毛坯；木材加工成各种长度及大小的板、方材等，如图 11-4 和图 11-5 所示。集中下料可以优材优用、小材大用、合理套裁，有很好的技术经济效果。

图 11-2　混凝土加工

图 11-3　平板玻璃按要求规格开片加工

图 11-4　对钢材卷板的舒展、剪切加工

图 11-5　木材集中加工

4. 提高加工效率及设备利用率

由于建立集中加工点，可以采用效率高、技术先进、加工量大的专门机具和设备。这样做的好处：①提高了加工质量；②提高了设备利用率；③提高了加工效率。其结果是降低了加工费用及原材料成本。

5. 充分发挥各种输送手段的最高效率

配送加工环节将实物的流通分成两个阶段。一般来说，由于配送加工环节设置在消费地，从生产厂到配送加工的第一阶段输送距离长，而从配送加工到消费环节的第二阶段输送距离短。第一阶段是在数量有限的生产厂与配送加工点之间进行定点、直达、大批量的远距离输送，可以采用船舶、火车等大量输送的手段；第二阶段则是利用汽车和其他小型车辆来输送经过配送加工后的多规格、小批量的产品。这样可以充分发挥各种输送手段的最高效率，加快输送速度，节省运力运费。

6. 提高物流的附加值

配送加工的直接经济效益：由于是集中加工，其加工效率远比分散加工高得多。

配送加工的间接经济效益：能为许多生产者缩短生产时间，使其可以腾出更多的时间进行创造性生产。配送加工部门可以用表现为一定数量货币的加工设备为更多的生产或消费部门服务，这样可以相对地减少全社会的加工费用。配送加工能对生产的分工和专业化起中介作用，它可以使生产部门按更大的规模进行生产，有助于生产部门劳动生产率的提高。

7. 提高物流的附加值

在流通过程中进行一些改变产品某些功能的简单加工,其目的除上述几点外还在于提高产品销售的经济效益。例如,许多制成品(如洋娃娃玩具、时装、轻工纺织产品、工艺美术品等)进行简单的装潢加工,改变了产品外观功能,仅此一项就可使产品售价提高20%以上。所以在物流领域中,配送加工可以成为高附加价值的活动。这种高附加价值的形成,主要着眼于满足用户的需要,提高服务功能而取得的,是贯彻物流战略思想的表现,是一种低投入、高产出的加工形式。

8. 提高了生产效益,也提高了流通效益

由于采用配送加工,生产企业可以进行标准化、整包装生产,这种适应大生产的特点,提高了生产效率,节省了包装费用和运输费用,降低了成本;流通企业可以促进销售,增加销售收入,也提高了流通效益。

三、配送加工作业的管理

配送加工的目的是增加产品价值,提升产品竞争力,获得更多利润。因此,配送加工作业要避免不必要的浪费,做到合理化。

(一)配送加工作业合理化组织

配送加工合理化的含义是实现配送加工的最优配置,不仅要做到避免各种不合理配送形式,使配送加工有存在的价值,而且要做到最优的选择。

配送加工合理化途径(交互)

1. 不合理的配送加工形式

(1)配送加工地点的设置不合理。配送加工地点的设置即布局状况是决定整个配送加工是否有效的重要因素。一般来说,为衔接单品种、大批量生产与多样化需求的配送加工,加工地点设置在需求地区,才能实现大批量的干线运输与多品种末端配送的物流优势。另外为方便物流,配送加工环节应该设置在产出地,设置在进入社会物流之前。

(2)配送加工方式选择不当。配送加工方式包括配送加工对象、配送加工工艺、配送加工技术、配送加工程度等。它不是对生产加工的代替,而是一种补充和完善。配送加工方式的确定实际上是与生产加工的合理分工。一般来说,如果工艺复杂,技术装备要求较高,或加工可以由生产过程延续或轻易解决的,都不宜再设置配送加工。

(3)配送加工作用不大,形成多余环节。有的配送加工过于简单,或者对生产和消费的作用都不大,甚至有时由于配送加工的盲目性,同样未能解决品种、规格、包装等问题,相反却增加了作业环节,这也是配送加工不合理的重要表现形式。

(4)配送加工成本过高,效益不好。配送加工的一个重要优势就是它有较大的投入产出比,因而能有效地起到补充、完善的作用。如果配送加工成本过高,则不能实现以较低投入实现更高使用价值的目的,势必会影响其经济效益。除了一些必需的、从政策要求即使亏损也应进行的加工外,都应看成是不合理的。

2. 实现配送加工合理化的途径

为避免各种不合理现象,对是否设置配送加工环节、在什么地点设置、选择什么类型的加工、采用什么样的技术装备等,需要做出正确抉择。目前,在这方面的实践中已积累

了一些经验,要实现配送加工合理化,主要应从以下几个方面加以考虑。

(1) 加工和配送结合。这是将配送加工设置在配送点,一方面按配送的需要进行加工;另一方面加工又是配送业务流程中的一环,加工后的产品直接投入配货作业。这就无须单独设置一个加工的中间环节,使配送加工与中转配送巧妙结合在一起。同时,由于配送之前有加工,可使配送服务水平大大提高。

(2) 加工和配套结合。在对配套要求较高的配送中,配套的主体来自各个生产单位,但是完全配套有时无法全部依靠现有的生产单位。进行适当配送加工,可以有效促成配套,大大提高配送的桥梁与纽带的能力。

(3) 加工和合理运输结合。配送加工能有效衔接干线运输与支线运输,促进两种运输形式的合理化。具体做法是在支线运输与干线运输相互转换本需停顿的环节场所,按干线或支线运输合理的要求进行适当加工,从而大大提高运输及运输转载水平。

(4) 加工和合理商流相结合。通过加工有效促进销售,使商流合理化,也是配送加工合理化的考虑方向之一。加工和配送的结合,通过加工提高了配送水平,强化了销售,是加工与合理商流相结合的一个成功的例证。此外,通过简单地加工改变包装,形成方便的购买量,通过组装加工解决用户使用前进行组装、调试的难处,都是有效促进商流的例子。

(5) 加工和节约相结合。节约能源、节约设备、节约人力、节约耗费是配送加工合理化应重点考虑的因素,也是目前我国设置配送加工、考虑其合理化的较普遍形式。

(二) 配送加工的技术经济指标

衡量配送加工的可行性,对配送加工环节进行有效的管理,可考虑采用以下两类指标。

1. 配送加工建设项目可行性指标

配送加工仅是一种补充性加工,规模、投资都必须远低于一般生产性企业,其投资特点是投资额较低、投资时间短、建设周期短、投资回收速度快且投资收益较大。因此,投资可行性可采用静态分析法。

2. 配送加工环节日常管理指标

由于配送加工的特殊性,不能全部搬用考核一般企业的指标。例如,八项技术经济指标中,对配送加工较为重要的是劳动生产率、成本及利润指标,此外,还有反映配送加工特殊性的指标。

(1) 增值指标:反映经配送加工后,单位产品的增值程度,以百分率计。

(2) 品种规格增加额及增加率:反映某些配送加工方式在满足用户、衔接产需方面的成就,增加额以加工后品种、规格数量与加工前之差决定。

(3) 资源增加量指标:反映某些类型配送加工在增加材料利用率、出材率方面的效果指标。

(三) 配送加工的质量管理

配送加工的质量管理,主要是对加工产品的质量控制。由于配送加工成品一般是国家质量标准上没有的品种规格,因此,进行这种质量控制的依据主要是用户要求。各用户要求不一,质量宽严程度也不一,配送加工据点必须能进行灵活的柔性生产才能满足质量要求。

此外，全面质量管理中采取的工序控制、产品质量监测、各种质量控制图表等，也是配送加工质量管理的有效方法。

任务二　熟悉典型的配送加工作业

任务导入

连锁超市配送中心决定增加生鲜食品的加工业务，具体加工部门与商品类别如表 11-2 所示。请为该中心设计布局规划，包括加工设备采购、内部布局和加工作业过程。

表 11-2　连锁超市需要加工作业的商品类别

部　门	经营品种	部　门	经营品种
蔬果部	蔬菜、水果等	鲜鱼部	鲜鱼、冷冻水产、贝类等
精肉部	猪肉、羊肉、牛肉、鸡肉、加工肉等	熟食配菜部	快餐食品等

伴随着配送业务的发展与繁荣，配送加工作业类型日益增多，与产品的多样性、特殊性相适应，配送加工作业方式差别很大。

一、食品的配送加工

食品配送加工是指发生在食品流通过程中的加工活动，为了方便食品运输、储存、销售、顾客购买以及资源的充分利用和综合利用而进行的加工，包括在途加工和配送中心加工。常见的加工方式有冷冻、分选、分装及精制等，见表 11-3 和图 11-6～图 11-9。

表 11-3　按照配送加工的作业形式划分的食品的配送加工种类

作业内容	含　义
冷冻食品作业	为了保鲜和便于装卸、运输，将鲜鱼、鲜肉等食品放置在配送中心的低温环境区，使之迅速冻结
分选农副食品作业	为了获得一定规格的产品，在产品流通过程中挑选和划分产品
分装食品作业	改换食品包装规格和形状
精制食品作业	在食品和副食品的产地或销售地设置配送加工点，按照方便消费者的要求去除其无用部分，并将其洗净和分装

图 11-6　冷冻食品加工

图 11-7　分选农副食品

图 11-8 分装肉食加工

图 11-9 冷链运输车

同步案例

物联网时代的智能化冷链配送

随着物联网的发展,为了更好地降低物流配送成本,在食品运输中,借助冷链监控系统实时采集冷链车辆的行驶状态、位置信息和货箱内的温湿度数据,通过移动网络实时上传冷链云平台。用户通过 Web、手机 App 等方式对车辆进行实时监控和数据分析,并且在货物交付时通过便携打印设备打印温湿度数据报表,快速完成交付验证。物流企业通过借助大数据、物联网等技术实现冷链物流的智能化,大幅度提升冷链物流配送的效率和质量。

二、日用消费品的配送加工

1. 服装的配送加工

一些产品因其本身特性的要求,需要较宽阔的仓储场地或设施,而在生产场地建设这些设施又不经济,则可将部分生产领域中的作业延伸到仓储环节完成。时装的检验、分类等作业,可以在时装仓库专用悬轨体系中完成相关作业。

同步案例

时装配送加工的"RSD"业务

RSD(receive(接收)、sort(分类)、distribution(配送))服务是 TNT 澳大利亚公司下属的一家分公司开展的业务。它可以为顾客提供从任何地方来,到任何地方去的时装取货、分类、检查、装袋、配送、信息服务与管理的全过程服务。其时装仓库具有悬挂时装的多层仓库导轨系统,可直接传输到运送时装的集装箱中,形成时装取货、分类、库存、配送加工、"门到门"配送等服务系统的集成。

2. 轻工业产品的流通加工

有些商品不易进行包装,如进行防护包装,包装成本过大,并且运输装载困难,装载效率低,流通损失严重。但这些货物有一个共同特点,即装配较简单,装配技术要求不高,主要功能已在生产中形成,装配后不需进行复杂检测及调试,所以,为解决储运问题,降低储运费用,采用半成品(部件)高容量包装出厂,在消费地拆箱组装的方式。组装一般由流通部门在所设置的流通加工点进行,组装之后随即进行销售,如木制家具、自行车组装加工等。

同步案例

贴标签延迟策略

上海长丰食品公司为提高市场占有率,采用同一产品多品牌策略,然而几种品牌的同一产品经常出现某种品牌的畅销而缺货,而另一些品牌却滞销压仓的现象。为解决这个问题,公司针对顾客偏好不一,针对不同的市场设计了几种标签,而产品出厂时都不贴标签就运到各分销中心储存,当接到各销售网点的具体订货要求后,才按各网点指定的品牌标志贴上相应的标签进行加工,从而有效地解决了此缺彼涨的矛盾,通过采用延迟策略改变配送方式,降低库存水平。

三、工业品的配送加工

1. 钢材剪板及下料的配送加工

对于使用钢板的用户来说,大、中型企业由于消耗批量大可设专门的剪板及下料加工设备,按照需要进行加工。但对于用量不大的中、小型企业,单设剪板、下料的设备,由于使用率低下造成闲置浪费,增加企业的成本。钢板的剪板及下料加工可以有效地解决以上问题。

剪板加工一般在固定地点设置剪板机进行,下料加工或设置各种切割设备将大规格钢板裁小,或切裁成毛坯,降低销售起点,便利用户。此外,和钢板的流通加工类似还有薄板的切断,型钢的熔断,厚钢板的切割,线材切断等集中下料,线材冷拉加工等,如图11-10所示。

图 11-10　钢板的配送加工

同步案例

专业的钢板剪切加工

汽车、冰箱、冰柜、洗衣机等生产制造企业每天需要大量的钢板,除了大型汽车制造企业外,一般规模的生产企业如若自己单独剪切,难以解决因用料高峰和低谷的差异引起的设备忙闲不均和人员浪费问题,如果委托专业钢板剪切加工企业,可以解决这个矛盾。专业钢板剪切加工企业能够利用专业剪切设备,按照用户设计的规格尺寸和形状进行套裁加工,精度高、速度快、废料少、成本低。专业钢板剪切加工企业不仅可提供剪切加工服务,还出售加工原材料和加工后的成品以及配送服务,使用户省心、省力、省钱。

2. 木材的配送加工

木材的配送加工可依据木材种类、地点等决定加工方式。在木材产区可对原木进行加工，使之成为容易装载、运输的形状，如实行集中下料、按客户要求供应规格料，可以使原木利用率提高到95%，出材率提高到72%左右，有相当好的经济效果；木屑也可制成便于运输的形状，以供进一步加工，这样可以提高原木利用率、出材率，也可以提高运输效率，具有相当可观的经济效益，如图11-11所示。

图11-11　木材的配送加工

降低运费的原木加工

英国采取在林木生产地就地将原木磨成木屑，然后压缩使之成为容重较大、容易装运的形状，之后运至靠近消费地的造纸厂。据英国经验，采取这种方法比直接运送原木节约一半的运费。

3. 煤炭的配送加工

煤炭的配送加工有多种形式，如除矸加工、煤浆加工、配煤加工等。除矸加工可提高煤炭运输效益和经济效益，减少运输能力浪费；煤浆加工可以采用管道运输方式运输煤浆，减少煤炭消耗、提高煤炭利用率；配煤加工可以按所需发热量生产和供应燃料，防止热能浪费。煤炭的消耗量非常大，进行煤炭配送加工潜力也非常大，可以大大节约运输能源，降低运输费用，具有很好的技术和经济价值，如图11-12所示。

4. 混凝土的配送加工

混凝土流通服务中心将水泥、沙石、水以及添加剂按比例进行初步搅拌，然后装进水泥搅拌车，事先计算好时间，卡车一边行走，一边搅拌。到达工地后，搅拌均匀的混凝土直接进行浇注，如图11-13所示。

图11-12　煤炭配送加工　　　　图11-13　商品混凝土集中搅拌楼

四、配送加工的其他作业形式

1. 贴标签作业

（1）进口商品贴中文说明标签。贴中文说明标签大部分是从进口商品到货后就开始进行作业，标签贴完后再入库。

（2）贴价格标签。贴价格标签是针对零售店的要求进行的配送加工，其作业大部分是在拣货完成后进行的。

贴标签作业流程如图 11-14 所示。

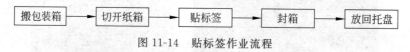

图 11-14　贴标签作业流程

2. 热缩包装

在配送加工作业中，热缩包装作业是一种常见的加工方式。主要是针对超市或大卖场的需求，把某些食品按促销要求组合，用热收缩塑料包装材料固定在一起。常用的 PE 膜收缩温度范围为 88～149℃，受热时变软，冷却后收缩，收缩强度相当大。热缩包装的作业流程如图 11-15 所示。

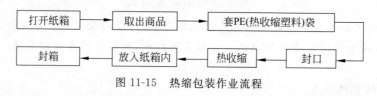

图 11-15　热缩包装作业流程

3. 礼品包装

礼品包装主要是针对逢年过节时，部分商品必须组合成礼盒销售，如补酒礼盒、南北货礼盒、食品礼盒等。礼品包装的作业流程如图 11-16 所示。

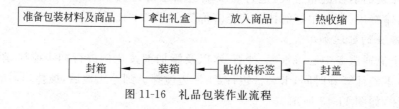

图 11-16　礼品包装作业流程

4. 小包装分装

小包装分装主要是将国内外厂商的大包装商品或散装商品，以计量（或计重）包装方式改变商品的销售包装。小包装分装的作业流程如图 11-17 所示。

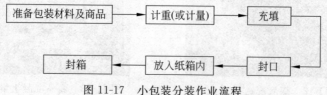

图 11-17　小包装分装作业流程

项目检测

一、案例分析

上海联华生鲜食品加工配送中心的运作

联华生鲜食品加工配送中心是我国国内目前设备最先进、规模最大的生鲜食品加工配送中心，总投资 6 000 万元，建筑面积 35 000 m^2，年生产能力 20 000t，其中肉制品 15 000t，生鲜盆菜、调料半成品 3 000t，西式熟食制品 2 000t，产品结构分为 15 大类约 1 200 种生鲜食品；在生产加工的同时配送中心还从事水果、冷冻品以及南北货的配送业务。

生鲜商品按其称重和包装属性分为定量商品、称重商品和散装商品；按物流类型分为储存型、中转型、加工型和直送型；按储存运输属性分为常温品、低温品和冷冻品；按商品的用途分为原料、辅料、半成品、产成品和通常商品。生鲜商品大部分需要冷藏，其物流流转周期必须很短以节约成本；生鲜商品保质期很短，客户对其色泽等要求很高，在物流过程中需要快速流转。为实现"快"和"准确"，联华生鲜配送中心的加工做法如下。

1. 生鲜食品的冷冻养护

生鲜食品（主要指肉类食品）储存在冷藏低温库，库温一般控制在 $-18℃$。冷藏仓间的空气温度保持要相对稳定，一昼夜上下波动幅度不得超过 $±1℃$，进出时的仓间温度不得波动超过 $4℃$；相对湿度应保持在 $95\%～98\%$，波动范围不超过 $±5\%$。水产、家禽入库后，为保持商品固有质量，减少干耗，可在商品外边镀一层冰衣，使肉体与空气隔绝，保持其色泽。一般是在商品入库时，先镀一次冰衣，1～2 个月后再镀一次，第三次应视冰衣的消失情况而定。

2. 生鲜食品的加工与物流运作

生鲜的加工按原料和成品的对应关系可分为两种类型：组合和分割，两种类型在 BOM 设置和原料计算以及成本核算方面都存在很大的差异。在 BOM 中每个产品设定一个加工车间，只属于唯一的车间，在产品上区分最终产品、半成品和配送产品，商品的包装分为定量和不定量加工，对于称重的产品或半成品需要设定加工产品的换算率（单位产品的标准重量），原料的类型区分为最终原料和中间原料，设定各原料相对于单位成品的耗用量。

生产计划（任务）中需要对多级产品链计算嵌套的生产计划（任务），并生成各种包装生产设备的加工指令。对于生产管理，在计划完成后，系统按计划内容出标准领料清单，指导生产人员从仓库领取原料以及生产时的投料。在生产计划中考虑产品链中前道与后道工序的衔接，各种加工指令、商品资料、门店资料、成分资料等下发到各生产自动化设备。

加工车间人员根据加工批次，协调不同量商品间的加工关系，满足配送要求。

3. 配送运作

商品分拣完成后，都堆放在待发库区，按正常的配送计划，这些商品在晚上送到各门店,门店第二天早上将新鲜的商品上架。在装车时装车顺序按计划依门店路线顺序确定,同时抽样检查准确性。在货物装车的同时,系统能够自动算出包装物(笼车、周转箱)的各门店使用清单,装货人员也据此来核对差异。在发车之前,系统根据各车的配载情况出各运输车辆随车商品清单、各门店的交接签收单和发货单。

商品到门店后,由于数量的高度准确性,在门店验货时只要清点总的包装数量,退回上次配送带来的包装物,完成交接手续即可,一般一个门店的配送商品交接只需要 5min。

请回答下列问题。

1. 上海联华生鲜食品加工作业的特点是什么?
2. 生鲜食品的加工有哪些形式,本例中用到了哪些?
3. 阐述流通加工与送货的关系。

二、简答题

1. 什么是配送加工?其与生产加工有何差别?
2. 简述配送加工的作用、发展。
3. 列举你熟悉的几种配送加工作业,并进一步分析其开展的意义。
4. 如何进行配送加工作业的合理组织?

项目十一　配送加工作业试题

送货与退货作业

知识目标

1. 能阐述送货作业流程,熟悉影响送货作业的因素。
2. 能掌握配送线路规划的原理与方法。
3. 能掌握商品退货原则及流程。

技能目标

1. 会根据送货实情,制定送货流程并实施和考核。
2. 会采用合理的方法规划配送路线。
3. 会根据退货原则,采取合理的退货方法完成退货业务。

任务一 送货作业

任务导入

如图 12-1 所示,某零售业配送中心按照交通条件划分配送区域,以两条道路为界划分为四个区域,配送中心位于四区右上角,每天早上 9:00 之前要完成各门店(图中小点)

图 12-1 某零售业配送中心配送区域

送货要求。一区和四区离市中心相对较远,门店密集性相对较低,货物需求量相对较少,但是交通状况好,道路运行时间较短;二区和三区处于市中心,距配送中心较远,货物需求量较大。请完成以下任务。

(1) 根据以上实情,确定该配送中心的大致配送流程及需要考虑的因素。

(2) 设计该配送中心送货作业的考核分析指标。

送货作业是配送业务的最后一个环节。送货作业是利用配送车辆把客户订购的物品从配送中心送到客户手中的过程。送货作业过程中受到各种情况的影响,因此送货作业前需要进行周密安排,以保证送货作业的顺利完成。

一、送货作业流程

送货作业的基本流程及影响因素见图12-2。

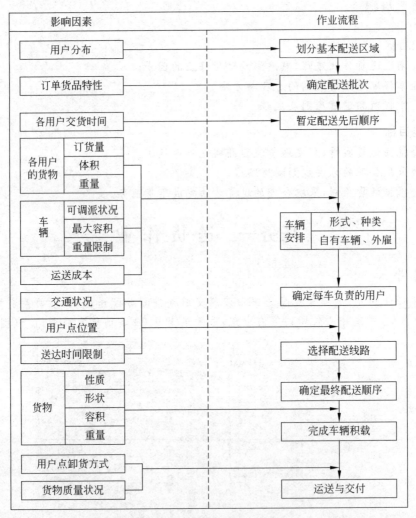

图12-2 送货作业流程

1. 划分基本配送区域

为使整个配送有一个可循的基本依据,应首先将客户所在地的具体位置做系统统计,并将其做区域上的整体划分,将每一客户囊括在不同的基本配送区域之中,以作为下一步决策的基本参考。如按行政区域或依交通条件划分不同的配送区域,在这一划分的基础上再做弹性调整来安排配送。

2. 确定配送批次

当配送中心的货品性质差异很大,有必要分开配送时,则需依据每个订单的货品特性做优先划分,例如生鲜食品与一般食品的运送工具不同,需分批配送;化学物品与日常用品的配送条件有差异,也需要将其分开配送。

3. 暂定配送先后顺序

在考虑其他影响因素做出确定的配送方案前,应根据客户订单要求的送货时间将配送的先后作业次序做初步排定,为后面车辆积载做好准备。计划工作的目的是保证达到既定的目标。所以,预先确定基本配送顺序既可以有效地保证送货时间,又可以提高运作效率。例如,大多数的快递公司往往规定下午三点为发货界限,当日下午三点之前下单的订单,当日发货,三点之后下单的订单,第二天发货。

4. 车辆安排

究竟要安排什么类型的配送车辆?是使用自用车好,还是外雇车好?需要从客户需求方面、车辆方面及成本方面共同考虑。在客户方面,需要考虑各客户的订货量、订货体积、重量,以及客户点的卸货特性限制;在车辆方面,要知道到底有哪些车辆可供调派,以及这些车辆的积载量与重量限制;在成本方面,必须依自用车的成本结构及外雇车的计价方式来考虑选择何种方式比较划算。由此三方面的信息配合,才能做出最合适的车辆安排。进行车辆安排的具体步骤如表 12-1 所示。

表 12-1 车辆安排工作步骤及要点

序号	步骤	要点
1	检查车辆运行前的准备工作	检查备货情况,了解货物的特性,如货物的重量、体积、外形尺寸等信息,检查装车作业人员和设备的准备情况
2	现场调度	根据货物分日配送计划、车辆运行作业计划和车辆状态选择需要调度的车辆,同时考虑货物的性质合理的选择车型,进行车辆调度,签发行车路单;勘察配载作业现场,做好装卸车准备;督促驾驶员按时出车;督促车辆按计划送修进保

大多数车辆调度工作比较复杂的配送中心会采用车辆管理系统进行辅助调度,车辆管理系统会根据订单上的货物重量、体积、类型、特性,自动运算给出备选的车型和车辆数,再根据车辆的忙闲状态,给出备选车辆的车号。车辆调度员就可以根据系统给出的调度方案,同时考虑各车辆的工作量和驾驶员的劳动强度做出具体的车辆、驾驶员安排。

5. 确定每辆车负责的客户

做好配送车辆的安排以后,要根据车辆自身的车型、载重量、容积等特征,如果车辆是定路线的,还要考虑车辆所负责的路线,并结合货物的重量、体积、发运路线等特征,确定每辆车所负责的客户点。

6. 选择配送线路

知道了每辆车需负责的客户点后，就要确定如何以最快的速度完成这些客户点的配送，如何选择配送距离短、配送时间短、配送成本低的线路，这需要根据客户点的具体位置、沿途的交通状况等做出优先选择和判断。除此之外，对于有些客户或所在环境有其送达时间的限制也需要加以考虑。如有些客户不愿中午收货，或是有些道路在高峰时间不准卡车进入等，在选择路径时都必须尽量将之避开。

路线选择

7. 确定最终配送顺序

做好车辆计划及选择最佳的配送线路后，依据各车负责配送的具体客户的先后，即可将客户的最终配送顺序加以明确地确定。

8. 完成车辆积载

如何将货物装车，以什么次序装车的问题，就是车辆的积载问题。原则上，知道了客户的配送顺序后，只要将货物依"后送先装"的顺序装车即可。但有时为了有效利用空间，可能还要考虑货物的性质，如怕震、怕压、怕撞、怕湿，以及形状、体积和重量等做出调整。此外，对于货物的装卸方法也必须依照货物的性质、形状、重量、体积等来具体决定。

进行车辆积载时要注意以下几点。

（1）轻重搭配的原则。车辆装货时，必须将重货置于底部，轻货置于上部，重心下移确保稳固，同时避免重货压坏轻货，以保证运输安全。

（2）大小搭配的原则。货物包装的尺寸有大有小，大小搭配以减少箱内的空隙确保稳固，同时充分利用车厢的内容积。

（3）货物性质搭配原则。拼装在一个车厢内的货物，其化学性质、物理属性、灭火方法不能互相抵触，以保证运输安全。

（4）到达同一地点的适合配装的货物应尽可能一次积载。

（5）根据车厢的尺寸、容积，货物外包装的尺寸确定合理的堆码层次及方法。

（6）装载时不允许超过车辆所允许的最大载重量。

（7）装载易滚动的卷状、桶状货物，要垂直摆放。

（8）货与货之间，货与车壁之间应留有空隙并适当衬垫，防止货损。

（9）装货完毕，应在门端处采取适当的稳固措施，以防开门卸货时，货物倾倒砸伤人员或造成货损。

（10）符合国家公路运输管理的相关法规。

9. 运送与交付

货物运送到客户的指定地点后，需要组织卸货作业，卸货作业可以是由送货员组织或送货员自行卸货，也可以是由客户自行组织。如果客户是大型配送中心，卸货作业往往是由配送中心组织；如果客户是最终用户，卸货作业往往是由送货员组织或是由送货员自行卸货。在卸货的过程中或卸货后，需要客户对货物进行清点验收，验收无误后，客户需要在送货单上签收，并留下客户联。如果验收后产品有误需要退货，还需要客户签退货单。最后由客户完成货物的入货位或上货架作业。运送与交付流程如图 12-3 所示。

```
送达 → 组织卸货 → 清点验收 → 送货单签收
```

图 12-3 运送与交付流程

同步案例

末端送货"黑科技"

不断创新的智能科技正在改变着传统的物流方式,数字化、智能化的物流方式在更多场景的应用,不仅提升了配送效率,解决了"最后一公里"配送难题,也为更多消费者带来更加优质的服务体验。

1. 智慧物流汽车

菜鸟网络作为首个参与行业标准制定的智能物流大数据公司,联合各知名车企推出多款新能源智慧物流汽车,打造100万辆搭载"菜鸟智慧大脑"的新能源物流汽车的ACE计划。系统会根据订单动态,生成最优配送线路,并根据业务和道路情景自主感知动态调整界面,且实现与司机的语音交互,改变目前依靠人工调度的现状,实现智慧跑、智能送。

通过车辆装备的创新,菜鸟将多项"黑科技"应用于城市末端配送,结合菜鸟智能分单,实现了前置分拣和集装运输,免去在配送站点二次分拣;动态定位技术可以将货物直接送达快递员,实现移动网点快递员不再需要多次往返站点取货;物流版"变形金刚"电动交换箱体运输车,提升了仓库到站点的多频次运输效率,满足站点的多频次送货需求;帮助商家提升服务满意度,让商家实时了解货物所在位置,通过 App 还可以更改送货时间,服务更贴心、更智能,成本更低。

以深圳为例,单车行驶距离减少约30%,空驶率降低10%。据此测算,菜鸟ACE计划的推出,一年可为物流行业节省成本100亿元。

2. 无人机配送

2018年6月,京东无人机送货实现了小规模的试运营,载重量为10~15kg,续航里程为15~20km。京东目前还正在研制超重型无人机项目,目标有效载重量达到40~60t,飞行距离超过6 000km,可实现24h内送达中国任何城市。同时,京东无人机能将货物送到无人智慧配送站顶部,并自动卸下货物。从入库、包装,到分拣、装车,全程由机器人操作,无须人工参与。

3. 机器人智能配送站

随着实现了配送机器人从封闭园区走向开放道路,实现了全场景运营后,京东又在长沙、呼和浩特、贵阳等地陆续成立了配送机器人智能配送站。

位于长沙经开区科技新城的物流智能配送站占地面积600m²,首批覆盖周边5km区域。根据运营计划,配送站内全部采用京东3.5代配送机器人,具有自主导航行驶、智能避障避堵、红绿灯识别、人脸识别取货能力。每台机器人一次可配送30个包裹,可同时容纳20台配送机器人,每天最高配送2 000个包裹,和片区内的传统物流配送方式相互配合,为周边居民共同提供物流配送服务,整个区域人机配送比例达到1∶1。

站内设有自动化分拣区、配送机器人停靠区、充电区、装载区等多个区域,包裹从物流仓储中心运输至配送站后,首先在物流分拣线按照配送地点对货物进行分发。分发完成后,站内装载人员按照地址将包裹装入配送机器人,再由配送机器人配送至消费者手中。

目前,京东配送机器人已经在全国 20 多个城市实现落地。首个智能配送站在长沙启用后,位于呼和浩特的京东物流智能配送示范基地也投入运营,贵阳的智能配送站也正式落地。京东物流智能配送站开创了全球范围内专为配送机器人打造专有配送站的先河,为当地居民带来了更加智能的物流新体验。

二、配送路线的确定

合理确定配送路线能够有效节约配送里程,降低油耗费用,节省成本,提高配送时效性,保证配送作业的及时完成。一般有单车单点配送、单车多点配送和多车多点配送等方式。单车单点配送比较简单,下面针对单车多点和多车多点说明配送线路的确定方式。

(一)单车多点配送

实际中为了能够充分地利用车辆的载重量和吨位,节省运费,经常会将某些客户点的货物装载在同一辆车上进行配送作业,送完所有客户点的货物后再回到配送中心,同时也希望所行走的路径最短,这就是单车多点配送。这种问题被称为旅行商问题(traveling salesman problem,TSP)。

解决单车多点问题也可采用 WINQSB 软件和百度 AI 地图,可以根据下面的提示自己尝试。

1. WINQSB 软件

WINQSB 软件可以从网络中下载,使用该软件 Network Modeling 模块中的 Traveling Salesman Problem 的问题类型,可以很好解决单车多点问题,但是在解决问题时会要求选择不同的算法,不同的算法可能会得到不同的结果,选择所有算法所得结果中最优的结果即可。

2. 百度 AI 地图

作为新一代人工智能地图,百度地图利用 AI 技术,从路线规划、避堵策略、实时路况等方面优化配送,提高配送的效率,节约成本。

配送中心在确认配送目的地后,将包裹装车运输到指定位置。配送中心通过使用百度地图提供的"批量算路服务",可以根据多个目的地的位置,结合实时路况和限行规则,规划出最优路线并一键发起导航,让配送货物的路径更合理和便捷,如图 12-4 所示。

图 12-4 批量算路服务优化路线

同时配送中心还可以通过"百度鹰眼轨迹服务"实时管理配送车辆和配送员的位置

(图 12-5)。"鹰眼轨迹服务"采用轨迹纠偏绑路算法,能够校正轨迹漂移和里程,从而判断车辆是否准时出发或到达,并在用户端同步呈现。鹰眼追踪收派员实时轨迹,并结合运单状态对收派员整个配送过程进行记录。鹰眼也把控着包裹最后的配送环节,目前,许多物流公司都将旗下收派员全面接入鹰眼,一方面用户可在 App 上实时查看货物配送的位置,提升用户的可控感。另一方面配送中心通过积累轨迹大数据,挖掘快递员常走路线、分析快递员在某个区域耗费的配送时间,利用这些轨迹大数据分析结果实现更精准估算货物送达时间,提升货物配送准时性(图 12-6)。

图 12-5 鹰眼轨迹监管

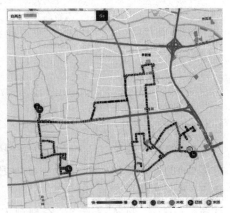
图 12-6 轨迹分析

(二)多车多点配送

现实状况中经常会遇到有多个客户点需要配货,客户点的位置和货物需求状况已知,但是不能够采用一辆车装载所有客户点的货物,这就需要派多辆车来完成配送作业,这时同样也希望配送成本最低,如配送车辆最少,所有车辆的行驶总路线里程最短。这种问题通常被称为车辆路径问题。解决这种问题常采用节约里程法。

1. 节约里程法的基本原理

节约里程法的基本条件是同一条线路上所有客户的需求量总和不大于一辆车的额定载重量。送货时,由这辆车装着所有客户的货物,沿着一条精心挑选的最佳线路依次将货物送到每位客户的手中,这样既保证按时按量将用户需要的货物及时送到,又节约了费用,缓解了交通紧张的压力,并减少了运输对环境造成的污染。

2. 节约里程法的基本规定

利用节约里程法确定配送线路的主要出发点,是根据配送方的运输能力及其到客户之间的距离和各客户之间的相对距离制订使配送车辆总的周转量达到或接近最小的配送方案。

下面假设:①配送的是同一种或相类似的货物;②各用户的位置及需求量已知;③配送方案有足够的运输能力。节约里程法制订出的配送方案除了使总的周转量最小外,还应满足:方案能满足所有用户的到货时间要求;不使车辆超载;每辆车每天的总运行时间及里程满足规定的要求。

3. 节约里程法的基本思想

如图 12-7 所示,设 P_0 为配送中心,分别向客户 P_i 和 P_j 送货。P_0 到 P_i 和 P_j 的距离

分别为 d_{0i} 和 d_{0j}，两个客户 P_i 和 P_j 之间的距离为 d_{ij}，送货方案只有两种即配送中心 P_0 向客户 P_i、P_j 分别送货和配送中心 P_0 向客户 P_i、P_j 同时送货，如图 12-7(a) 和图 12-7(b) 所示。

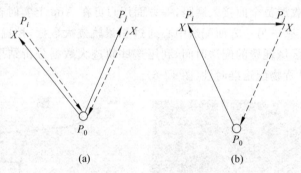

图 12-7 节约里程法原理

比较两种配送方案如下。

方案(a)的配送线路：$P_0 \rightarrow P_i \rightarrow P_0 \rightarrow P_j \rightarrow P_0$，配送距离 $d_a = 2d_{0i} + 2d_{0j}$；

方案(b)的配送线路：$P_0 \rightarrow P_i \rightarrow P_j \rightarrow P_0$，配送距离 $d_b = d_{0i} + d_{0j} + d_{ij}$。

用 S_{ij} 表示节约里程量，即方案(b)比(a)节约的配送里程：$S_{ij} = d_{0i} + d_{0j} - d_{ij}$。

注意：如果 d_{0i} 和 d_{0j} 表示 P_0 分别到 P_i 和 P_j 的最短距离，则 S_{ij} 肯定非负。

根据节约里程法的基本思想：如果一个配送中心 P_0 分别向 N 个客户 $P_j (j=1, 2, \cdots, N)$ 配送货物，在车辆载重能力允许的前提下，每辆汽车的配送线路上经过的客户个数越多，节约里程量越大，配送线路越合理。

【**例 12-1**】 如图 12-8 所示，某配送中心 P_0 向 6 个客户 $P_1 \sim P_6$ 配送货物，各个客户的需求量(方框内的数值，单位：t)，配送中心到各客户、各客户彼此之间的距离(线路上的数值，单位：km) 已标明。该配送中心有 2t、4t、5t 的三种车辆可供调配。试确定最优的送货路线方案。

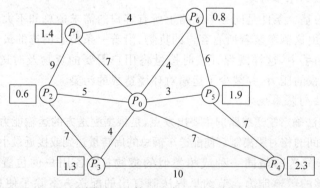

图 12-8 某配送中心配送网络

【**解**】 第一步：计算最短距离。根据配送网络中的已知条件，使用最短路径的计算方法，计算配送中心与客户之间及各客户之间的最短距离，结果如表 12-2 所示。

表 12-2 任意两客户点间的距离

	P_0					
P_1	7	P_1				
P_2	5	9	P_2			
P_3	4	11	7	P_3		
P_4	7	14	12	10	P_4	
P_5	3	10	8	7	7	P_5
P_6	4	4	9	8	11	6

第二步：计算节约里程 S_{ij}，结果如表 12-3 所示。

表 12-3 节约里程

	P_1				
P_2	3	P_2			
P_3	0	2	P_3		
P_4	0	0	1	P_4	
P_5	0	0	0	3	P_5
P_6	7	0	0	0	1

第三步：将节约里程 S_{ij} 按从大到小的顺序排序，得到表 12-4。

表 12-4 节约里程排序

序 号	连接点	节约里程	序 号	连接点	节约里程
1	1—6	7	4	2—3	2
2	1—2	3	5	3—4	1
3	4—5	3	6	5—6	1

第四步：确定配送线路。依据表 12-4，按节约里程大小顺序，组成线路图。

① 初始方案：对每一客户分别单独派车送货，原路返回，如图 12-9 所示。

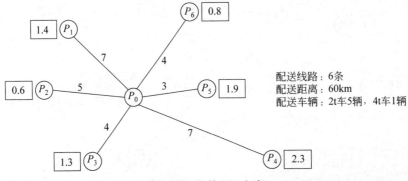

图 12-9 初始调运方案

② 二次修正方案：按节约里程 S_{ij} 由大到小的顺序，同时考虑车辆额定载重和各点需求量的关系，将 P_1、P_6 连成一条线路，得二次修正方案，如图 12-10 所示。

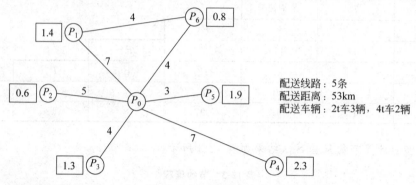

图 12-10　二次修正方案

③ 三次修正方案：在剩余的 S_{ij} 中，按由大到小的顺序连接 P_1、P_2，同时考虑车辆额定载重和各点需求量的关系，得修正方案 3，如图 12-11 所示。

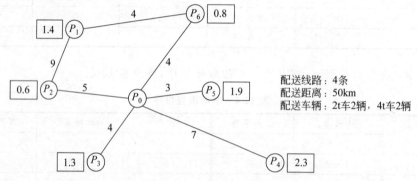

图 12-11　三次修正方案

④ 四次修正方案：在剩余的 S_{ij} 中，最大的是 S_{45}，连接 P_4、P_5，同时考虑车辆额定载重和各点需求量的关系，得修正方案 4，如图 12-12 所示。

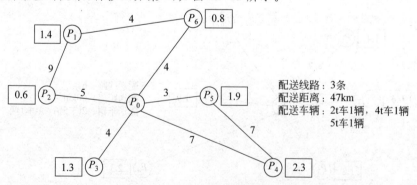

图 12-12　四次修正方案

⑤ 最终方案：在剩余的 S_{ij} 中，最大的是 S_{23}，连接 P_2、P_3，同时考虑车辆额定载重和各点需求量的关系，得最终方案，如图 12-13 所示。

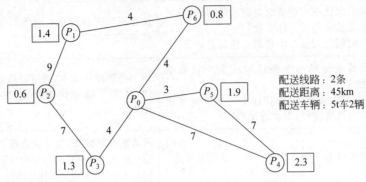

图 12-13　最终方案

上述分析表明，最优的配送线路如下。

线路Ⅰ：P_0—P_3—P_2—P_1—P_6—P_0，配送运输距离 28km，装载量 4.1t，需要 5t 的车一辆。

线路Ⅱ：P_0—P_4—P_5—P_0，配送运输距离 17km，装载量 4.2t，需要 5t 的车一辆。

三、送货作业分析指标

配送中心的运作费用中送货费比例最高，占 35%～60%。因而若能降低送货费，对配送中心的收益应有极大贡献。送货作业的主要分析指标如表 12-5 所示。

表 12-5　送货作业分析指标

指标类型	指　　标	指　标　分　析
人员负担	人均送货量＝出货量÷配送人数 人均送货距离＝送货总距离÷配送人数 人均送货重量＝送货总重量÷配送人数 人均送货车次＝送货总车次÷配送人数	这四个指标可以充分了解送货作业人员的工作量，并根据实际情况及时调整送货作业人员数量；也可以反映送货人员的作业贡献，从而对相关人员进行绩效考核
车辆负荷	每车周转量＝（送货总距离×总吨数）÷送货车辆总数 每车配送距离（或重量）＝送货总距离（或总重量）÷送货车辆总数	这两个指标可以评估送货车辆的负荷大小，如果车辆负荷过大就需要增加车辆；负荷过小说明配送业务量小，需要增加业务量
车辆安排	空驶率＝回程空驶车次÷总车次 车辆开动率＝送货总车次÷（车辆数量×工作天数） 送货平均速度＝送货总距离÷送货总时间	空驶率是指货运车辆在返程时处于空载状态的辆次占总货运车辆辆次的比率（《物流术语》（GB/T 18354—2006））。当空驶率较高时，表明有部分车回程空驶，这时配送成本较高。车辆开动率反映车辆的利用率。如果利用率过高，表明车辆负荷较重，应增加车辆；如果利用率太低，则应该减少车辆或增加配送货物。送货平均速度可以反映送货路线是否最佳，路线上的交通状况是否良好

续表

指标类型	指标	指标分析
时间效益	送货时间比率＝送货总时间÷(送货人数×工作天数×每天工作时数) 单位时间送货量＝出货量÷送货总时间	此指标用于分析单位时间对于送货量的贡献率
配送成本	送货成本比率＝车辆送货成本÷物流总费用 每吨(车次或公里)送货成本＝车辆送货成本÷总送货吨位(车次或里程)	用于分析配送成本，通过跟绩效指标水平对比，从而采取一定的措施，提高效益降低成本
配送质量	送货延误率＝送货延误车次÷送货总车次	送货延误率较高，会对企业信誉造成严重影响。造成该指标较高的原因可能是车辆故障、路况不良等，要根据具体原因逐一进行改进

目前多数客户都要求配送中心采取准时化(just in time)配送，以实现"距离最小""时间最小"和"成本最小"三个目标，应从提高每次输配送量、提高车辆运行速率、削减车辆使用台数、缩短输配送距离及适当配置物流设施据点等方面考虑。提高送货作业效率的措施如表12-6所示。

表12-6 提高送货作业效率的措施

措 施	要 点
消除交错输送	可采用缓和交错输送的方式，例如，将原直接由各工厂送至各客户的零散路线以配送中心来做整合并调配转送，如此可以舒缓交通网路的复杂程度，且大大缩短配送距离
直配、直送	厂商与零售商做直接交易，零售商的订购单可通过信息网络直接传给厂商，因此各工厂的产品可从厂商的配送中心直接交货到各零售店
共同配送	是指多家企业共同参与只由一家运输公司独自进行的配送作业，这种模式的形成要点在于参与配送者要能认清自身的条件、定位、未来成长的目标，并加强各自体系的经营管理与物流设备设置
建立完整的信息系统	建立完善的运输管理与配送管理系统，要求该系统能够依交货配送时间、车辆最大积载量、客户的订货量、个数、重量选择一个最经济的输配送方法；依货物的形状、容积、重量及车辆的运输能力等，自动安排车辆、装载方式；依最短距离原则找出各客户的最便捷路径
改善运行中载运工具的通信	运行中的车辆具有即时通信功能，能够把握车辆及司机的状况；传达道路信息或气象信息；把握车辆作业状况及装载状况；进行作业指示；传达紧急的信息；提高运行效率及安全运转；把握运行车辆的所在地
控制出货量	采用给予大量订货客户折扣；确定最低订货量；调整交货时间；对于季节性的变动尽可能引导客户提早预约等方式使出货量尽量平均化
配送规划	规划中需要考虑静态的，如配送客户的分布区域、道路交通网络、车辆通行限制(单行道、禁止转弯、禁止货车进入等)、送达时间的要求等因素；动态的，如车流量变化、道路施工、配送客户的变动、可供调度车辆的变动等诸多因素

任务二 退货作业

任务导入

某超市配送中心退货部的一名员工,需要处理来自某市某分店的一批退货,退货单明细如表12-7所示。请给该分店办理退货。

表12-7 商品退货明细

商品类别	商品名称	单位	包装数量	单价/元	供货商	退货数量	退货金额/元	发票号
食品类	龙嫂米线	箱	20	45	龙嫂食品公司	2	90	10202112039077
食品类	达能饼干	箱	10	48	达能企业	3	144	10202112031000
食品类	光明酸奶	盒	8	7.5	光明乳业	10	75	10202112032000
灯具	光明台灯	台	1	200	光明灯具厂	5	1 000	10202112035200
日用品类	康兴保温杯	个	1	27	康兴公司	2	54	10202112034012

配送中心在配送过程中,会遇到因货物包装破损、商品损坏、商品临近保质期或已过期、送交的商品与客户要求的商品不相符等情况而发生退货。所以退货作业就是在配送活动中,由于配送方或客户方关于配送物品的影响因素存在异议,而进行处理的活动。

由于退货给配送中心带来诸多不便,诸如打乱购销计划,增加作业量,如运输、仓储等,任何一家配送中心都不愿意过多地执行退货活动,因此一定要加强日常管理,减少或消除退货现象的发生。除此,还要明确退货处理原则,要制定规范的退货流程,及时处理退货商品。

配送中心在处理客户退货时,可在参考表12-8的基础上,结合实情制定更具体、合理的原则。

表12-8 退货的基本原则及要点

原则	要点
责任原则	商品发生退货问题,配送中心首先要界定产生问题的责任人。即是配送中心在配送时产生的问题,还是客户在使用时产生的问题。与此同时,配送中心还要鉴别产生问题的商品是否由己方送出,从而做出最佳的解决方案
费用原则	进行商品的退货要消耗企业的大量物力、人力、财力。配送中心在实施退货时,除由配送中心自身原因导致的退货外,通常需要对要求退货的客户加收一定的费用
条件原则	配送中心应当事先决定接受何种程度的退货,或者在何种情况下接受退货,并且规定相应的时间作为退货期限。例如决定仅在"不良品或商品损伤的情况下接受退货"或"销售额的10%以内的退货"等
凭证原则	配送中心应该规定客户以何种凭证作为退商品的证明,并说明该凭证得以有效使用的方法
计价原则	退货的计价原则与购物价格不同。配送中心应该对退货的作价方法进行说明,通常是取客户购进价与现行价的最低价进行结算

退货作业的基本流程如图 12-14 所示。

一、接收退货

配送中心的业务部门接到客户的退货申请后,明确退货原因,并根据合同服务范围判断退货要求是否在服务范畴之内。

如在范畴内,要求客户提供接货时间、发票等资料,资料核实后,填写退货单,详细列明退货原因。及时将退货信息传达质量管理部门及相关部门,质量管理部门做好重新检验的准备;运输部门安排取回货品的时间和路线;仓库人员做好货品接收准备。一般情况下,退货由送货车带回配送中心。批量较大的退货,要经过审批程序确定派车。

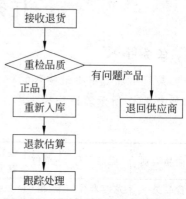

图 12-14　退货作业基本流程

如不在范畴内,应向客户说明。如果客户接受,则请客户取消退货要求;如果客户仍坚持退货,应以"降低公司损失至最小,且不损及客户关系"为原则加以处理。

常见的退货原因及相应的处理方法见表 12-9。

表 12-9　常见的退货原因及处理方法

原因	处理办法	具体细则
按订单发货发生错误	无条件重新发货	① 及时联系发货人,要求重新调整发货方案,收回错发的货物,重新按正确的订单发货,所有费用由发货人承担 ② 核查产生问题的原因,如订单错误、拣货错误、出货错误、出货单贴错、装错车等,找到原因后应立即采取有效措施,如在常出错的地方增加控制点
运输途中货物受到损坏	给予赔偿	① 依据退货情况,由发货人确定所需要的修理费用或赔偿金额,然后由运输单位负责赔偿 ② 重新研究包装材料的材质、包装方法和搬运过程中各项装车、卸货动作,找出真正的原因并加以改善
客户订货有误	收取费用重新发货	① 按客户新订单重新发货 ② 所产生费用由客户承担
货物本身缺陷	重新发货或提供替代品	① 配送中心接到退货通知后,应派车派工收回退货,并将退货物集中到仓库退货处理区进行处理 ② 货物回收结束后,配送中心应督促发货方采取措施,用没有缺陷的同种商品或替代品重新向收货人发货

二、重检品质

对于接收的退回商品,由质量管理部门进行重新检验。

(1) 质量检查部门让质检人员熟悉基本的产品质量标准,依据标准检验,并清楚检验的注意事项。

(2) 按照检验人员提供的产品明细表,在配送系统中录入退货产品信息,并使货品进入受控状态。

（3）将货品分类放在专门的场地或库房,对其进行分类,统一管理。①退货分类时一定要按照分类标准和原则操作,细致认真;②由于场地或库房存储量大,要事先做好规划,实行分区、分类和定位保管;③放置物品时,要按照货品状态做明显标记,防止位置错乱。

（4）调整库存量。重新制订库存的订购点、订购量、库存基准。退货后,销售部门制作退货受理报告书,财务人员依据报告书调整账面上的"应收账款余额"和"存货余额"。

检验后,对于合格商品,则进入储存或分拣环节(按一般配送中心的作业流程进行处理);若属于问题商品(如运输不当,包装不当,拣货出错等),贴拒收标签,单独存放,这些由配送中心负责;若为产品质量问题则退回供应商。

三、重新入库

对于客户退回的商品,配送中心的销售部门要进行初步的审核。由系统生成销售退货单,经销售人员核对后,确认退货基本无误,并且重检品质是正品的情况下,交由库存部门将退货商品重新入库。

（一）入库操作

1. 生成销货退货单

受理客户提出的退货要求后,配送中心的信息系统根据相关信息生成销货退货单。销货退货单上记载货物编号、货物名称、货品规格型号、货主名称或编号、退货原因等信息,销售人员要清楚和准确地填写。

2. 核对退货信息

客户退回物品后,销售人员将退回物品名称和数量与销货退货单进行初步核对,确保退货的基本信息准确。

3. 收回销货退货单

销售部门将销货退货单送至配送中心的商品检验部门。验收部门据此进行退回物品的数量和质量清点验收后,填制验收单两联,第一联交信用部门核准销货退回,第二联验收单号码顺序存档。

4. 核准销货退货单

信用部门收到验收部门填写的销货退货单后,根据验收部门的报告核准销货退货单,并在验收单上签名,以示负责;验收单送至仓库管理部门。

5. 入库

仓库管理部门根据销货退货单上的货品信息录入货品管理系统,并根据物品情况作出相应的处理。经过简单修理或换了新包装的物品,经质检合格可进入仓库。需要进一步修理或回收废弃材料的物品放专用仓库等候处理。

（二）入账操作

1. 核准销货退回信息

信用部门收到验收部门填写的销货退货单后,根据验收部门的报告核准销货退回,并在验收单上签名,以示负责;同时将核准后的验收单送至开单部门。

2. 编制贷项通知单

开单部门接到信用部门转来的验收单后,编制贷项通知单,一式三份。第一联同核准后的验收单一并送至财务会计部门,编制"应收账款明细账",贷记应收账款;第二联送达客户,通知客户销货退回已核准并已记入账册;第三联依贷项通知单号码顺序存档。贷项通知单如表12-10所示。

表12-10 贷项通知单

退(换)货单位： 货单编号：
　　　　　　　　　 年　　月　　日

货物编号	货物名称	货物规格	货物型号	货主名称或编号	数量	单位	金额

3. 验收单存档

财务部门在收到开单部门转来的贷项通知单第一联及已核准的验收单后,经核对正确无误后在"应收账款明细账"中贷记客户明细,在"存货明细账"中贷记退货数量,并将贷项通知单及核准后验收单存档。

4. 入账

为了加强退货的账目管理,配送中心的财务部门中每月月底记录总账的人员都要从开单部门取出存档的贷项通知单,核对编号顺序无误后,加总记入总分类账。

四、退款估算

当所退商品在销货与退货时价格不同,由配送中心的财务部门在退货发生时进行退货商品的退款估算,将退货商品的数量、销货时的商品单价及退货时的商品单价信息输入配送中心的信息系统,并依据销货退回单办理扣款业务。

五、跟踪处理

商品退货后,质量管理部门应主动与客户沟通,追踪退回商品的处理情况,将结果予以记录。同时在问题得到妥善解决后,要对客户加强后续服务,以维护与客户之间的良好合作关系。将处理退货的资料收存,以便将来需要时能及时调取资料,或者为将来与客户的更好合作奠定基础。

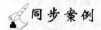
同步案例

爱玛仕配送公司的自动化退货管理系统

退货管理,这个对于其他物流公司最麻烦的作业正是爱玛仕配送公司(Hermes Fulfilment)的核心竞争力。

Hermes Fulfilment是德国多渠道零售商OTTO集团的成员之一,总部位于德国汉堡,面向集团内外的客户开展物流服务是其核心业务。Hermes Fulfilment共有5 000名员工,在德国有4个物流中心,此外还与位于欧洲其他地方的物流配送网络建立了直接联系。

Hermes Fulfilment负责全权处理用户的退货,包括退货收货、退货整理和重新包装并发货。为了进一步优化退货管理，Haldensleben 物流中心以 Knapp OSR 穿梭技术为核心建设了高效率的自动化退货处理系统，大大提高了退货处理能力，加快了退货处理和发货速度，进一步增强了 Hermes Fulfilment 公司的市场竞争优势。

一、解决方案

Hermes Fulfilment 退货自动处理系统的核心是 Knapp OSR 穿梭系统。该系统有17.6 万个存储货位，分布在 30 个货架阵列内，存储量高达 100 万件商品，每小时可以将混装了多个不同规格商品的 2 000 个退货周转箱从收货处直接送入存储货位。OSR 系统设计了两层共 30 个分拣工位，在分拣的高峰时段每小时可以处理 15 000 个订单。

退货自动处理系统设计理念的创新，不仅体现在采用了高度灵活的 OSR 穿梭技术，而且还有基于 KiDesign 原则的分拣工位设计。作为本项目的一个亮点，Knapp OSR 穿梭技术是一个半自动化订单分拣系统，采用货到人的设计原则，利用货架存储周转箱，每层货架之间都有穿梭小车进行货物的存取，并通过垂直升降系统将货物送到操作工位，进行人工拣选。该系统采用模块化设计，省略了传统设计方案的大量输送线，节省了空间，并可以根据业务需要进行灵活调整（包括货位数量、工位数量、存储空间等）。系统功能包括存储、分拣、发货集货、退货管理、库存盘点等大部分库房功能，特别适合商品种类繁多、存储密度大、订单数量大、单个订单批量小的业务。因为采用了单一的技术，所以系统稳定性、可维护性得到了提高。

二、退货处理系统的组成与流程

1. 退货的收货

退货混装在周转箱中送达库房。退货的整理，包括从纸箱中取出、验货、重新包装等步骤，在此之前已经完成。退货周转箱被拆垛系统自动拆开后放入输送线，经过系统自动复核，周转箱被存入 OSR 系统中。

2. 混装货物的存储

退货周转箱按照 Knapp 的随机优化存储管理原则被自动放入合适的存储货位。Hermes Fulfilment 的退货处理系统可以配合订单需求进行快速分拣和发货，提高了退货收货和发货之间的处理效率。所以，大部分退货只在仓储系统中停留几个小时。

3. 订单处理

在 Hermes Fulfilment，前一天收到的订单最迟发货日期不超过今天。由于采用了新的退货自动化处理系统，Hermes 可以从容应对加急订单，或者利用高效的订单管理系统对不太急的订单采用更加经济的发货方式。针对退货进行的分拣与新货的分拣同步进行。

Hermes Fulfilment 采用的 OSR 穿梭系统有多条货架巷道，每条巷道都有多达 5 880 个货位，充足的货位为分拣提供了很大的灵活性。特别设计的分拣工位结合了新货分拣和退货分拣，有效地缓冲了订单结构变化带来的作业冲击，同时又实现了高效率的订单分拣。

4. 拣货

退货处理系统采用符合人体工程学设计的分拣工位。存货周转箱被自动送到操作工人面前，停在理想的高度和角度，使操作工人可以方便地拣货。每个工位包括两层，上面一层停放两个存货周转箱，下面一层停放 5 个发货周转箱（其中一个货位可以灵活定义）。

拣货人员通过中央触摸屏接收清晰无误的拣货信息。全部指令和与操作相关的信息都位于操作人员最佳视野之内，使操作任务一目了然。

如果必要,拣货人员可以要求系统显示商品照片,以便对照确认应该拣取的货物。此外,还可以通过扫描进行确认,并可以对商品重新贴标签以利于下一步的处理。操作人员按照电子标签系统的指示,将拣选出的货物放入发货周转箱。

系统允许从混装的周转箱内拣货。通过采用混装周转箱拣货,提高了存储密度和拣货效率。特别设计的工位可以很好地配合 Hermes Fulfilment 的批量订单结构特征。

特殊的分拣操作如抽检、清除过期存货等,都可以整合到 OSR 系统的操作中。

完成拣货的发货周转箱被送入 OSR 系统,并按照客户订单进行分类等待发货。

项目检测

一、案例分析

张裕集团葡萄酒配送线路优化研究

1. 张裕集团配送模式分析

近年张裕集团的葡萄酒市场需求量逐年上升。一方面给张裕集团带来了良好的发展机遇;另一方面也使张裕集团的物流和销售部门面临严峻的挑战,如何改善集团的物流配送模式,及时将葡萄酒送达用户,成为集团亟待解决的问题。

张裕集团生产的葡萄酒采用的定时定量配送模式,即按固定的时间和客户订单的数量进行送货,对于一些需求量比较小的客户也要单独组织车辆进行送货。以山东省的客户需求为例,张裕集团仅在烟台市设有仓库,客户分布在全省的各个县区市,并且需求量大小差别很大,此配送模式不适应集团发展要求,特别是对于即时性需求,不能及时响应;配送路线的选择不合理,没有得到优化;车辆调度不合理,没有充分利用车辆配载容积。

2. 利用节约里程法优化葡萄酒配送路线

以山东 14 个地级市葡萄酒客户配送为例,应用节约里程法优化配送路线,制订配送计划。各地市的葡萄酒需求量和配送距离如表 12-11 所示。其中,年货运量最多的是淄博、青岛,距离最远的是济宁、聊城。

表 12-11 各地市的葡萄酒需求量和配送距离

客 户	青岛	东营	泰安	济宁	潍坊	日照	枣庄
货运量/t	1 146	388	396	478	924	294	390
配送距离/km	245	430	544	670	300	395	615
客 户	聊城	济南	淄博	德州	临沂	滨州	菏泽
货运量/t	386	2 436	1 282	226	480	220	286
配送距离/km	640	513	398	621	475	431	753

张裕集团的配送车辆主要以招标的形式选择第三方物流公司来为其运送产品,这样一方面集团可以不设自己的运输车队,节约大量资金和人员,集中精力于核心业务;另一方面充分发挥第三方物流公司的运输规模优势,按时、按量准时送货,实现双赢。为了保证配送车辆的数量、装载量满足配送需求,集团在招标过程中,往往选择几家物流公司共同为其配送产品,并在配送车辆的选择上留有余地,为降低运输成本创造了条件。

车辆调度采用以下方案:根据各城市的不同年需求量,制订月度配送计划,按需求量的多少选配车辆。例如,青岛市年需求量为1 146t,月平均95.5t,则先选用最大车型进行直送,90t利用9辆10t的汽车运送,对于剩余货运量5.5t,采用节约里程法进行配送。其他城市的货运量均按此方式进行调整,则表12-11中的配送货运量调整为表12-12所示数据。

表12-12　各地市葡萄酒配送的剩余任务　　　　　　　　　　　单位:t

客　户	青岛	东营	泰安	济宁	潍坊	日照	枣庄
剩余货运量	5.5	2.3	3	0	7	4.5	2.5
客　户	聊城	济南	淄博	德州	临沂	滨州	菏泽
剩余货运量	2.2	3	6.8	8.8	0	8.3	3.8

表12-12中济宁、临沂的剩余货运量为零,仅对表中有剩余配送货运量的12个城市采用节约里程法进行配送线路的优化。已知各地市之间的相互距离,详见表12-13。

表12-13　各地市之间的相互距离　　　　　　　　　　单位:km

编号	地点	P_0 烟台	P_1 青岛	P_2 东营	P_3 泰安	P_4 潍坊	P_5 日照	P_6 枣庄	P_7 聊城	P_8 济南	P_9 淄博	P_{10} 德州	P_{11} 滨州	P_{12} 菏泽
P_0	烟台	0	245	430	544	300	395	615	640	513	398	621	431	753
P_1	青岛		0	350	352	181	147	355	473	372	278	456	315	537
P_2	东营			0	248	140	302	370	329	220	101	261	65	453
P_3	泰安				0	240	295	204	157	62	154	211	218	243
P_4	潍坊					0	201	312	349	243	70	325	168	446
P_5	日照						0	245	419	335	265	446	325	456
P_6	枣庄							0	298	265	278	382	349	262
P_7	聊城								0	144	251	164	268	191
P_8	济南									0	140	154	167	272
P_9	淄博										0	228	104	359
P_{10}	德州											0	218	322
P_{11}	滨州												0	402
P_{12}	菏泽													0

请回答下列问题。

1. 根据节约里程法原理,设计本案例的最优配送路线。
2. 分析张裕集团利用多个第三方物流企业来完成其物流配送的做法的优缺点。

二、问答题

1. 简述送货作业的基本流程及其影响因素。
2. 提高送货作业效率的措施有哪些?
3. 考核送货作业的分析指标可从哪几方面设置?
4. 简述退货作业的基本流程。
5. 退货作业的产生原因及相应的处理办法通常有哪些?

项目十二　送货与退货作业试题

项目十三

配送成本与绩效管理

学习目标

知识目标
1. 能说明配送成本的构成与核算方式,掌握配送成本控制的策略与方法。
2. 能认识配送绩效评价的意义,掌握配送绩效评价的主要指标体系。

技能目标
1. 会根据影响配送成本的不同因素,灵活地分析配送成本的构成与变化,并具备对配送各功能进行成本核算与控制的能力。
2. 会根据配送中心运作实情与评价目的、范围等选择适当的评价方法,并构建相应的评价指标体系。
3. 会运用专业知识对配送绩效指标计算结果提出合理化建议,具备分析、解决实际问题的管理能力。

任务一 配送成本核算与控制

任务导入

近年,随着我国电子商务的发展及人们消费方式的改变,快递物流配送发展迅速,请对我国快递市场、快递配送企业进行调研,完成以下任务。
(1) 一般快递配送企业的成本构成是怎样的?
(2) 影响一般快递配送企业成本的因素有哪些?
(3) 任选两家快递配送企业,对它们的成本构成及影响因素进行详细对比分析。

配送中心核心优势发挥的关键在于运作高效和对成本的有效控制。通过对配送成本的核算,可以了解配送成本的发生及形成过程,便于进行配送成本分析和针对性地开展控制,还有利于制定合理、科学的配送服务价格,有助于配送中心提高市场竞争力。

一、配送成本的含义与构成

配送成本(distribution cost)是指在配送活动的备货、储存、分拣、配货、配装、送货、送达服务及配送加工等环节所发生的各项费用总和,是配送过程中所消耗的各种活动和

物化劳动的货币表现。诸如人工费用、作业消耗、物品损耗、利息支出、管理费用等,将其按一定对象进行汇集就构成了配送成本。

如图 13-1 所示,配送成本的构成可以从三方面的分类来分析:按功能分类可以方便地掌握配送运作的情况,了解在哪个功能环节上有浪费,达到有针对性的成本控制,找出妨碍配送合理化的症结;按支付形态的分类,主要是以财务会计中发生的费用为基础,可以了解花费最多的项目,从而确定财务管理中的重点;按不同对象分类,可以对比分析不同对象产生的成本,针对性地评价配送情况,进而帮助企业确定不同的营销策略。这些分类方法各有特点、作用,配送管理者可根据实际需要加以选择。

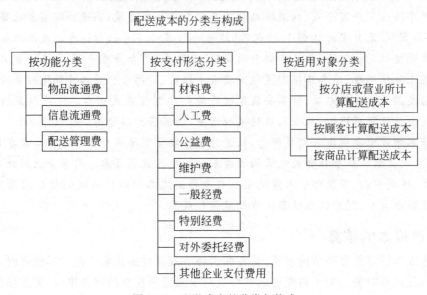

图 13-1 配送成本的分类与构成

不同的配送中心在经营战略、运营方式等方面有差别,因此影响配送成本的因素及程度也就各异,主要因素有如表 13-1 所示的几个方面。

表 13-1 影响配送成本的因素

影响因素	解 释
时间	配送时间越长,占用配送中心固定成本越高。表现为配送中心不能提供其他配送服务,收入减少,或者表现为配送中心在其他服务上增加成本
距离	是影响配送成本的主要因素。距离越远,配送成本越高,同时造成运输设备及送货人员的增加
货物的数量与重量	货物数量和重量的增加虽然会使配送作业量增加,但大批量的作业往往使配送效率提高,因此配送数量和重量是客户获得价格折扣的理由
货物的种类及作业过程	不同种类的货物配送难度不同,对配送作业过程及要求也不同,配送中心承担的责任也不一样,因而对配送成本产生较大幅度的影响。如采用原包装配送的成本显然要比配装配送成本低,其作业过程差别也较大
外部不确定因素	配送经营时要用到配送中心以外的资源并支付相关费用,如当地路桥费、入城证、各种处罚、占道违规停车、保险费用、意外事故、吊运设备租赁费等

除上述因素外,影响成本的因素还包括企业资金利用率、货物的保管制度、市场环境的变化等。这些因素之间相互制约、相互影响,单纯地加强某种因素的影响,必然产生对另一种因素的制约。所以说,配送成本的控制并不仅仅是各个因素简单地相加,而是一个复杂的平衡和协调的过程。

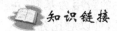

2019 年我国物流政策的"落地年"

2019 年,是物流政策"落地年",其中物流降本增效政策措施大面积落地:交通运输业增值税税率降低 1 个百分点,物流辅助服务享受加计扣减政策;高速公路省界收费站全面取消,全国 ETC 客户累计达到 1.92 亿;总质量 4.5t 及以下普通货运车辆道路运输证和驾驶员从业资格证正式取消;货运车辆全面实现"三检合一"和异地年审;物流企业大宗商品仓储设施土地使用税、挂车车辆购置税实现减半征收;网络平台道路货物运输企业代开增值税专用发票试点工作启动;货车安装尾板检验登记制度正式出台。这些政策措施的落地使物流企业获得感增加,从业人员稳定性增强,物流营商环境得到持续改善。

在降本增效中要突出新发展理念,促进传统的数量型降成本向效率型降成本转变,统筹协调、系统谋划降低全社会物流结构性成本和制度性交易成本。引导企业以效率提升、技术进步、模式创新、节能环保来降低企业自身物流成本。以供应链创新应用为抓手,降低供应链综合成本,提升供应链整体运行质量和效率。

二、配送成本的核算

配送成本核算是多环节的核算,是各配送环节或活动的集成。在实际核算时,要明确计算范围及计算对象。为了将配送成本形成易于测量和控制的财务报告,常按功能、按支付形态、按对象计算。

1. 按功能计算配送成本

先计算出每个配送功能的费用,例如表 13-2 是运输功能的核算,其他功能如分拣、加工、配装等也可如此计算。再把每个配送功能的费用汇总,就可得全部的配送成本。这种方法适用经营品种较多、管理完善的配送中心。

表 13-2 配送运输成本核算

编制单位:　　　　　　　　　　　　　　　　　　　　　　　年　　月　单位:元

成本项目		配送车辆类型			本期合计	上期合计	增减情况		备注
		东风	解放	雷诺	……			增减量	增减率	
直接费用	工资									
	职工福利									
	津贴和奖金									
	燃料									
	轮胎									
	修理费									
	折旧费									
	保养费									

续表

成本项目		配送车辆类型				本期合计	上期合计	增减情况		备注
		东风	解放	雷诺	……			增减量	增减率	
直接费用	养路费									
	运输管理费									
	保险费									
	车船使用税									
	车辆事故损失									
	其他费用									
间接费用	管理费									
总费用										
周转量/(t·km)										
单位运输费用/(元/t·km)										

2. 按支付形态计算配送成本

根据配送费用发生的位置,将按支付形态分类的相关费用项目分别归属不同阶段,然后依次填入表13-3中。比较适用于内部核算完善、经营品种比较单一的配送中心。

表13-3 按支付形态核算的配送成本

编制单位: 　　　　　　　　　　　　　　　　　年　　月　　单位:元

成本项目		上期实际	本期计划	本期实际	本期与上期对比		本期与计划对比		备注
					增减量	增减率	增减量	增减率	
材料费	物料材料费								
	燃料费								
	消耗性工具、器具费								
	其他								
	合计								
人工费	工资、薪水、补贴								
	福利费								
	其他								
	合计								
公益费	电费								
	煤气费								
	水费								
	其他								
	合计								

续表

成本项目		上期实际	本期计划	本期实际	本期与上期对比		本期与计划对比		备注
					增减量	增减率	增减量	增减率	
维护费	维修费								
	消耗性材料费								
	课税								
	租赁费								
	保险费								
	其他								
	合计								
特别经费	一般经费								
	折旧费及企业内利息合计								
合计									

3. 按配送对象计算配送成本

把配送功能与对象结合起来,可以了解哪个对象的功能配送成本最高,并且还能算出销售额与配送成本的比例以及根据销售数量算出单位配送成本,简单易行,适合任何连锁配送中心。其计算形式如表13-4所示。也可把配送对象与支付形态结合起来核算,纵向变成按支付形态分类。

表13-4 配送对象与功能复合核算的配送成本

编制单位:　　　　　　　　　　　　　　　　　　　　　　　年　月　单位:元

对象 \ 功能		物品流通费							信息流通费	配送管理费	合计
		储存保管费	分拣费	配送加工费	装卸搬运费	包装费	配装费	配送运输费	小计			
分店	01											
	02											
	⋮											
	合计											
顾客	甲											
	乙											
	⋮											
	合计											
商品	A											
	B											
	⋮											
	合计											
占销售成本比重												
占销售金额比重												

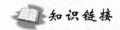

作业成本核算法

传统的物流成本计算总是被分解得支离破碎、难辨虚实。作业成本核算法,即 ABC 成本法(activity-based costing,ABC)以产品和服务消耗作业,作业消耗资源并导致成本的发生为理论基础,从而把成本核算深入物流作业层面,有利于达到揭示"物流成本冰山说"的目的。

作业成本核算法在配送中心成本管理中的应用主要有三个层面。

第一个层面,配送中心产品或服务成本计算。这是核心,即应用作业成本法中的独特计算方法准确地计算配送中心产品或服务的成本。

第二个层面,配送中心的产品或服务定价。即在获得正确的产品或服务成本信息的基础上,将作业和资源分析的观点应用于配送产品或服务的定价决策。

第三个层面,配送中心的成本控制。在前两层面基础上,利用成本动因分析发现配送中心中的无效作业,选择合适的方法进行作业改善,以实现成本管理降低成本、提高效率的最终目的。

三、配送成本的控制

配送成本的控制就是在配送的目标,即满足一定的顾客服务水平与配送成本之间寻求平衡:在一定的配送成本下尽量提高顾客服务水平,或在一定的顾客服务水平下使配送成本最小。

(一)配送成本不合理的原因

配送成本控制要实现配送成本优化的目的,首先须找出导致配送成本不合理的原因,常见配送成本不合理的原因如表 13-5 所示。

表 13-5 配送成本不合理的原因

不合理原因	具 体 说 明
资源筹措的不合理	配送是通过大规模的资源筹措来降低成本的,如果资源量不够,就不能达到降低配送成本的目的,如配送量计划不准
配送设备落后	配送中心设备落后会造成效率低下,企业信誉降低,如货物分拣错误
库存决策不合理	容易造成积压或客户缺货损失,如库存量过大或过小
配送路线选择不当	没有充分考虑客户的位置,导致运输的成本过高
配送价格不合理	配送价格高于客户自己经货价格或低于营运成本,都是不合理的表现
经营观念的不合理	是指企业唯利是图,以抢占客户利益为利润点这样的行为,例如在企业资金短缺时占用客户资金,在产品积压时强迫客户接货等
配送成本管理不到位	对配送成本不重视或监管不力,导致企业配送成本长期降不下来

控制物流成本的考虑因素

斯美特作为制面行业的一个新秀,凭借其对物流成本的良好控制,获得了良好、稳定、快速的发展。其控制物流成本考虑的因素如下。

(1) 产品体积和形态。方便面规格和包数的不同,直接影响了纸箱成本、生产批量、运输工具的确定。所以,斯美特在设计方便面形态和体积时,考虑了如何降低纸箱成本、扩大生产批量、减小运输成本等后续影响。

(2) 产品包装批量。把数个产品集合成一个批量保管或发货时,考虑到物流过程中比较优化的容器容量。斯美特根据产品批量化的要求,设计出适合的托盘(1.2m×1.2m),组织了适合的集装货车(7.2m、9.6m的高栏车和12m集装箱车等)。

(二) 配送成本控制的措施

配送成本的控制方法与策略要有一定的创新和发展,除了用标准成本、目标成本控制法以外,具体的措施如下。

1. 加强配送运作的综合性管理

(1) 加强配送的计划性。在配送活动中,临时配送、紧急配送或无计划的随时配送降低了设备、车辆的使用效率,大幅度增加配送成本。为了加强配送的计划性,应建立客户的配送计划申报制度。

(2) 加强配送相关环节的管理。配送活动是一系列相关活动的组合,加强配送相关环节的管理,就是要通过采用先进、合理的技术和装备,加强经济核算,改善配送管理来提高配送效率,减少物资周转环节,降低配送成本。

(3) 采取共同配送,实现规模效益。在实际配送活动中,配送往往是小批量、多频次的运输,单位成本高,而共同配送是几个企业联合起来集小量为大量,共同利用同一配送设施进行配送。对连锁企业是实现规模效益的一种有效办法。

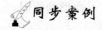

国美电器配送模式的变革

国美电器的物流配送模式经历了"门店储存配送""向顾客提供大件商品送货上门""集中配送"三个阶段。集中配送减少了配送运输次数、搬运次数、商品残损等,充分体现了规模效益。

(4) 确定合理的配送路线。配送路线合理与否对配送速度、成本、效益影响很大。确定配送路线须考虑以下条件。

① 客户对商品品种、规格和数量的要求。
② 客户对货物送达时间的要求。
③ 车辆容积及载重量。
④ 交通管理部门允许通行的时间。
⑤ 现有运力及可支配运力的范围。

(5) 建立自动管理系统,提高配送作业效率。

① 加强自动识别技术的开发与应用,提高入货和发货时商品检验的效率。
② 使用自动化智能设备,提高保管、装卸、备货和拣货作业的效率。
③ 采用先进的计算机分析软件,优化配送运输作业,降低配送运输成本。

(6)进行合理的车辆配载,提高运输效率。不同客户的需求情况各不相同,订货品种也不大一致。一次配送的货物往往可能有多个品种。这些品种不仅形状、储运性质不一,而且密度差别较大。如实行轻重配装,既能使车辆满载,又能充分利用车辆的有效体积,从而大大降低运输费用。如托盘单元集配能有效降低配送中串货错误带来的资金占用成本、事故处理成本、对账成本、装卸理货等成本,提高配送车辆运输效率。

2. 合理选择配送策略

一般来说,要想在一定的服务水平下使配送成本最小可以考虑以下策略。

(1)混合策略。合理安排企业自身完成的配送和外包给第三方物流完成的配送,能使配送成本最低。

(2)差异化策略。企业可按产品的特点、销售水平,设置不同的库存、不同的运输方式以及不同的储存地点,忽视产品的差异性会增加不必要的配送成本。

(3)延迟策略。延迟策略是指为了降低供应链的整体风险,有效地满足客户个性化的需求,将最后的生产环节或物流环节推迟到客户提供订单以后进行的一种经营策略。《物流术语》(GB/T 18354—2006))基本思想就是对产品的外观、形状及其生产、组装、配送应尽可能推迟到接到顾客订单后再确定。一旦接到订单就要快速反应,因此采用延迟策略的一个基本前提是信息传递要非常快。

实施策略常采用两种方式:生产延迟(形成延迟)和物流延迟(时间延迟)。配送中的加工活动,如贴标签、包装、装配等可采用生产延迟,发送时可采用物流延迟。

(4)标准化策略。标准化策略就是尽量减少因品种多变而导致的附加配送成本,尽可能多地采用标准零部件、模块化产品。采用标准化策略要求厂家从产品设计开始就要站在消费者的立场去考虑怎样节省配送成本,而不要等到产品定型生产出来了才考虑采用什么技巧降低配送成本。

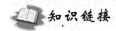
知识链接

京东物流成本的降低

京东物流的亏损一直为人们所关注,效率与成本控制,也是过去多年来京东物流KPI的关键词。但2016年、2017年、2018年,京东的履约成本在收入中占比分别为7%、7.1%、6.9%,2019年第一季度这一数字下降至6.7%,2019年第二季度更是降至6.1%。2019年第二季度净收入1 503亿元人民币,创单季收入新高。

京东盈利情况表现良好的两大因素均与京东物流有关:一是过去几年布局的业务开始盈利平衡甚至盈利,比如京东物流;二是四年前京东物流就开始大举进入三到六线城市,实施"4624计划",即一二线城市做到订单24h送达之外,在全国范围内做到"千县万镇"四到六线城市从下单到收货24h内送达。刚开始订单密度较小,因此物流成本较高,随着低线城市布局完善,特别是物流开放后大量外部订单进入,物流成本大幅度下降。

2019年11月,京东物流已在全国布局25座亚洲一号智能仓、超过70个机器人仓,数个分拣中心订单处理能力超100万,从而支持京东92%的自营订单实现24h达、90%行政区县实现24h达,京东智能仓处理订单量同比增长108%。在每一个包裹背后都有着复杂的链条,不仅应用了最新的 5G 技术成果,还融合了 AI、IoT 等技术。这些技术为物流行业,以及整个产业带来了更多的可能性,让有限的四面墙之内的空间,产生了无限可能,做到了科技引领,提升全流程效率。

京东物流过去的第一条增长曲线是供应链物流,包括仓、运、配、快递、冷链、大小件等物流服务。目前京东物流正处于第二条曲线中,依靠物流科技,包括无人技术、价值供应链、云仓等应用为业务带来明显的增效降本。未来,业务全球化将是第三条增长曲线的重要组成部分。

任务二　配送绩效管理

任务导入

某连锁超市经营生鲜商品,需要有一个高效、快速的冷链配送加工体系,才能为广大顾客提供新鲜、安全的生鲜商品。请完成以下任务:从生鲜加工配送中心的运营特点、要求出发,以成本、效率、质量和能力四个方面为核心构建一个二级绩效评价指标体系。

配送绩效管理的指标体系

配送绩效是指在一定经营期间内物流配送的运行效率和取得的财务效益等经营成果。配送绩效分析与评价就是运用科学、规范的评价方法,对企业一定经营时期的配送活动的经营业绩和效率进行定量及定性对比分析,获取有关任务完成水平、取得效益、付出代价的信息,进而在管理活动中利用这些信息不断控制和修正工作的一个持续的动态管理过程。

建立明确的切实可行的指标体系是做好绩效管理的关键,也是一项系统工程。根据评价目的、范围、对象、方式不同,需要综合考虑的影响因素也不同,从而构建的指标体系差别也较大。目前常见的配送绩效评价指标体系一般从成果(服务)、成本、效率、质量和风险等几方面进行评价。

一、配送绩效的内外部评价

1. 内部绩效评价

内部绩效评价是指对配送中心内部配送绩效进行的评价,主要是将现在的配送作业结果与以前的作业结果或本期的作业目标进行比较。评估的指标体系内容如表 13-6 所示。有些物流企业运作中,资金占用成本如融资成本(即利息)、保证金等和流动资金占营业收入的比重较大,有些企业可达 50% 左右,所以还要对资金占用成本(率)及支付时间和流动资金进行合理的安排与管理。

2. 外部绩效评价

外部绩效评价是从外部顾客、其他优秀企业的角度对本企业的配送系统进行绩效评价。包括两部分内容:一是从顾客的角度,即由顾客进行评价,通过问卷调查、顾客座谈会等与顾客的直接交流来获取有关评价信息,可通过库存可得性、订货完成时间、提供的信息程度、问题解决的情况等指标进行评价;二是确定基准与其他优秀的配送中心进行比较,定基常考虑资产管理、成本、顾客服务、生产率、质量、战略、技术、运输、仓储、订货处理等方面。

表 13-6 配送绩效内部评价的指标体系

配送成本	顾客服务	生产率	资产管理	质量
采购费用	缺货率	每人每小时处理进/出货量	净资产收益率	准时配送率
仓储费用	订单满足率	每台进/出货设备每天的装卸货量	投资回报率	货损货差率
订单处理费用	订单处理正确率	人均每小时拣货品项数(或拣货量)	库存周转率	货损货差金额
分拣费用	订单按时完成率	人均配送量	过时存货率	顾客退货数
配送加工费用	信息传递准确率	平均每车次配送吨·公里数	运行周转率	退货费用
配装费用	客户投诉处理及时率	每车平均装载率	平均库存金额	事故频率
配送运输费用	客户满意度		仓库利用率	安全间隔里程
行政管理费用	货物准时送达率		设备利用率	车船完好率
劳动力成本	配送延迟率			
资金占用成本(率)	订单延迟率			
配送总成本	紧急订单响应率			
单位成本	完好交货率			
实绩与预算的比较	货损率			
成本趋势分析	货差率			
商品的直接利润率				

二、配送作业的绩效评价

取得良好经济效益的首要前提是要实现对配送各作业的有效控制。配送中心重要的作业订单处理、拣货、送货的绩效评价指标详见项目九~项目十二。其他作业如进出货、储存、盘点等评价指标见表 13-7，这样综合起来，就能对配送作业各环节进行全面的评价。

表 13-7 配送各作业环节的绩效评价指标体系

作业环节	指标分类	具体绩效评价指标
进出货作业	空间利用率	站台使用率＝进出货车次装卸货停留总时间÷(站台泊位数×工作天数×每天工作时数) 站台高峰率＝高峰车次÷站台泊位数
	人员负担和时间耗用	每人每小时处理进货量＝总进货量÷(进货人员数×每日进货时间×工作天数) 每人每小时处理出货量＝总出货量÷(出货人员数×每日出货时间×工作天数) 进货时间率＝每日进货时间÷每日工作时数 出货时间率＝每日出货时间÷每日工作时数
	设备移动率	每台进出货设备每天的装卸货量＝(出货量＋进货量)÷(装卸设备数×工作天数) 每小时的装卸货量＝(出货量＋进货量)÷(装卸设备数×工作天数×每日进出货时数)
储存作业	设施空间利用率	储区面积率＝储区面积÷配送中心建筑面积 可使用保管面积率＝可保管面积÷储区面积 储位容积使用率＝存货总体积÷储位总容积 单位面积保管量＝平均库存量÷可保管面积 平均每品项所占储位数＝料架储位数÷总品项数

续表

作业环节	指标分类	具体绩效评价指标
储存作业	库存周转率	库存周转率=出货量÷平均库存量 或 =营业额÷平均库存金额 库存管理费率=库存管理费用÷平均库存量 呆废料率=呆废料量÷平均库存量 或 =呆废料金额÷平均库存金额
盘点作业	盘点质量	盘点数量误差率=盘点误差量÷盘点总量 盘点品项误差率=盘点误差品项数÷盘点总品项数 平均盘差品金额=盘点误差金额÷盘点误差量
采购作业	采购成本	出货品成本占营业额比率=出货品采购成本÷营业额
	采购质量	进货数量误差率=进货误差量÷进货量 进货次品率=进货次品量÷进货量 进货延误率=进货延误量÷进货量
其他	单位面积效益	配送中心单位面积效益=营业额÷建筑总面积
	工作人员情况	人均生产量=出货量÷配送中心总人数 人均生产率=营业额÷配送中心总人数 直间接工比率=作业人数÷(配送中心总人数−作业人数) 加班率=员工共加班时数÷(每天工作时数×工作天数×配送中心总人数) 新员工比例=新员工数÷配送中心总人数 临时员工比例=临时员工数÷配送中心总人数 离职率=离职员工数÷配送中心总人数
	设备投资情况	设备投资效益=营业额÷固定资产总额 人均装备率=固定资产总额÷配送中心总人数
	营业情况	产出投入平衡=出货量÷进货量 每天营业额=营业额÷工作天数 营业支出占营业额比例=营业支出÷营业额

 同步案例

汽车零配件配送中心的绩效改革

德国老牌物流企业辛克管理着宝马在加拿大惠特比汽车零配件区域配送中心,其中心共有 24 名员工,从 5:00 到 23:30 分两班负责 5 万件单品满足加拿大地区 38 个经营商的配送需求。辛克根据配送运作成本与绩效的全面分析,调整了以往的工作安排及工作量的比重,加强了对配送操作环节的质量监控,优化了紧急收发零件的处理流程,这些改革使库存精确度比上年同期上升了 25.4%,达到 99.7%,同时出错率下降了 67%。处理德国送来的紧急配件时间也整整缩短了一天,并将发送给加拿大经销商的紧急配件从原来的每天 2 次增加到每天 3 次,零件配送的整体运作效率得到了稳步提高。该配送中心借助多层自动货架、货物水平运转系统和无线手持扫描仪等先进物流技术与设备,使零件的取货、存储、运输及库内管理等一系列作业实现无纸化。其在成本与效率方面的凸显优势,使其成为北美最值得骄傲的汽车零配件配送中心。

项目检测

一、案例分析

某公司配送绩效的分析

某公司是一家全球性的连锁零售企业,在北京地区开了一百多家便利超市。最近一段时间,各个超市对配送中心货品供应和配送服务投诉较多,该公司选定了八个指标(货品价格、货品质量、品项完整率、配送正确率、预定送货日期、订单完整性、缺货通知、紧急送货),对五个有代表性的超市进行了调研,让客户对每个指标的重要性及服务表现良好性作出评价(分值1~7分),评价结果见表13-8和表13-9。

表13-8 超市对各指标重要性的评价

指标名称超市	货品价格	货品质量	品项完整率	配送正确率	预定送货日期	订单完整性	缺货通知	紧急送货
A	6	6	7	6	5	5	6	5
B	7	5	6	5	4	4	7	5
C	7	4	5	6	6	5	6	7
D	6	7	6	4	5	6	5	4
E	5	6	6	5	7	4	5	6

表13-9 超市对各指标服务表现良好性的评价

指标名称超市	货品价格	货品质量	品项完整率	配送正确率	预定送货日期	订单完整性	缺货通知	紧急送货
A	3	4	5	6	5	3	6	2
B	3	5	6	5	4	4	7	3
C	4	5	5	6	5	3	6	3
D	3	6	4	5	4	4	7	3
E	4	6	4	5	4	4	6	2

请根据给出的评价数据,完成下列问题。

1. 计算每个指标的平均值,填入表13-10,把调研指标的序号填入图13-2绩效评估矩阵图中。
2. 对矩阵绩效评价结果进行说明。
3. 该绩效评价矩阵图有何作用?

表13-10 超市对各指标服务表现良好性与重要性的评价

指标序号	指标名称	表现良好	重 要 性
①	货品价格		
②	货品质量		

续表

指标序号	指标名称	表现良好	重 要 性
③	品项完整率		
④	配送正确率		
⑤	预定送货日期		
⑥	订单完整性		
⑦	缺货通知		
⑧	紧急送货		

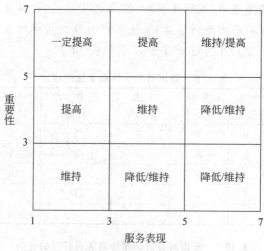

图 13-2　绩效评价矩阵

二、问答题

1. 配送成本的核算方法有哪些,有何区别?

2. 简述影响配送成本的因素,并注意了解不同配送中心影响其配送成本的关键因素有何不同。

3. 控制配送成本的措施有哪些?

4. 结合实际,把握不同性质的配送中心是如何设置评价指标体系的。

项目十三　配送成本与绩效管理试题

配送中心规划

学习目标

知识目标
1. 能说明配送中心规划的原则与程序。
2. 能阐述配送中心平面布置规划涉及的内容。

技能目标
1. 会根据实际分析各种配送中心的定位。
2. 会运用配送中心平面布置规划知识,结合实际提出合理的改进建议。

任务一 配送中心总体规划

一家地处我国西北地区的石化生产企业,根据生产经营目标,拟建两个配送中心。A 配送中心计划承担生产所需物资的采购与供应,B 配送中心承担企业石化产品在华南、华中地区的销售供应。请完成以下任务。

(1) 确定 A、B 两个配送中心规划的定位、服务策略和目标。
(2) 详细列出 A、B 两个配送中心规划时收集的所需资料名称,并比较有何不同。
(3) 说明 A、B 两个配送中心规划时选址考虑的因素。

不同类型的物流配送中心,在经营范围、功能、作业内容及流程等方面不尽相同,但其系统规划与设计有很多共同之处,可以按照一般规律进行研究。

一、配送中心总体规划设计原则

进行配送中心规划与设计时需切实掌握如图 14-1 所示的各项基本原则。

二、配送中心总体规划程序

一般来说,配送中心的总体规划程序分为五个阶段,如图 14-2 所示。

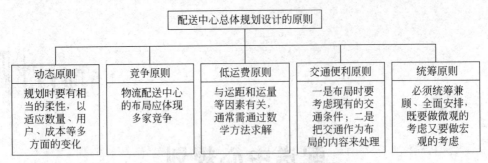

图 14-1 配送中心总体规划设计的原则

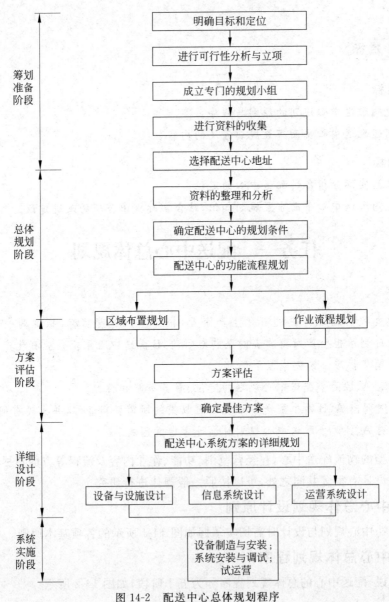

图 14-2 配送中心总体规划程序

三、配送中心的定位与目标规划

(一) 配送中心定位与物流策略

1. 配送中心的定位

不同类型的配送中心其核心功能不同,处理的商品种类不一,配送中心的辐射范围也差别很大。因此需要对配送中心进行合理的定位,概括来说,配送中心的定位主要解决几个问题:配送中心提供哪些服务功能、为谁服务、在什么地域范围内服务、物流作业的客体是什么、在市场竞争中处于什么地位等。从五个方面进行的定位分析如图14-3所示。

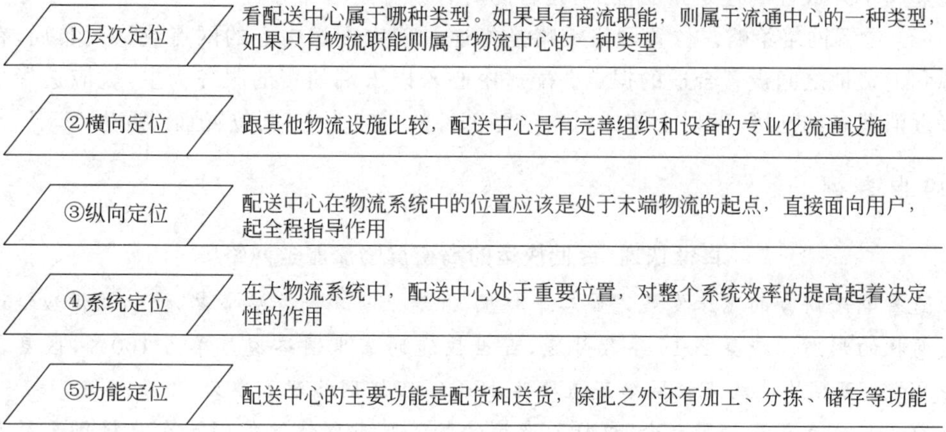

①层次定位	看配送中心属于哪种类型。如果具有商流职能,则属于流通中心的一种类型,如果只有物流职能则属于物流中心的一种类型
②横向定位	跟其他物流设施比较,配送中心是有完善组织和设备的专业化流通设施
③纵向定位	配送中心在物流系统中的位置应该是处于末端物流的起点,直接面向用户,起全程指导作用
④系统定位	在大物流系统中,配送中心处于重要位置,对整个系统效率的提高起着决定性的作用
⑤功能定位	配送中心的主要功能是配货和送货,除此之外还有加工、分拣、储存等功能

图 14-3 配送中心的定位分析

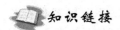

新零售推动仓配一体化发展

以消费者体验为中心的新零售和以网络协同为目标的新物流,因相互需要、相互补充而共同发展(图14-4)。新零售是目前较为合理的消费形态,但其以消费者体验为中心的特征,使其对服务形式、服务品质等都有较高要求。因此,物流环节的设计、物流供应链的建设以及物流数据的分析等均需要为新零售的各个环节服务。基于新零售的配送中心定位、功能、服务水平、运作流程、信息技术等发生深刻的变化。

新零售	新物流
以消费者体验为中心	以网络协同为目标
生产方式升级:C-B生产	生产:基于消费者需求,大数据反馈生产端
流通方式升级:供应链数字化	仓储:优化仓储布局,实现仓配一体化
营销方式升级:全域营销	配送:减少无谓资源浪费,提高配送效率
交易方式升级:全场景销售	销售:线上线下销售业态融合,实现零库存

图 14-4 新零售匹配新物流

2. 配送中心的物流策略

配送中心的定位需要相应的物流策略来实现。下面四种策略可结合使用，为定位提供方法支持。

（1）物流渠道架构策略。企业着手规划配送中心时，应分析上游供应源以及下游配送点的特征，找出客户群及配送渠道的形式，然后针对企业上游供应源和下游配送点，决定整体适当的渠道体系。具体要解决的问题：客户是否属于企业内的单位，客户偏向于制造业、中间批发商、经销商还是零售业，配送的客户之间是独立经营还是连锁经营，上下游企业属于开放性的还是封闭性的，是否随时有新客户增加等。

（2）位置网络策略。位置网络策略是指通过确定配送中心的网点数量及布局，在供应源和消费地之间设置合适的据点。配送中心若以末端消费的服务为主，就应选择建立在接近消费者的地区；若以上游原材料或零部件的供应为主，则位置宜接近生产工厂。

同步案例

百世快递、百世快运的高密度物流服务网络

随着电子商务的飞速发展，"最后一公里"配送业务不断发展成熟，使物流供应链逐渐形成网状的形态。截至2019年3月底，百世快递的省市网络覆盖率为100%，区县覆盖率为99%；百世快运的省级网络覆盖率为100%，市级网络覆盖率为99%；再基于百世供应链的346个直营及加盟云仓，这样高密度的物流服务网络才能够为客户提供更复杂更适应市场变化的服务方案，实现所有的服务围绕用户的需求和体验展开。

（3）顾客服务水准策略。配送成本与客户服务水平呈效益背反的关系。顾客服务水准策略的目标是要在合理的成本下提高顾客的满意度，增强竞争力。具体做法是要以重要客户群的服务需求水平为目标，以满足客户的核心服务需求为目的，最终实现物流成本与客户服务水平之间的平衡。

（4）系统整合策略。配送中心在面对下游客户和上游供应源的服务过程中，如果只是作为仓储转运的设施，就失去了其建设的意义。对于现代化配送中心来说，信息技术的应用与系统的整合应该是关键。因此，规划配送中心时，必须对系统整合的层次和范围作出界定，具体如图14-5所示的四个方面。

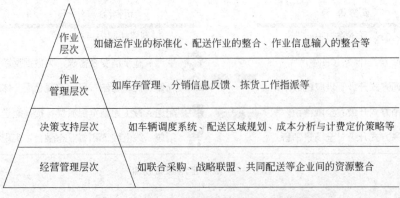

图14-5　配送中心系统整合的层次和范围

(二)配送中心规划设计的目标与限制因素

1. 配送中心规划设计的目标

配送中心的定位和服务策略明确以后,应确立配送中心规划设计的目标。通常配送中心规划设计的目标是:降低物流成本、减少库存、提高顾客服务水平、缩短物流作业周期、整合上下游通路环境、提升物流服务竞争力、集中分散的力量以产生规模经济效益、迅速掌握分销信息等。

2. 配送中心规划设计的限制因素

配送中心规划设计目标的制定不能盲目,许多因素都可能影响系统规划运作的方向,例如预定的时间进程、预期可使用的人力资源、预期使用的年限、计划预算资金及来源、预定的设置地点及土地取得的可行性、预期投资效益的水平等。配送中心的规划设计要在这些限制因素构成的基本框架下进行。

同步案例:阿里巴巴菜鸟网络的成长规划

任务二 配送中心平面布置

任务导入

A公司是知名日化类产品生产销售商,产品包括洗化、妇卫、化妆品等。A公司在某市设立销售公司,并租用 4 000m² 仓库进行该地区配送,配送中心的平面图、相关设置分布情况如图 14-6 所示。

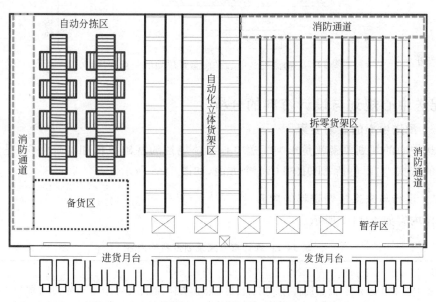

图 14-6 A公司配送中心平面及相关设置分布

请完成以下任务。

(1)找出该配送中心平面布置的错误,并说明理由。

(2)优化A公司配送中心的平面布置。

一、配送中心平面布置规划流程

配送中心平面布置规划是配送中心规划的核心内容,通过平面布置规划就可以得到配送中心规划的雏形。基本步骤如图 14-7 所示:首先,对影响配送中心布局的基础资料进行分析,得出配送中心布局的相关建议,包括设计规模、设备选用、建设成本等;然后根据配送中心的功能设计作业流程,按照流程对区域进行规划,绘制平面规划图;最后考虑各种限制条件和因素,对方案进行优化和选择。

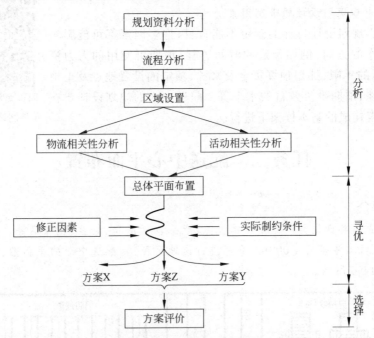

图 14-7 物流配送中心平面布置规划的一般程序

二、配送中心规划与设计资料的分析

(一)配送中心的规划要素

配送中心的规划要素就是影响配送中心系统规划的基础数据和背景资料,是配送中心规划的依据,主要包括 EIQRSTC 七个方面,如图 14-8 所示。

(二)现行与未来规划资料的内容

具体内容如表 14-1 所示。

表 14-1 现行与未来规划资料的内容

资料	内容
现行作业环境资料	基本营运资料、商品资料、订单资料、物品特性资料、销售资料、作业流程、事务流程与使用单据、厂房设施资料、人力与作业工时资料、物料搬运资料、供货厂商资料、配送据点与分布等
未来规划需求资料	营运策略与中长期发展计划、商品未来需求预测资料、品项数量的变动趋势、可能的预定厂址与面积、作业实施限制与范围、预算范围与经营模式、预期工作时数与人力、未来扩充的需求等

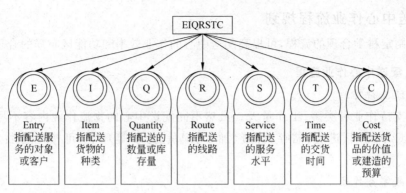

图 14-8　EIQRSTC 规划要素分析

(三) 资料的分析

1. 物品特性分析——以划分不同的储存和作业区域

物品特性是对货物进行分类储存的重要参考因素。如按储存保管特性可分为干货区、冷冻区及冷藏区;按货物重量可分为重物区和轻物区。

2. 储运单位分析——以确定储存、搬运和拣取设备

储运单位分析就是考察配送中心各个主要作业环节的基本储运单位。常用的储运单位有 P—托盘、C—箱子和 B—单品。不同的储运单位,配备的储存和搬运设备也不同。

3. 订单变动趋势分析——以确定设施规模和扩充弹性

规划配送中心配送能力时,需利用过去的经验值预估未来的变化趋势。因此首先必须对历史销售资料或出货资料进行分析,以了解出货量的变化特征与规律。

4. EIQ 分析——以确定单品的管理方式和货区规划

EIQ 分析就是利用"E""I""Q"这三个关键要素,来研究配送中心的需求特性,以确定单品的管理方式和货区规划,进而为配送中心提供规划依据。

同步案例

京东物流的 SKU

SKU(stock keeping unit)是指库存进出计量的基本单元,可以是以件、盒、托盘等为单位。对一种商品而言,当其品牌、型号、配置、等级、花色、包装容量、单位、生产日期、保质期、用途、价格、产地等属性中任一属性与其他商品存在不同时,可称为一个 SKU。与日订单处理能力结合通常是衡量配送中心运作规模或能力的重要指标,也是智慧物流大数据的基础。

2018 年 3 月京东物流的 SKU 数量扩大到了 530 多万个,90% 以上的自营订单可以在 24h 内交付。同时推出京准达、京尊达等多样服务。"京准达"可以精准在 30min 内;"京尊达"是针对购买高端商品的用户推出的一项专属定制化配送服务,当用户在京东商城自营平台上购买了标有"尊"字头的商品后,均可享受专人、专车、专线的顶级配送服务。目前上线的"尊"字头商品包括京东自营的奢侈品、珠宝首饰、手表品类中的部分商品,后续还将继续扩展至其他品类。

三、配送中心作业流程规划

通过制定科学合理的流程,可提高配送中心的作业效率和功能区布局的合理性。

(一)配送中心作业流程

1. 物流支持作业

物流支持作业种类多、工作量大。虽然不同配送中心的物流作业内容不尽相同,但主要包括订单处理、进货、储存、拣货、加工、配货、送货等环节,可按先后顺序画出流程图。

2. 一般事务作业

配送中心要正常运转,须进行财务会计作业、人事薪金作业、日常事务管理作业等一般事务性作业。

3. 决策支持作业

出于配送中心长远发展的需要,还要对其运作成本、经济效益进行分析,并对关系配送中心发展的重大问题进行决策。

(二)配送中心作业时序分析

规划过程中,除了对作业内容进行分解,还必须了解作业的时间分布,这样才能进行更有效的配送作业管理。例如可以以小时为单位来分析配送中心一天内各项作业的时间段分布情况,通过对每项作业进行时序分析,就可以及时沟通各个部门,提前安排配送中心的各种资源,准备好相关的单据资料,能够最大限度地减少时间的浪费,提高配送中心的作业效率。

四、配送中心作业区域设置规划

按照规划完成的配送中心作业流程,针对每项作业的特性,设计与之相适应的功能区和作业区,具体见图14-9。

确定作业区域之后,进一步确定各作业区的具体内容与作业能力,主要是对配送中心的作业能力进行规划,并粗略估计各作业区域的面积大小,其中重点是对仓储区和拣货区进行详细的分析和能力规划。

配送中心平面布置规划的主要内容

五、配送中心作业区域平面布置规划

作业区域的布置要根据各作业彼此之间的相关性来确定,关系密切的位置应靠近。

(一)活动关系分析

各类作业区域之间存在的活动关系主要有四种,见图14-10。

各作业区域之间的相关性进行判别时,参考的一系列因素见图14-11。

(二)作业区域位置的布置

1. 动线形式

配送中心的物流动线形式如表14-2所示的六种。

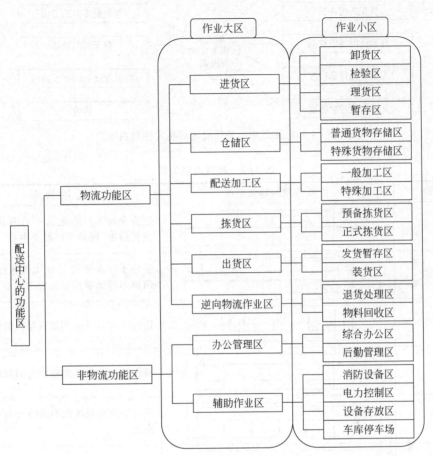

图 14-9 配送中心作业区域划分

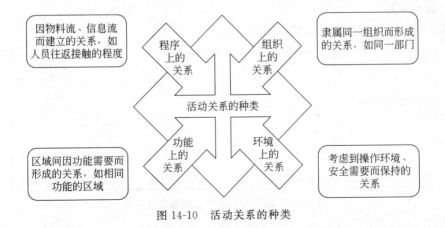

图 14-10 活动关系的种类

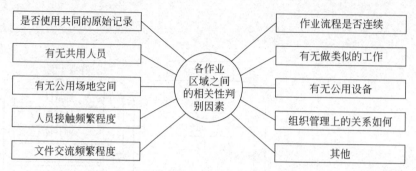

图 14-11　配送中心各作业区域相关性判别因素

表 14-2　物流动线类型

类型	作业区域的物流动线	适 用 情 形
直线式	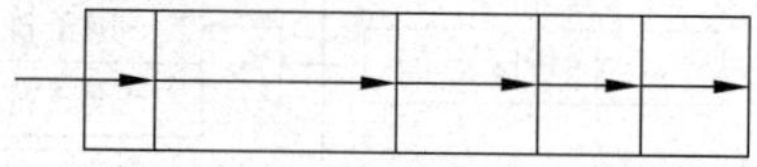	适合于出入口在配送中心两侧、作业流程简单、规模小的配送中心
双直线式	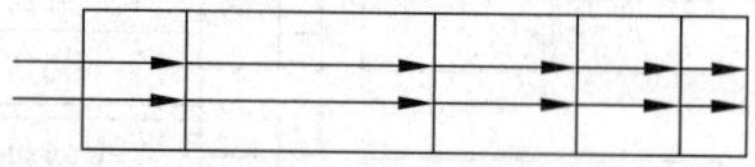	适合于作业流程与直线式相似,但有两种不同出货形态的配送中心
锯齿式或 S 形	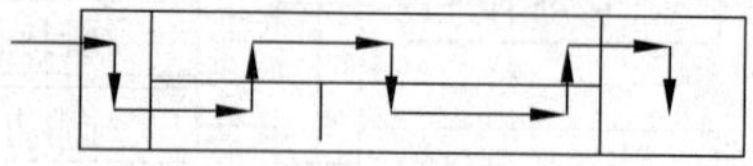	适合于有多排并列的货架区的情形
U 形	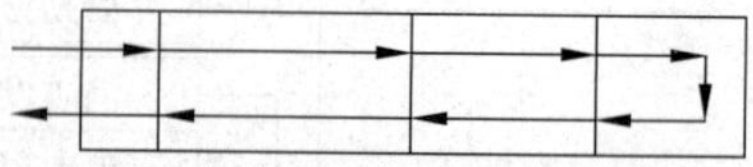	适合于出入口在配送中心同侧的情况
分流式	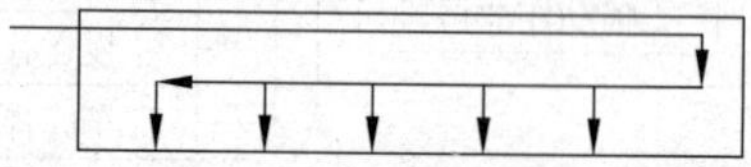	适合于因批量拣取而进行分流作业的情形
集中式	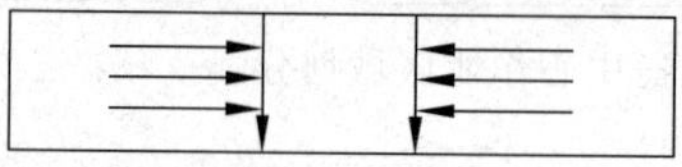	适合于订单分割后,先分区拣取再进行集货作业的情形

2. 位置布置

结合图 14-12,位置布置应按以下程序进行。

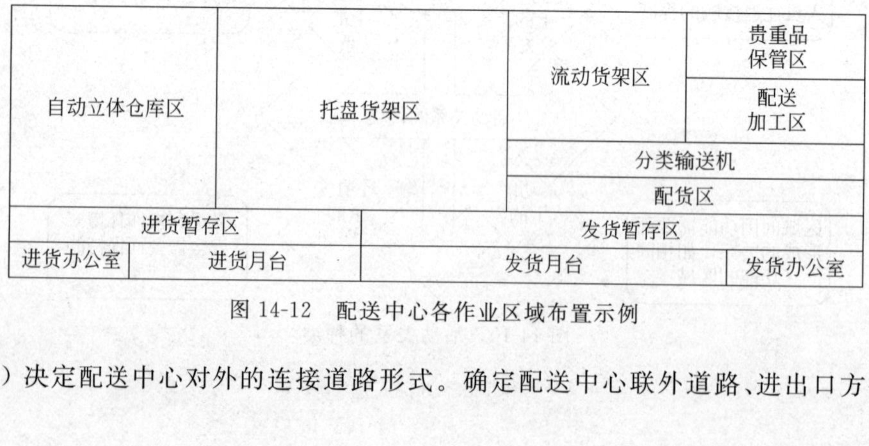

自动立体仓库区	托盘货架区	流动货架区	贵重品保管区
			配送加工区
		分类输送机	
		配货区	
进货暂存区		发货暂存区	
进货办公室	进货月台	发货月台	发货办公室

图 14-12　配送中心各作业区域布置示例

(1) 决定配送中心对外的连接道路形式。确定配送中心联外道路、进出口方位及厂区配置形式。

(2) 决定配送中心的空间位置、大致的面积和长宽比例。

(3) 决定配送中心内由进货到发货的主要物流动线形式，决定其物流模式，如 U 形。

(4) 按物流动线和各作业区相关程度配置各作业区域位置。

① 先安排布置刚性作业区域。刚性区域是指面积较大且长宽不易变动的，如自动化立体仓库、分类输送机等作业区域。

② 插入柔性作业区域。柔性区域一是指面积较大但长宽容易调整的，如托盘货架、流动货架与配货区等作业区域；二是指面积较小且长宽比例容易调整的，如理货区、暂存区、加工区等作业区域。

(5) 决定行政办公区位置。

至此，配送中心各作业区域的位置就基本得以确定。

3. 活动流程动线分析

在对配送中心进行初步平面布置后，还要设计各作业区域的物流动线形式，看区域内和各区域之间的物流是否顺畅，这将直接影响配送中心的作业效率。物流动线分析的步骤如下。

(1) 根据装卸货的出入形式、作业区域内物流动线的形式以及各区域的相对位置，设计主要通道。

(2) 规划物流设备的基本情况。规划过程中需要考虑作业空间的大小和通道的宽窄。

(3) 分析各区域之间物流动线的形式，绘制区域的物流动线图，进一步研究物流动线的合理性和流畅性。

六、规划方案评价

通常，经过前面几个阶段的规划和设计，会产生几个备选方案，决策者需要对备选方案进行评估，从中选取最佳方案。配送中心规划方案的评估主要从经济性、技术性、系统作业情况这几个方面进行，具体评估的项目要根据实际情况以及决策层的意见进行设定。主要评估方法有：优缺点列举法、点评估法、权值分析法、成本比较法等。

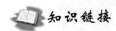

无人仓的规划

无人仓是指货物从入库、上架、拣选、补货，到包装、检验、出库等物流作业流程全部实现无人化操作，是高度自动化、智能化的仓库。

无人仓规划的关键是系统层面：一是流程，二是算法，三是设备，把流程、设备、算法系统整合在一起，才能构建出完整的无人仓体系。系统要管货、人、设备、机器人运营，更为复杂。无人仓规划流程见图 14-13。

算法是无人仓最重要的层面。通过算法能够指挥机器人按照现有的业务逻辑、业务流程运行。如何优化不同的波次组合、进行热度的分析？哪些商品是热点商品？哪些货架应该放在前面？哪些货架放在后面？如何一次性拣选更多的商品？这些问题都是靠算法解决,通过算法才能真正实现无人仓的构建。无人仓对比的是效率,为了让它效率提高,就要不断地优化组合,不断地依靠人工智能的算法去找到最优的解决方案。某无人仓算法实例见图14-14。

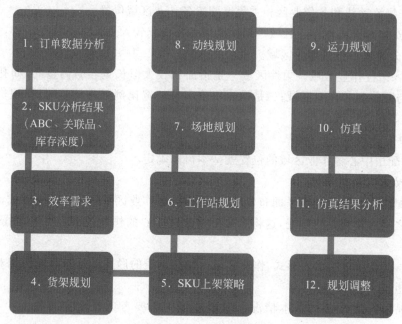

图 14-13　无人仓规划流程

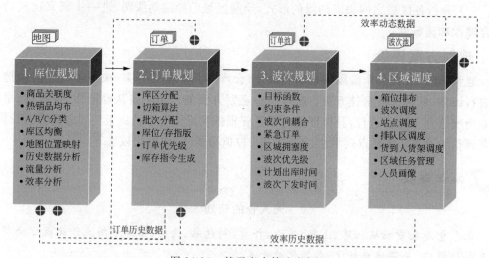

图 14-14　某无人仓算法实例

设备由软硬件组成,核心是稳定性,实际应用中设备稳定运行的时间越长,越能保障生产的持续进行。硬件方面包括入库、在库和出库的各类智能化物流设备,如自动化立体仓库、无人化叉车、自动化传输带、穿梭机械、AGV小车、分拣机械、机械臂机器人、自动打包机、贴标签机械、自动复核称重机械等常见设备。软件方面主要指仓库管理系统(智慧大脑),通过系统内外部信息指令的传递,管理控制入库作业、储存作业、盘点移库调库作业、品管分拣作业、出库作业等环节，高效调控仓库业务过程，从而和企业的采购、销售、财务、信息管理等功能有效衔接。

目前，在电商仓库中常见的由机器人托举货架到人的拣货模式如图14-15～图14-17所示。

图14-15　托盘模式

图14-16　多层货架模式

图14-17　托盘和多层货架混合模式

机器人与其他设备对接应用场景见图14-18和图14-19，规划布局见图14-20。

图14-18　机器人与机械臂对接应用

图14-19　机器人与货架对接应用

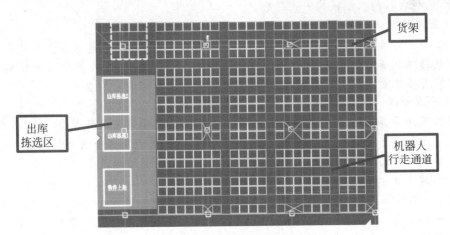
图14-20　无人仓规划布局图

例如，京东无人仓的规划从"作业无人化""运营数字化"和"决策智能化"三个层面实施。智能控制系统在0.2s内能完成680亿次计算；无人分拣区有300个负责分拣的机器人，每秒3m（全世界最快的分拣速度）。将仓储的运营效率提升至传统仓库的10倍。

项目检测

一、案例分析

深圳某公司低温配送中心的规划

深圳某公司为了使企业在低温配送中心市场占据一席之地,取得与竞争者差异化的竞争优势,准备规划建设一低温配送中心。

1. 规划目标

该公司建立此低温配送中心,首先是为了满足企业约 3 600t 冷冻水产配送需求;其次希望可以为下游经销商客户提供冷冻食品的配送服务。该公司打算在深圳北部、西部各建立一占地面积为 3 000m² 左右的转运型配送中心,以发展鲜食水果等产品的加工、网络营销及宅配服务。

2. 公司配送业务现状

该公司的销售订单主要来自本市的经销商、便利店、超市及量贩店,经营范围为 600 余种的冷冻水产品、畜产品、蔬菜和瓜果。平均日配送商品 5 300 箱,平均库存量为 2 800 托盘。配送频度为一天一次,交货时间为下单当日,最晚不迟于次日(即 12—24h)。出货方式为整托盘出货占 12%,整箱出货占 88%。该企业跟客户采取月结货款的结算方式,每月 20—30 日为波谷时间,每月 1—10 日为高峰时间。公司的物流费用约占商品价格的 9%。

3. 企业目前配送存在的问题

1) 仓储设备

原仓库缺乏货架、储位,无法做计算机储位管理。理货区与装卸区无空调冷冻设备,严重地影响产品的质量,缩短产品的保存期限。原仓库楼高约 6m,扣除空调管路空间,实际可用高度约 5m,只能叠放 3 层托盘。由于原储存原料及成品的仓库是冷冻库,并未配置货架,托盘只能以堆板的方式存放。

2) 配送作业

企业没有计算机配车系统,配送成本难以掌握。而且,目前配送回程几乎均为空车。每月配送峰值低谷之数量差异大,出现月初量大送不完,月中、月底量小而闲置的情况。原因是结算方式是为月底月结制,造成客户订货集中在月初的一周里。

3) 库存管理

储位无法妥善管理,造成空间的浪费及盘点困难。因为缺乏信息系统,时常造成库存重复销售而无法交货的窘境。还有,零散货品不易寻找,常发生库存表有货却找不到货的情况。目前仓库每三个月盘点一次,但因设备不足无法做到精确盘点。

4. 拟建立配送中心的基本参数

为了降低成本,该公司将原来的冷冻库承租下来改造为低温配送中心。地点为临近盐田港的工业区,距高速公路口 2km 左右,临近 8 车道快速道路。交通方便,利于北部、西部的整车配送。另外,附近冷冻加工厂林立,临近又有许多住宅区,招募低温作业经验的人员非常容易;土地价格相对便宜,无自然条件(如地震、降雨、盐度等)威胁。

配送中心总面积:2 928m²(楼梯间另计),长 89m,宽 32.9m。仓库区:长 64.4m,宽 32.9m,高 24m;处理区:长 24.6m,宽 32.9m,高 23.1m。

温度及区域面积要求:自动仓库—25℃库温,50 000m²,总收容量 8 800 托盘,最大入库量 200 托盘/日;冷冻区-25℃库温,300m²;前室 1~3℃室温,50m²;理货区 5~10℃室温,700m²;冷藏区 1~3℃室温,400m²。

订单分析:配送中心规划的库存周期天数 27 天。每月订单数:3 582 张,每月累计出货箱数:124 478 箱,每日出库种类预估 200 项(目前 170 项/日)。

5. 规划方案说明

1) 方案一(平货架):总费用 4 325 万元。

(1) 低温配送中心建筑面积 4 347m²(63m×69m),仓库采用一层厂房,内部净高 12m,仓储设备采用托盘货架搭配窄道式堆高机的作业方式,共有储位 5 640 个,规划 6 个区域,温度可控制为 0~25℃。

(2) 生鲜加工厂建筑面积为 3 760m²(40m×94m)。预计建二层楼,一楼的后面规划为冷冻机械室,右边为原料仓库及活鱼养殖池。二楼计划生产鲜食产品。

(3) 进出货区为三层楼方式:一楼作进出货暂存区,其温度设定为 5~7℃,面积 756m²(63m×12m),楼高 5.5m,月台高 1.3m,设有升降月台等设备。二楼作理货区或冷藏区,温度为 0~5℃,面积为 1 134m²(63m×18m),楼高 5m。在楼层间利用电梯与垂直输送机搬运货物。三楼作行政办公室,面积为 1 134m²(63m×18m),楼高 3.5m。

2) 方案二(自动仓库+传统仓):总费用 7 832 万元。

(1) 低温自动仓储中心建筑面积为 2 915m²(33.9m×86m),仓库主体采用一体式自动仓储厂房,高度为 24m。自动高架堆垛机五台,储位 9 400 个。温度可控制为 0~25℃。

(2) 进出货物暂存区规划为四层楼,一楼作进出货装卸暂存区,其温度为 5~7℃,面积为 508m²(33.9m×15m),楼高 5.6m,设有升降月台等。二楼为理货区,其温度设定为 0~5℃,面积为 847m²(33.9m×25m),楼高 5m。在楼层间利用电梯与自动高架存取机来搬运。三楼当作冷藏及冷冻两用的仓储区,其温度为 7~25℃,面积为 847m²(33.9m×25m),楼高 5.5m,存放不能进自动仓的商品。四楼当作行政办公室,面积为 847m²(33.9m×25m),楼高 4m。

(3) 加工厂为二层楼建筑,面积 4 000m²,一楼的后面规划为冷冻机械室,右边为原料仓库及活鱼养殖池,二楼则生产鲜食产品。

根据对规划方案的投资金额以及运营收支的经济效益,进行评估分析,由于采用高技术可以迅速占领市场以及投资可以较快回收,最后决议选择方案二。

请回答下列问题。

(1) 总结该配送中心规划的程序,并说明规划的重点。

(2) 该配送中心存在的问题该怎样解决?

(3) 方案一与方案二有何不同,为什么选择方案二?

二、问答题

1. 简述配送中心总体规划设计的原则和程序。
2. 配送中心定位有何作用,如何定位?
3. 配送中心规划的要素是什么?
4. 配送中心规划时需要收集哪些资料?
5. 如何确定配送中心各作业区域的关系密切度?
6. 一般的配送中心有哪些作业区域,这些区域如何布置才能称为合理的平面布局?

项目十四 配送中心规划试题

参考文献

[1] 党争奇.智能仓储管理实战手册[M].北京：化学工业出版社,2020.
[2] 北京中物联物流采购中心组.物流管理职业技能等级认证教材：中级[M].南京：江苏凤凰教育出版社,2020.
[3] 贾春玉,双海军,钟耀广.仓储与配送管理[M].北京：机械工业出版社,2019.
[4] 季敏.仓储与配送管理实务[M].北京：清华大学出版社,2018.
[5] 卢桂芬,王海兰.仓储与配送实务[M].2版.北京：中国人民大学出版社,2018.
[6] 郑丽.配送作业与管理[M].北京：中国教育科学出版社,2014.
[7] 薛威.仓储作业管理[M].3版.北京：高等教育出版社,2018.
[8] 钱芝网.配送管理实务情景实训[M].北京：电子工业出版社,2009.
[9] 贾晓波.浅析减少物流企业亏损的商品养护措施[J].科技与创新,2018(17).
[10] 贾争现.物流配送中心规划与设计[M].4版.北京：机械工业出版社,2019.
[11] 王转.配送与配送中心[M].2版.北京：电子工业出版社,2015.
[12] 许宝良.商品保管与配送[M].北京：高等教育出版社,2012.
[13] 董千里.物流运作管理[M].2版.北京：北京大学出版社,2015.
[14] 董千里.功能型物流图解操作版[M].大连：东北财经大学出版社,2009.
[15] 李永生,刘卫华.仓储与配送管理[M].4版.北京：机械工业出版社,2019.
[16] 马笑,刘昌祺.物流配送中心分类与拣货系统实用技术[M].北京：机械工业出版社,2014.
[17] 杨爱明.配送管理实务[M].3版.大连：大连理工大学出版社,2019.
[18] 江少文.配送中心运营管理[M].3版.北京：高等教育出版社,2016.
[19] 何黎明.2019年我国物流业发展回顾与2020年展望.https://baijiahao.baidu.com/s?id=1655982330527120177&wfr=spider&for=pc.2020.
[20] 2019年中国即时物流行业发展现状.https://www.sohu.com/a/337137133_649545.
[21] 京东物流十二年发展史回顾：从自建到升级,再到进化.https://www.xianjichina.com/news/details_153420.html.
[22] 亿欧智库.2020智能物流产业研究报告.https://www.iyiou.com/intelligence/insight125700.html.
[23] 王先庆.智慧物流：打造智能高效的物流生态系统[M].北京：电子工业出版社,2019.
[24] 谢鹏.我国仓储金融服务的发展现状分析[J].时代金融,2013(4).
[25] 蓝仁昌.仓储与配送实务[M].4版.北京：中国财富出版社,2019.
[26] 爱玛仕先进的自动化退货管理系统.https://www.sohu.com/a/199525521_610732.